dtv MERIAN reiseführer
Bretagne

Von Thomas und Ulla Schneider

Deutscher
Taschenbuch
Verlag

Gräfe und Unzer Verlag, München
Reiseredaktion
Redaktion: Claudia Strand
Lektorat: Gisela Buddée
Bildredaktion: Claudia Strand
Kartenredaktion: Dagmar Piontkowski

**Wir freuen uns, Ihre Meinung zu
diesem Reiseführer zu erfahren.
Bitte schreiben Sie uns, wenn Sie
Berichtigungen und Ergänzungs-
vorschläge haben oder wenn Ihnen
etwas besonders gut gefällt.**

Gräfe und Unzer Verlag
Reiseredaktion
Stichwort: dtv MERIAN
Postfach 40 07 09
Isabellastraße 32
80707 München

Originalausgabe
1. Auflage 1996
Deutscher Taschenbuch Verlag
GmbH & Co. KG, München
© Gräfe und Unzer Verlag GmbH,
München
Visuelles Konzept und
Umschlaggestaltung:
Klaus Meyer / Jorge Schmidt,
München
Umschlagfoto: Friedrich Gier
Belle Ile, Port Coton
Kartographie: Huber, München
Produktion:
Verlagsbüro Walter Lachenmann,
Waakirchen-Schaftlach
Druck und Bindung:
Manz, Dillingen

Printed in Germany
ISBN 3-423-37015-7

Alle Rechte vorbehalten. Nachdruck,
auch auszugsweise, sowie Verbreitung
durch Film, Funk und Fernsehen,
durch fotomechanische Wiedergabe,
Tonträger und Datenverarbeitungs-
systeme jeglicher Art nur mit schrift-
licher Genehmigung des Verlages.

Inhalt

Erste Begegnung mit der Bretagne

25 **Geschichte und Gegenwart**

Routen und Touren

Allgemeine Informationen

Anreise, Auskunft, Auto, Camping, Diplomatische Vertretungen, Eintrittspreise, Essen und Trinken (mit Speisen- und Getränkelexikon), Fahrrad, Feiertage, Geld, Gesundheit, Hotels und andere Unterkünfte, Klima, Medien, Notruf, Öffnungszeiten, Pardons, Politik/ Verwaltung, Sport, Stromanschluß, Telefonieren, Traditionen, Trinkgeld, Zoll

Karten und Pläne

Noch ist
einsam.
Sommer wird
Touristen durch o
Kanäle der Grand
Brière stake

Erste
Begegnung
mit der
Bretagne

Erste Begegnung mit der Bretagne

Ein erster Spaziergang am Strand. Das Meer hat sich weit zurückgezogen. Der feine Sand des Meeresgrundes liegt in der sanft geschwungenen Bucht wie ein Teppich. Die Bretagne kann man spüren und riechen: Der ewige Wind der Bretagne weht aus Westen. Er trägt die herben Düfte des Seetangs und ist gewürzt mit dem Salz des Atlantiks. Am tiefblauen Himmel treibt der Wind Wolkenfetzen federleicht voran. Kinder lassen Drachen steigen, scheinbar mühelos jagen sie den Wolken nach. Weit draußen, dort wo das Meer auf die nächste Flut wartet, suchen Männer mit Wollmützen, Gummistiefeln, Eimern und Schaufeln nach Würmern und Muscheln. Boule-Spieler werfen ihre Kugeln am Rand des Wattenmeeres – wo der Sand ganz fest ist. In kleinen Segeljollen, die auf dem Strand liegen, sitzen Kinder und junge Männer. Sie warten darauf, daß das Wasser zurückkommt. Hunde springen hinter Stöcken her, ihre Ohren flattern. Der Wind und das Rauschen des Atlantiks in der Ferne verschlucken die lauten Töne.

Von Schmugglern, Hunden und Café au lait

Der erste Rundgang führt an Klippen entlang, über einen alten Zöllnerpfad. Hier lauerten früher die Zöllner den Schmugglern auf, die aus England Gold, Waffen, Gewürze und Geschmeide, vor allem aber Alkohol über die Nordsee brachten.

Zwischen Ginster und Heidekraut liegen mächtige Granitbrocken, bizarre Felsen türmen sich weit ins Meer hinaus. Oben auf den Klippen steht ein wuchtiger, alter Leuchtturm aus grauem Granit, verwittert im Kampf gegen Regen und Sturm.

Ein erster *café au lait* in einem Bistro. Direkt gegenüber eine mächtige Kathedrale. Stühle und Tische sind alt, die Theke aus Holz glänzt poliert. An der Tür steht ein frischer, großer Gladiolenstrauß in einer blaugoldenen Vase. Am Fenster ist noch ein Platz frei, die Wirtin bringt eine dicke Tasse mit dampfendem Kaffee und schenkt ein freundliches Lächeln. Männer kommen herein, stellen sich an die Theke, bestellen Pastis und Wein. Eine ältere Dame, altmodisch elegant gekleidet, mit stabiler Dauerwelle, schlürft geräuschvoll einen kleinen schwarzen Kaffee, einen *petit noir*. Auf ihrem Schoß liegt ein aprikosenfarbener Pudel mit grüner Strickweste. Jedesmal wenn die Wirtin an ihm vorbeigeht, tätschelt sie ihn liebevoll. »Très sympathique«, sagt sie lächelnd. Sie meint den Hund. Bretonen lieben Hunde: große schwarze oder sehr kleine, bevorzugt Pudel in

rherige Seite:
scht an den
ppen, zerklüftete
Isen, bizarre
chten – das ist
e Bretagne
ks: Meisterwerk
r Architektur –
r Kreuzgang der
thedrale St-Tug-
al in Tréguier

allen Variationen. Hunde sind überall willkommen, am Strand, im Restaurant oder Hotel – sie gehören einfach dazu, bieten immer Gesprächsstoff und machen das Leben irgendwie lustiger.

Die Bretagne kann man auch ein wenig schmecken: Bei *crêpes* und *galettes* in einer gemütlichen Crêperie am Hafen. Die Crêpes sind hauchdünn, süß oder würzig mit Schinken und Ei und zergehen auf der Zunge. Dazu ein frischer *cidre*, ein prickelnder Apfelwein, serviert in einer braunen Tontasse. Und die Gedanken beginnen von allein zu fliegen, verwandeln sich zu Träumen, wenn der Blick aus dem Fenster hinüber zu den dümpelnden Fischerbooten und kleinen Yachten im Hafenbecken wandert.

Zum Dudelsack werden die Bretonen lustig

Ein *fest-noz*. Eine gute Gelegenheit, die Bretonen von ihrer heiteren Seite kennenzulernen. Jedes kleine Dorf feiert diese »Feste der Nacht« von Mai bis Oktober: Zu den urbretonischen Klängen von Dudelsack und Bombarde tanzt auf dem provisorischen Holzparkett jeder mit jedem und meistens in immer gleichen Kreisen und Reihen. Diese Open-air-Feste mit der Anmut des letzten Jahrhunderts werden von der Dorfjugend in gebührendem Abstand begleitet. Außer Hörweite rocken die jungen Bretonen am

Die heitere Seite der Bretonen: Amüsement beim täglichen Boulespiel, auch als Zuschauer

Strand zu ihrem eigenen *fest-noz*. Gemeinsamkeit von jung und alt: Der Cidre fließt in Strömen, und irgendwann verschwindet die Fremdheit zwischen Bretonen und Gästen, jedenfalls für diese eine Nacht.

An einem anderen Ort wird ein *pardon* gefeiert. Ernst und würdevoll schreitet die lange Prozession durch die engen Straßen, die Kirchenbanner flattern im Wind. Ein Heiliger wird verehrt. Sein Name ist Außenstehenden meist unbekannt. Die Reliquien des Heiligen ruhen in der alten Kirche, auf die sich die Prozession langsam zubewegt.

Und wie bei den Festen der Nacht unterscheiden sich die Generationen äußerlich deutlich – und gehen doch zusammen. Zwischen den jungen Männern und Frauen in Jeans und Pullover schreiten würdevoll die alten Bretoninnen mit ihren hohen Spitzenhauben. Zum *pardon* und zum sonntäglichen Kirchgang wird die traditionelle Tracht noch getragen. Man spürt die Strenge der vergangenen Jahrhunderte beim Anblick dieser steifen Spitzen und der schweren schwarzen Tuche. Das *pardon* beginnt als ein stilles und würdevolles Fest, den vielen Videokameras der Touristen schenken die Pilger keine Beachtung. Später am Abend und am nächsten Tag, nach Messe und Prozession, darf dann ausgiebig gefeiert werden – der Heilige hat nichts dagegen. Es gibt natürlich Crêpes und Cidre, Tanz, Musik und für die Kinder ein quietschendes Karussell mit wackligen Holzpferden und bunten Plastikautos.

Es dauert ein bißchen, bis es warm genug ist für den ersten *café au lait* im Freien in einem der vielen Seebäder der Bretagne

13

Mönche auf der Flucht

Als der erste Mönch seinen Fuß auf die mächtigen Granitfelsen an der wilden Küste setzte, wußte er nicht, was ihn erwartete. Er wußte nicht, wer die Menschen waren, die hier lebten, er kannte das Land nicht, das seine neue Heimat werden sollte. Er mußte vor den heidnischen Angelsachsen fliehen, die ihn aus Britannien vertrieben hatten. Dieser Mönch, so geht die Sage, war einer von sieben, die in diesem Jahr übers Meer auf den Kontinent kamen.

Das Land, auf dem sie landeten, war von Wald und Heide bedeckt, hatte schroffe Klippen und sandige Buchten, der Wind blies heftig, aber die Luft war mild und von dem Duft blühender Blumen erfüllt. Ein rauhes und schönes Land, und es erinnerte sie an ihre Heimat Cornwall. Die wenigen Menschen, die sie trafen, waren still und freundlich, ihre Sprache war der eigenen ähnlich. Die Menschen hier hörten den Mönchen zu, wenn sie von Gott sprachen. Und die Mönche lauschten den Geschichten von Druiden und Menhiren, von Göttern und sagenhaften Rittern, die die Einheimischen erzählten. Und als immer mehr Mönchsbrüder kamen und mit ihnen ihre Familien – alle auf der Flucht –, hatten die Einheimischen nichts dagegen, daß die Fremden eine Kapelle bauten und einen Hof und für immer blieben. Von da an hieß das Land Bretagne, Kleinbritannien, und der alte Name Armorika, Land am Meer, wurde für eine lange Zeit vergessen.

Die ersten Mönche, die über das Meer kamen, fanden hier im Argoat eine märchenhafte Landschaft

14

Das alles geschah vor 1500 Jahren. Die alten und die neuen Kelten vertrugen sich in den folgenden Jahrhunderten gut. Heiden- und Christentum lebten erst nebeneinander, vermischten sich dann, und schließlich überlebte der katholische Glaube. Zeugnisse einer tiefen Frömmigkeit begegnen uns heute überall in der Bretagne: Klöster, mächtige Kathedralen, die berühmten umfriedeten Pfarrbezirke (*enclos paroissiaux*) mit den steinernen Kalvarienbergen. Und die erwähnten zahllosen Wallfahrten (*pardons*), an denen jedes Jahr Tausende von Gläubigen teilnehmen. Es gibt über 7000 – von Rom nicht anerkannte – Heilige, die in der Bretagne verehrt werden.

Menhire und Mythen

Die christlichen Kelten, die Mönche, trafen überall in der Bretagne auf mächtige Monumente – das rätselhafte Erbe der heidnischen Urbevölkerung. Nirgendwo auf der Welt gibt es eine größere Zahl von Menhiren und Dolmen, nirgendwo sind die *alignements*, die Steinreihen, länger als hier in der Bretagne. Zerbrochene Steingiganten von über 20 Meter Länge geben noch heute Rätsel auf. Rätsel wie auch der Zauberwald von *Brocéliande*, durch den der Hauch seiner mythischen Vergangenheit weht. Wer durch die Bretagne spaziert, wandelt auch auf den

Zum Erbe der Bretonen gehören die Beinhäuser, in denen die Knochen derer Platz fanden, für die auf den Friedhöfen kein Raum mehr war

Pfaden des sagenhaften König Artus und der Ritter der Tafelrunde. Sie suchten nicht nur in ihrer englischen Heimat den Heiligen Gral, sondern auch in der kleinen Bretannie. Hier liegt das Grab des Zauberers Merlin versteckt im Wald von *Paimpont,* und die Fee Morgane schickte hier ihre untreuen Liebhaber ins Tal ohne Wiederkehr.

In langen dunklen Nächten und an den vielen stürmischen Tagen, wenn der Regen auf die Stroh- und Schieferdächer prasselte, blühte die Phantasie der Bretonen. Sie entzündete sich an den bizarren Formen der Felsen und an der tobenden Gischt des Wassers. Da versanken reiche Städte im Meer, und die Seelen der Toten wurden nachts mit schwarzen Booten auf einsame Inseln gefahren.

Ankou, der Tod, grinst in Stein gehauen von den Beinhäusern der *enclos* – eine ewige Drohung für die Gläubigen, das Leben ja nicht zu leicht zu nehmen.

Armes Land

Gründe für Leichtlebigkeit gab es in der Bretagne allerdings ohnehin kaum. Jahrhundertelang gehörte sie zu den ärmsten Regionen Westeuropas. Die Bretagne, ein Granitbrocken im Meer, dem Nahrung und Schutz nur in zähem Kampf abzuringen war. Bretagne, Opfer von Eroberern und Banden aus allen Himmelsrichtungen, die das Land gerne plünderten und verwüsteten. Die bretonische Antwort: wehrhafte Burgen auf ins Meer ragenden Landspitzen und Bastionen in den Ansiedlungen gegen die feindlichen Attacken der Normannen, Engländer und Franzosen sowie gegen die europäische Raubmafia des Mittelalters. 1532 begann für die Bretonen ein beschaulicheres Leben, es war das Schicksalsjahr der Bretagne: Sie verlor ihre Unabhängigkeit und ist seitdem eine Provinz Frankreichs.

Heiteres Land

Das heitere Gesicht der Bretagne entdeckten zuerst die Maler: Im romantischen Pont-Aven trafen sich Gauguin und seine Freunde einige Sommer lang, malten und diskutierten. In der ländlichen Umgebung fanden sie Ruhe und Anregung. Der hier entdeckte bildnerische Ausdruck ging als Schule von Pont-Aven in die Kunstgeschichte ein. In den Museen des Landes hängen die Bilder der längst berühmten Maler. Sie zeigen die Bretagne und ihre Bewohner aus dem Blickwinkel der Künstler – bäuerlich, fleißig und fromm und manchmal auch ein bißchen verschmitzt.

Kunst und Kultur

Nur um Badeurlaub zu machen, kommt wohl niemand in die Bretagne. Er würde auch eine ganze Menge verpassen: Über 4000 Burgen, Schlösser, Klöster und Herrensitze verteilen sich auf das Land. Die meisten sind leidlich erhalten und können besichtigt werden, einige sind verfallen, und alle haben eines gemeinsam: Ihnen ist eine Aura von Würde und Macht geblieben.

Die größte kulturelle Attraktion des Landes allerdings sind die mittelalterlichen Städte: Die vom Alter gebeugten Fachwerkhäuser in Rennes, Vannes, Quimper und Dinan, die Straßen und Gassen mit dem Kopfsteinpflaster für die Ewigkeit lassen in der Phantasie eine lange vergangene Zeit wiederauferstehen. Diese Zeugen der Geschichte sind keine Museumsdörfer, in denen die Vergangenheit konserviert wurde, sondern sie sind auch heute lebendige Städte, wo hinter malerischen Häuserfassaden, in engen Kutschergassen und romantischen Innenhöfen Reisebüros, Boutiquen und Restaurants Kreditkarten akzeptieren.

Frankreichs Bürokratie weiß um ihre bretonischen Juwelen: Acht Städte dürfen sich mit dem offiziellen Titel »Ville d'Art et d'Histoire«, Stadt der Kunst und Geschichte, schmücken. 18 weitere kleine Städte sind immerhin noch ausgezeichnet worden, weil sie Charakter haben, sind »Cités de Caractère«.

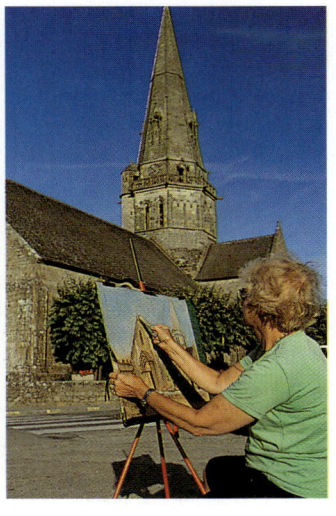

Immer wieder fanden und finden Künstler unter dem Atlantikhimmel ihre pittoresken Motive

Die wehrhaften Ringmauern der Städte zeigen, daß die Zeiten nicht immer friedlich waren. In den heute idyllisch anmutenden Gassen waren auch Elend, Schmutz und Hunger zu Hause. Ein Spaziergang über die wuchtigen Stadtmauern von St-Malo, der Stadt der Korsaren, läßt erahnen, was die Menschen hier geprägt hat: Die Weite und die Verlockungen des Meeres – Freiheit und Abenteuer, Geld und Macht.

Einige der berühmtesten Männer Frankreichs – Entdecker, Freibeuter und Poeten – stammen aus St-Malo. Stolz nannten sie sich selbst »Malouins«, aber Bretonen waren auch sie.

Cidre, Crêpes und Austern

Die Geschichte der Bretonen ist geprägt von Mythen, Ritualen und Strenggläubigkeit. Doch diese intensive Auseinandersetzung mit Phantasien und Göttlichem hat die Bretonen seit jeher nicht daran gehindert, es sich im Hier und Jetzt gutgehen zu lassen. Heute wie einst gilt ihnen nach dem Kirchgang der Besuch des nächsten Cafés oder der Bar an der Ecke, und abends mit der ganzen Familie der Besuch des Restaurants als eines der Hauptvergnügen.

Die bretonische Nationalspeise sind natürlich die hauchdünnen Eier-Mehl-Fladen, die *crêpes*, die inzwischen weltweit als Inbegriff der *haute cuisine* auf Speisekarten angeboten und in Restaurantküchen mehr oder weniger schmackhaft als Dessert nachgeahmt werden. In der Bretagne ißt man sie immer und überall, als Hauptgericht oder als

Fruits de Mer – Fruits de Bretagne Bretagne und Meeresfrüchte, zwei Begriffe, die nicht voneinander zu trennen sind. Liebhaber der Krustentiere zieht es besonders im Herbst an die Küste – dann ist die Ernte der »fruits de mer« am größten und das Aroma von Meer und Tang am intensivsten.

Die beliebteste Meeresfrucht der Bretagne ist unangefochten die Auster. Und nicht erst in unseren Tagen: Schon Julius Cäsar soll sie geschlürft haben, vom Sonnenkönig Ludwig XIV. weiß man es genauer, und ganz genau von Napoleon, der sich die bretonischen Meeresdelikatessen einmal pro Woche frisch nach Paris bringen ließ.

Cancale an der Nordküste ist die Hochburg der Austernzucht. Das Plankton gibt dem Meer hier ein unverwechselbares Aroma. Außerdem ist der Gezeitenunterschied groß, und die Austern können bei auflaufender Flut mit reichlich frischer Nahrung versorgt werden.

Die »huître creuse« (hohle Auster) wird in der Zucht auf Drahtzäune gesetzt, wo sie sich entwickelt und bei Ebbe abgeerntet werden kann. Sie gilt als sogenannte Standard-Auster, die auf diese Weise schon seit Ende des letzten Jahrhunderts gezüchtet wird.

Die »huître plat« (flache Auster) ist komplizierter zu züchten und darum auch teurer – sie muß auf dem Meeresgrund ausgesät und später mit Schleppnetzen wieder abgefischt werden.

Eine spezielle Art wird in dem kleinen Fluß Bélon in der Südbretagne gezüchtet: die Bélon-Auster. Sie ist die Königin der Austern. Bélons sind im Sommer allerdings gar nicht so schmackhaft und werden in dieser Jahreszeit auch nur selten angeboten. Zu ihrem wahren Geschmack reift die Bélon-Auster erst im Winter. Haupterntezeit sind die Tage um Weihnachten und Neujahr.

Dessert, in der einfachen Crêperie oder im noblen Restaurant. Einmal im Jahr, Mitte Juli, stehen die Crêpes sogar im Mittelpunkt eines Volksfestes: In Gourin, einem kleinen Dorf bei Quimper, bieten Heerscharen von Crêpes-Bäckern zwei Tage lang ihre Pfannkuchen in allen nur denkbaren Variationen an.

Aber der eigentliche Hit auf den Speisekarten sind die lukullischen Schätze aus dem Meer, die die Bretonen weltweit einzigartig zubereiten und servieren. So frisch, lecker und raffiniert gekocht wie in Armorika bekommt man Fische, Schalentiere und *coquillages*, Muscheln und Schnecken, nirgendwo. Dem Besucher der Bretagne, der zum ersten Mal hier ist, bleibt gar nichts anderes übrig, als zu staunen, wenn im Restaurant in fast badewannengroßen Schüsseln die *fruits de mer* an den Tisch gebracht werden. Wer glaubte, durch diese Welt mit Messer und Gabel kommen zu können, wird in der Bretagne eines an-

Austern werden inzwischen das ganze Jahr über angeboten, und die alte Regel, daß Schalentiere nur in Monaten mit einem »r« verzehrt werden sollten, gilt schon lange nicht mehr. Es gibt keine Transport- und Kühlprobleme mehr, außerdem ist in der Bretagne die Konkurrenz der Züchter so groß, daß es sich niemand erlauben kann, im Sommer etwa mit schlechter Ware aufzufallen.

Der Kenner ißt Austern roh und nur mit Zitronensaft beträufelt, dazu ein Stück graues Brot und salzige Butter.

Gekocht dagegen kommen andere Meeresfrüchte auf den Tisch: »crevettes« (Garnelen) und »langoustines« (Langustinen), die mit selbstgemachter Knoblauchmayonnaise köstlich schmecken. Weitere Köstlichkeiten aus der Schatzkammer des Meeres: »moules« (Miesmuscheln), »crabes« (Krebse), »tourteaux« (Taschenkrebse) und »bigorneaux« (schwarze Strandschnecken).

Ganz edel sind »homard« (Hummer), »langouste« (Languste) und die »coquille Saint-Jacques« (Jakobsmuschel). Ihr Name geht auf eine Tradition der Jakobspilger im Mittelalter zurück: Bei ihren Wallfahrten nach Santiago de Compostela in Nordspanien trugen die Pilger eine Schale der Muschel am Mantel oder Hut, die sie als Jakobspilger kennzeichnete – eine Muschel als Ausweis sozusagen.

Die bei Feinschmeckern so beliebte Jakobsmuschel kann im Gegensatz zu Austern und Miesmuscheln nicht gezüchtet werden. Sie wird in 10 bis 100 m Tiefe vom sandigen Meeresboden gefischt, oft auch von Tauchern gesammelt. Erst nach zehn Jahren hat sie ihre eßbare Größe von etwa 10 cm Durchmesser erreicht. Fangzeiten und Mengen sind genau vorgeschrieben und werden streng kontrolliert.

deren belehrt. Zu den Meeresfrüchten werden Zangen, Nadeln, Knacker, Stifte, Griffel oder Kellen serviert, deren Gebrauch man sich am besten bei einer bretonischen Großfamilie am Nachbartisch abguckt. Daß da eine sitzt, dessen kann man fast sicher sein, und daß sie ebenfalls *fruits de mer* ißt, darauf kann man wetten. Natürlich hantieren die Bretonen mit den Instrumenten viel geschickter, als Besucher es jemals lernen könnten. Im Akkordtempo werden Schnecken aus komplizierten Gehäusen gezogen und Krebsscheren geknackt, bis nur noch Seetang und geschmolzenes Eis auf der Riesenplatte zurückbleiben. Und wie eigentlich überall in Frankreich dient das Essen im Restaurant nicht allein der Nahrungsaufnahme, sondern ist ein kommunikatives Erlebnis. Dementsprechend nehmen sich die Bretonen Zeit für ihr Essen in mindestens drei Gängen und gönnen sich zum Nachtisch Kaffee. Zwischen Bestellung und Rechnung vergehen oft drei bis vier Stunden. Kein Wunder also, daß bei solchen Daueraufenthalten zwischen Wirtsleuten und Gästen oft ein herzliches Verhältnis entsteht, das auch bei »Neulingen« zu einem Abschied mit Cognac auf Kosten des Hauses und Wangenküssen führt.

Genußland Bretagne

Nicht nur das Essen, auch das Einkaufen der Zutaten ist in der Bretagne ein besonderes Vergnügen. Auch wenn die noch lebenden Schalentiere nicht unbedingt jedermanns Sache sind (viele Fischhändler sind darauf eingerichtet, Hummer und Langusten für den Kunden vorzukochen), so ist schon der Anblick der frischen Waren vom Fisch bis zum Gemüse ein Genuß. Auch die Qualität der Angebote in den Supermärkten ist viel höher als in Deutschland, die Preise allerdings ebenso. Die bretonischen Hausfrauen achten auf Qualität und wählen sehr sorgfältig aus. Haben sie gewählt, gucken sie auch nicht mehr auf den Pfennig. Zu den Geschäften, die sie mit Sicherheit jeden Tag aufsuchen, gehört die *boulangerie*. Hier kauft man das mit Abstand wichtigste französische Nahrungsmittel, das *baguette*. Das dünne lange Weißbrot gibt es inzwischen überall in Europa, aber nirgens schmeckt es so gut (und ist so preiswert, weil noch immer staatlich bezuschußt) wie in Frankreich. Mit dem Verzehr muß man sich jedoch beeilen, bald wird das krosse Weißbrot pappig.
Nicht verwechseln sollte man die *boulangerie* mit der *boucherie* (*charcuterie*): Hier sind alle richtig, die doch irgendwann einmal eine Abwechslung zum Fisch suchen. Ein meist hervorragendes Angebot von Fleisch- und Wurstwaren macht die Auswahl schwer. Bretonische Spezialitäten sind das würzige Lammfleisch (*mouton pré-salé*) und die typischen Würstchen (*saucisses bretonnes*).

Mindestens einmal in der Woche findet man in jedem Dorf einen Markt. Die Überraschung beim ersten Besuch: Es gibt mindestens genauso viele Stände für Kleidung und Kunsthandwerk wie für landwirtschaftliche Produkte. Bei Kleidung wird man selten fündig, bei Eßbarem um so mehr. Spezialitäten aus den verschiedenen Regionen der Bretagne: frische Erdbeeren aus Plougastel, Artischocken aus Roscoff, Salicorne (in Essig eingelegte algenartige Pflanze) und in Gläsern abgefüllte Fischsuppe, die viel besser schmeckt, als sie zunächst aussieht. Und wer weder Lust zum Kochen noch zum Ausgehen hat, der macht schnell einen Abstecher zu einem *traiteur:* Dieser Spezialist für Fertiggerichte bietet raffinierte Speisen an, die man nur noch aufwärmen muß, die passenden Getränke verkauft er auch.

Im Land der streitbaren Gallier

Spätestens beim Anblick der mächtigen Megalithen, die überall im Land wie verstreut liegen und stehen, kommt die Erinnerung: Schleppte nicht hier der wohlgenährte Obelix seine Hinkelsteine durch die Gegend, während der pfiffige Asterix schon wieder einen cleveren Plan zur Vernichtung der dummen Römer ausbrütete? War nicht ganz Gallien von römischen Legionen besetzt, bis eben auf einen winzigen Rest, ein kleines trutziges Dorf mit seinen tapferen und querköpfigen Bewohnern? Und gab es nicht diesen weißbärtigen Druiden, der nach keltischen Rezepten seinen Geheimtrunk braute? Natürlich gab es sie – beinahe. So lustig wie ihre Comic-Nachfahren dürften sie allerdings nicht gelebt und gestritten haben: In der römischen Provinz Lugdunensis herrschten harte Sitten. Nach seinem Sieg im Jahr 56 v. Chr. in Vannes ließ Cäsar zunächst einmal die Oberschicht von Armorika liquidieren. Dann zogen die kaiserlichen Legionen ins Land und brachten strenge Gesetze und römische Lebensart mit.

Den meisten der neuen Untertanen gefiel das gar nicht schlecht: Die Römer brachten Ordnung und Disziplin ins Land, Verkehrswege wurden gebaut und neue Ansiedlungen gegründet, die Wirtschaft boomte. Kein Wunder, daß sich die Bewohner – besonders im Osten des Landes – rasch an den neuen Lebensstil gewöhnten und römischgallisch wurden.

Nur im fernen Finistère regte sich Widerstand. Hier kämpften die Vorfahren von Asterix und Obelix fast 200 Jahre lang um ihre Freiheit und sorgten damit für ausreichende Beschäftigung der zigtausend Legionäre, die eigentlich für das ganze Land zuständig waren. Anders als im Comic gab es für die echten Gallier allerdings kein Happy-End: Sie mußten sich schließlich doch der römischen Übermacht unterwerfen.

Geschichte
und
Gegenwart

Geschichte und Gegenwart

Granit ist der Stein, auf dem die Bretagne steht. Wenn auch die Geologen sagen, daß Sandstein und Schiefer in weiten Teilen des Landes ebenso häufig vorkommen, so springen doch die Granitfelsen und wuchtigen grauen Steinbauten dem Besucher zuerst ins Auge. Der berühmte bretonische rosafarbene Granit von der Nordküste wird heute in alle Welt exportiert. In Fußgängerzonen und Bankpalästen zwischen Hamburg und New York laufen Passanten und Bankiers über polierte, harte Steinplatten aus der Bretagne.

Auf Schritt und Tritt stolpert man im Land selbst über das gesprenkelte Gestein, die Reste des Armorikanischen Gebirges, das sich vor etwa 350 Millionen Jahren aus der Erdkruste in die Höhe geschoben hat. Ein gewaltiges Felsmassiv, das in der letzten Eiszeit bis auf wenige hundert Meter im Meer versank. Fortan trennte ein Kanal Britannien von der Bretagne – der Ärmelkanal. In Millionen von Jahren fraß sich das Wasser tief in die Küstenlinie hinein, Klippen und Fjorde entstanden. Aus Berggipfeln wurden Inseln und für die Schiffahrt gefährliche Riffe.

Ginster, Heide und Hecken

Der Granitsockel der Bretagne ist heute an seiner höchsten Stelle in den Monts d'Arée nur noch 384 Meter hoch, die Felsklippen der Küste ragen bis zu 70 Meter aus dem Wasser. Die Landschaft ist hügelig, an der Küste oft mit Heidekraut und Ginster bewachsen. Im Inland sieht man die typische *bocage*-Landschaft, die von Hecken geschützten Felder, die über weite Flächen schachbrettartig angelegt sind. In den letzten Jahrzehnten verschwanden jedoch viele der schützenden Hecken, um noch mehr Platz für die landwirtschaftliche Nutzung zu schaffen. Auf rund 1,5 Millionen Hektar Land werden jetzt die bretonischen Exportschlager allerersten Ranges angebaut: Blumenkohl, Artischocken, Zwiebeln und Kartoffeln.

Nur etwa zehn Prozent des Landes sind von Wald bedeckt. Im *Argoat*, im Landesinneren, wachsen vor allem Laubbäume: Eichen und Buchen, Eschen und Ahorn. Die von Flechten und Misteln überzogenen Stämme und die moosbewachsenen Granithügel verleihen der Bretagne die märchenhafte und mystische Atmosphäre, in der die vorchristliche Sagenwelt bis heute überlebte.

rherige Seite:
enkmäler der
ömmigkeit wie
er die Apostel-
uren von
encran begleiten
etagne-Urlauber
urch das ganze
nd

ks: Das Bild der
ane de Bretagne,
erzogin und spä-
r geliebte Köni-
n, ist in einem
rchenfenster in
han für nachfol-
nde Generatio-
n bewahrt

25

Rätselhafte Megalithzeit

Die langen Reihen der Menhire, die riesigen Grabplatten der Dolmen zeigen: Hier in der Bretagne haben Menschen schon vor rund 5000 Jahren gigantische Kultstätten errichtet. Die ersten Zeugnisse menschlicher Siedlungen in Frankreich wurden ebenfalls in Armorika entdeckt. Wissenschaftler schätzen, daß in der Jungsteinzeit (Megalithzeit) bereits 100000 Menschen auf dem Gebiet der heutigen Bretagne gelebt haben. Von ihrem Alltagsleben wissen wir so gut wie nichts; nur daß sie wohl ausschließlich vom Ackerbau gelebt haben. Aber wir wissen, daß sie die weltberühmten Megalithen hinterlassen haben, über deren Bedeutung heute noch gerätselt wird. Die Alignements von Carnac, Steinreihen, die wahrscheinlich nach dem Stand der Sonne ausgerichtet waren, die gewaltigen Fürstengräber und der zerbrochene Gigant von Locmariaquer sind stumme Zeugen einer im Dunkel liegenden Vergangenheit.

Die Kelten kommen

Die Wellen des Atlantiks, wie hier am Strand von Ploumanac'h, peitschen gegen die Felsen und bezeugen die Kraft des Meeres

Einige tausend Jahre später fällt Licht in die geheimnisvolle Finsternis der bretonischen Urzeit – die Kelten kommen und besiedeln die Halbinsel, das Land am Meer. Seit dem 7. Jahrhundert v. Chr. gingen keltische Stämme überall in Mitteleuropa auf Wander-

schaft. Beliebte Ziele waren Irland, England und Nordspanien. Im Jahr 500 v. Chr. kamen sie schließlich auch auf die bretonische Halbinsel und ließen sich hier nieder. Sie gaben ihr den Namen *Armor,* das Land (*ar*) am Meer (*mor*).

Wissenschaftler beschreiben die Kelten als ein streitbares Volk, das seine Streitereien gerne auch untereinander austrug. So konnten die Kelten sich auch nicht darüber einigen, wie sie 57 v. Chr. den Römern begegnen sollten, die ihr Land angriffen. Die Folgen waren fatal. Der keltische Stamm der Veneter wurde bei Vannes von Cäsar vernichtend geschlagen, und Armorika wurde eine römische Provinz namens Gallien. Der östliche Teil des Landes unterwarf sich rasch den römischen Legionen, aber im wilden Westen regte sich Widerstand, der bis heute zur Legendenbildung führt. Zu der aktuellsten gehören die Comic-Helden Asterix und Obelix, die hier ihren Kampf gegen die Römer aufnahmen. Doch die aufmüpfigen Kelten hatten – anders als ihre literarischen Nachfolger – gegen die römische Übermacht letztlich keine Chance und wurden nach jahrhundertelangen Streitereien ebenfalls römisch-gallisch. Es folgten über 100 Jahre eines nach damaligen Maßstäben ziemlich friedlichen Zusammenlebens. Dann, im 5. Jahrhundert, zerbrach das römische Imperium, und die Römer verließen das Land. Armorika blieb schutzlos zurück und wurde überrannt von plündernden Barbaren. Ihre Kultur und die Wirtschaft der Region verfielen.

Nirgendwo ist die Vorzeit so gegenwärtig wie hier bei Carnac, wo über 3000 Menhire in den drei Alignements von Ménec, Kermario und Kerlescan stehen

Sieben Mönche verändern das Land

Auch in England hinterließen die abziehenden Römer ein Machtvakuum, in das bald die heidnischen Sachsen und Angeln stießen. Die christianisierten Kelten Britanniens flohen vor den Eindringlingen zunächst in das heutige Wales und nach Cornwall im Süden der Insel. Doch auch hier waren sie vor Verfolgern nicht sicher – ihre Flucht über den Ärmelkanal begann. Die ersten Britannier, die in Armorika landeten, kamen in Gruppen von Glaubensbrüdern, angeführt von Mönchspriestern. Sie nannten ihre neue Heimat Bretagne – Kleinbritannien. Mönche, die bis an die Südküste vorstießen, erinnerten sich beim Anblick der Küste wehmütig an ihre Heimat und tauften sie Cornouaille, Cornwall.

Die Einwanderungswelle dauerte etwa vom 5. bis zum 7. Jahrhundert. Missionare und Mönche gründeten zusammen mit ihren Anhängern Klöster und kleine Gemeinden. Die wenigen aus den vielen Kleinkriegen und Überfällen übriggebliebenen Ureinwohner Armorikas setzten den Einwanderern keinen Widerstand entgegen. Willig ließen sie sich christianisieren und lebten friedlich mit den Britanniern zusammen. Widerstand gab es nur in den großen Städten der Ostbretagne, wo die gallisch-römische Bevölkerung um ihre Macht fürchtete.

Von den Mönchen, die damals als erste das Land betraten, werden heute sieben als Gründungsheilige verehrt: St-Malo, St-Brioc, St-Pol-Aurélien, St-Tugdual, St-Samson, St-Patern und St-Corentin.

Nationalheldin Anne, Herzogin der Bretagne Als Herzog Franz I. stirbt, ist seine kleine Tochter Anne gerade elf Jahre alt, aber sie ist bereits eine vielumworbene junge Dame. Zahlreiche Freier aus den besten Adelshäusern halten um ihre Hand an – und natürlich um ihr Erbe, die Bretagne. Der Auserwählte heißt schließlich Maximilian, Erzherzog von Österreich. Doch der französische König Karl VIII., damals 17 Jahre alt, vereitelt die Fernehe, er selbst ist an der jungen Braut nebst Landbesitz interessiert. Karl zieht mit seinen Truppen nach Rennes und belagert die Stadt. Herzogin Anne bleibt schließlich nichts anderes übrig, als in die Ehe einzuwilligen, wenn sie die Stadt retten will. Dann passiert Unerwartetes: Anne verliebt sich – so berichten die Hofschreiber – in den französischen Königsjüngling. 1491 wird die vierzehnjährige Anne, Herzogin der Bretagne, die Frau Karl VIII. Neun Jahre dauert die glückliche Ehe, dann stirbt Karl bei einem mysteriösen Unfall in seinem Schloß – er stößt, so die offizielle Version, mit dem Kopf unglücklich an einen Türbalken.

Die Bretagne: Ein unabhängiges Land?

In den folgenden Jahrhunderten mußte sich das einstige Armorika und neue Kleinbritannien immer wieder gegen Feinde zur Wehr setzen, die Ansprüche auf das Land am Meer geltend machten. Die Franken griffen von Osten an. Die Normannen und Engländer kamen übers Meer, schließlich lieferten sich die Franzosen als Nachfahren der Franken heftige Kämpfe mit den Bretonen.
Ein wichtiges Datum der bretonischen Geschichte ist das Jahr 845. Nach der Schlacht von Redon erkannte Karl der Kahle die Unabhängigkeit der Bretagne an, und Herzog Nominoë rief sich zum ersten Herrscher des gesamten Landes aus. In den nächsten hundert Jahren waren die Normannen die Hauptwidersacher der Bretonen. Schließlich gelang es im Jahr 939 dem letzten bretonischen König Alan Barbe-Torte (Alan mit dem gezwirbelten Bart), die normannischen Angreifer zu vertreiben. Ein paar Jahrhunderte später (1341–65) tobte der Erbfolgekrieg zwischen Frankreich und England. Schauplatz war unter anderem auch die Bretagne. Der Krieg verwüstete das Land vollends.

Von der Selbständigkeit zur Provinz

Ab 1399 begann das Land sich langsam wieder zu erholen. In den folgenden hundert Jahren regierten die Herzöge von Monfort, die Wirtschaft blühte auf. Es war die Zeit der spätgotischen Baukunst,

Da die Ehe kinderlos geblieben ist – vier Babys starben im Säuglingsalter –, muß die erst 23jährige Witwe rasch wieder heiraten, um die Thronfolge zu sichern. Schon ein paar Monate nach Karls Tod tritt sie mit Ludwig XII., dem Bruder ihres toten Gemahls, erneut vor den Traualtar. Mit Ludwig bekommt sie drei Kinder, von denen nur eines überlebt, ihre Tochter Claude, die spätere Königin von Frankreich. Herzogin Anne wird in der Bretagne wie eine Heilige verehrt. In ihrem kurzen Leben – als sie 1514 starb, war sie 38 Jahre alt – hat sie die Bretagne nur ein einziges Jahr (vor ihrer Wiederheirat) allein regiert. Aber sie war eine Frau, die die Herzen der Menschen gewinnen konnte. Fromm, streng und gerecht, intelligent und gebildet, außerdem großzügig – auf ihre Fürsprache hin wurden Klöster unterstützt und Kirchen gebaut. Was sie aber unvergessen macht, ist die Tatsache, daß sie die letzte Herzogin der Bretagne war und diesen Titel immer mit Stolz getragen hat – auch noch, als sie zur französischen Königin gekrönt wurde.

mächtige Kathedralen und die ersten Kalvarienberge entstanden. 1488 wurde wieder ein Schicksalsjahr: Herzog Franz II., der Vater von Anne de Bretagne, verlor eine entscheidende Schlacht gegen die französische Armee – das war der erste Schritt zum Verlust der Unabhängigkeit. Preis der Niederlage: Franz mußte in die Eheschließung seiner Tochter und Erbin Anne mit dem französischen König Karl VIII. einwilligen. Nach Karls frühem Tod heïratete Herzogin Anne, hochverehrt in ihrem Land, dessen Bruder und Nachfolger Ludwig XII. Claude, die Tochter aus dieser Verbindung, wurde später die Frau des französischen Königs Franz I. Claude besiegelte das Schicksal der Bretagne mit einem Vertrag vom 13. August 1532: Sie trat das Land an Frankreich ab, die Bretagne wurde zur französischen Provinz. Allerdings erhielt sie Privilegien, die noch eine gewisse Selbständigkeit zuließen – so durfte das Parlament in Rennes über die Höhe der Steuern entscheiden und die Gerichtsbarkeit ausüben.

Kampf auf beiden Seiten

Für die Bretagne als französische Provinz begann eine ruhige und wohlhabende Epoche: Die Anbindung an Frankreich bekam ihr gut, der Seehandel florierte, und das Handwerk, allen voran die Tuchmacher, erlebte goldene Zeiten. Diese dauerten jedoch nicht allzulange.

Die Bretonen selbst fühlten sich mit zunehmender Dauer ihres Provinzdaseins immer mehr als ausgebeutete »Melkkuh« der französischen Könige. Die Französische Revolution von 1789 kam ihnen gerade recht. Doch die anfängliche Begeisterung ließ schnell nach: Die Revolution brachte Armut und Unfrieden auf die meerumspülte Halbinsel zurück. Die Revolutionäre verspielten die Sympathie, die die Bretonen ihnen entgegenbrachten: Sie plünderten die Klöster, verjagten die Mönche und zeigten nicht das geringste Interesse an den eigenstaatlichen Bestrebungen der Bretonen, die dann auch noch für die Armee Napoleons zwangsrekrutiert wurden. In der Bretagne startete eine königstreue Revolution. Die königstreuen Chouans kämpften mit Hilfe der Bauern anfangs sehr erfolgreich gegen die Republikaner, scheiterten jedoch nach jahrelangem Partisanenkampf. Ihr letzter Anführer, Georges Cadoual, wurde 1804 hingerichtet.

Nach der Revolution wurde das Land in fünf Départements aufgeteilt: *Ille-et-Vilaine, Côtes-d'Armor* (früher Côtes-du-Nord), *Finistère, Morbihan* und *Loire-Atlantique,* von denen das letzte aber nach einer regionalen Neuordnung nicht mehr zur Bretagne gehört.

Ein neues Jahrhundert der Armut

Anfang des 19. Jahrhunderts versank die Bretagne wieder in Armut. Das Land am Meer, das alte Armorika, war erschöpft und ausgeblutet von Kämpfen und Ausbeutung. Nur an den Küsten, wo die großen Fangflotten bis nach Island ausliefen, gab es noch einen geringen Wohlstand. Erst gegen Ende des 19. Jahrhunderts erwachten einzelne Orte aus ihrem Dämmerschlaf – Künstler wie Gauguin, Flaubert und Stendhal, Schauspieler wie Sarah Bernhardt und viele englische Aristokraten entdeckten den landschaftlichen Reiz des Landes. Das Zeitalter des Tourismus brach an. Aber immer noch war die Bretagne eine der ärmsten Regionen Westeuropas – das Ende der Welt.

Die Soldaten kommen

Der Erste Weltkrieg machte auch vor dem Ende der Welt nicht halt. In den Schützengräben Frankreichs verloren 250000 bretonische Soldaten ihr Leben, fast zehn Prozent der Bevölkerung. Auf den Friedhöfen der Bretagne kann man die langen Namenslisten der Gefallenen finden, und auf einigen auch die schmucklosen Grabkreuze der gefallenen deutschen Soldaten.

Und auch der Zweite Weltkrieg traf das Land erbarmungslos. Zwischen 1940 und 1944 besetzten Hitlers Truppen die wichtigsten Hafenstädte und bauten sie zu Festungen aus. Die ganze Südküste wurde außerdem mit einem Netz von Bunkern überzogen. Hier wurde – fälschlicherweise – die Invasion der Alliierten erwartet. Die Invasion fand dann zwar nebenan in der Normandie statt, doch 1944 griffen die Alliierten auch deutsche Stellungen in der Bretagne aus der Luft an: Im Bombenhagel sanken die Städte St-Malo, Brest, Lorient und St-Nazaire in Schutt und Asche. Tausende von Menschen, zum größten Teil bretonische Zivilisten, starben in wenigen Wochen.

Touristen auf dem Vormarsch

Nach dem Krieg wurden die zerstörten Städte wieder aufgebaut, aber erst Anfang der sechziger Jahre waren die ersten Anzeichen eines Aufschwungs zu spüren. Die Agrarwirtschaft wurde modernisiert und konnte effizienter arbeiten, Industriebetriebe siedelten sich – staatlich subventioniert – auf der Halbinsel an, die Touristen kamen, erst vereinzelt, dann scharenweise. Ferienhäuser und Hotels entstanden, die Bauwirtschaft boomte.

Aber der neue Wohlstand schafft auch Probleme: Die Zahl der Zweitwohnsitze nahm vor allem an der Küste ständig zu. Die Folge war eine Zersiedlung der Landschaft, die sich zerstörerisch im Naturkreislauf bemerkbar machte. Besonders im Süden wuchsen Ferienhaussiedlungen wie Pilze aus dem Boden. Die Attraktivität der Bretagne sollte jedoch noch gesteigert werden: Künstliche Seen entstanden wie auf der Halbinsel Rhuys am Golf von Morbihan. Noch waren die Küsten der Bretagne bis auf wenige Ausnahmen frei von Hochhauskomplexen und Massentourismus. Ein verzweifelter Kampf um die bretonische Identität begann, er wurde seit 1975 vom Conservatoire du littoral, einer dem Pariser Umweltministerium unterstellten Behörde, geführt. Es war ein Kampf gegen die Umweltzerstörung in der Bretagne. Das Conservatoire du littoral hatte einen kostspieligen, aber effektiven Weg gefunden, die Bretagne und die Bretonen zu schützen: Es kaufte immer mehr Land auf, um es aus den Bebauungsplänen zu streichen. Einzelne Gemeinden hatten sich zusammengeschlossen, um die Schäden, die der Natur schon zugefügt wurden, wieder zu beseitigen und neue für die Zukunft zu verhindern. So entstand zum Beispiel an der Pointe du Raz, einem der meistbesuchten Orte der Bretagne, ein Umweltprojekt, das die Renaturierung und den Schutz der Landschaft zum Ziel hat. Ein Versuch, Umwelt und Tourismus in Einklang zu bringen.

Die weltberühmten Menhire in den Steinreihen um Carnac sind ebenfalls ein Beispiel dafür, daß Tourismus nicht nur ein Segen für das Land ist: Monumente, die Jahrtausende unbeschadet überlebt haben, drohen jetzt Opfer der Besuchermassen zu werden. Steine wurden umgestürzt, bemalt, als Klettergerüste mißbraucht, Ginster und Heidekraut dazwischen zertrampelt. Natur- und Denkmalschützer haben die Konsequenzen gezogen und die uralten Steinreihen eingezäunt. Der einstige Zauber ist dahin, verschwindet hinter Maschendraht.

Breizh libre – freie Bretagne

Die wechselvolle Geschichte der Bretagne zwischen Abhängigkeit und Freiheit, der jahrhundertelange Kampf gegen Feinde und Eroberer hat Spuren hinterlassen. Die Bewohner Armorikas sind eine eingeschworene Gemeinschaft, sind Patrioten. Sie fühlen sich zunächst als Bretonen, dann erst als Franzosen. An Mauern und übermalten Ortsschildern ist die Parole »Breizh libre« (freie Bretagne) auch heute noch zu finden. Zwischen den beiden Weltkriegen waren Autonomiebestrebungen am intensivsten. Nationalisten kämpften um eine unabhängige Bretagne – nicht nur auf politischer Ebene, sondern auch im Untergrund. Ähnlich wie heute im Baskenland wurde für die Idee der Unabhängigkeit gebombt und getötet. Die bretonischen Anschläge galten allen französischen Einrichtungen. Ende der siebziger Jahre verschwanden die militanten Patrioten und damit auch die Parolen aus der bretonischen Politik. Immerhin war ein Teilerfolg erzielt worden: Die französische Staatszentrale in Paris erkannte die traditionellen Werte der Bretonen an – in erster Linie deren eigene keltische Sprache, die sie bis in die fünfziger Jahre hinein ignoriert und unterdrückt hatte. Heute kann man in Rennes und Brest einen Studiengang »Bretonische Sprache« belegen. In den Schulen werden die Schüler ausgiebig in keltischer Kultur unterrichtet, und das Aufleben keltischer Traditionen wird von Paris subventioniert wie andere nationale französische Kulturbemühungen. Seitdem ziehen die wiederbelebten traditionsreichen Musik-Festivals Tausende von Fans keltischer Musik an. Im Gegenzug stellen die Bretonen ihre Zugehörigkeit zu Frankreich nicht mehr in Frage.

Sprache und Kultur

Wie beschrieben – die Bretonen sind Patrioten. Je weiter man nach Westen kommt, um so heftiger wird der Nationalstolz und um so mehr wird an alten Sitten und Traditionen festgehalten. Im Pays Bigouden, im südwestlichen Zipfel des Finistère, wohnen die bretonischsten Bretonen. Alle Vorurteile treffen hier zu: stur, dickköpfig und traditionsbewußt. Für viele von ihnen ist das Jahr 1532 das schlimmste in der abendländischen Geschichte, denn in diesem Jahr verlor die Bretagne ihre Unabhängigkeit.

Rund eine halbe Million Menschen beherrscht heute noch die bretonische Sprache, meist sind es Ältere, die sich in bretonisch unterhalten, aber natürlich sprechen sie auch französisch. Auch auf der Straße hört man diesen Dialekt der keltischen Ursprache immer häufiger. Um den militanten Nationalisten in der Bretagne die Munition zu nehmen, ließ Staatspräsident Charles de Gaulle in den fünfziger Jahren Bretonisch als offizielle Sprache im öffentlichen Leben der Bretagne wieder zu. Seitdem interessieren sich immer mehr Menschen für dieses kulturelle Erbe. Vor allem die jüngere Generation hat Sprache und Musik ihrer keltischen Vorfahren für sich neu entdeckt.

Mit Biniou und Bombarde

Traditionsbewußt, folkloristisch und gleichzeitig international geht es bei den großen Festivals in der Bretagne zu, zum Beispiel in Rennes und Lorient. Teilnahmevoraussetzung sind keltische Vorfahren, und die haben nicht nur die einheimischen Musiker, sondern auch die Gruppen aus Irland, Wales, Schottland und Nordspanien, die hier mit ihren traditionellen Instrumenten auftreten. Dazu gehören immer der *biniou*, der bretonische Dudelsack, und die *bombarde*, ein gellend lautes Blasinstrument. Auch die Harfe (*harpe celtique*) kommt in der Bretagne seit Jahrhunderten zum Einsatz (Asterix-Kenner wissen das). Die Festivals stellen eindrucksvoll unter Beweis, daß man den alten Instrumenten auch moderne Töne entlocken kann. Weltberühmter Vertreter dieser Mischung ist der bretonische Rockbarde Alan Stivell, der in den siebziger Jahren den Celtic-Rock in die Hitparaden führte.

Fest-noz – ein Fest für alle

Bei den berühmten *fest-noz,* den Nachtfesten, sind Dudelsack und Harfe in den letzten Jahren allerdings auf dem Rückmarsch. Mag sein, daß die Dorfjugend da interveniert hat, auf jeden Fall haben sich die Popmusiker bei diesen Festen gewaltig nach vorne gedrängt. Getanzt wird in jedem Fall – entweder der traditionelle Kreistanz (nur Mut!) zum durchdringenden Klang der bretonischen Oboe oder eben diskomäßig. Die Versorgung mit Alkohol ist auf jedem *fest-noz* unerschöpflich, die Verpflegung ebenfalls, natürlich gibt es *crêpes* und *galettes* und, wenn man Glück hat, knusprig gebratenes Wildschwein aus dem Argoat. Für die Kinder steht ein Karussell bereit, und manchmal wird noch mit der Boulekugel auf ein rohes Ei geworfen. Für jeden Treffer gibt's eine Flasche Rotwein.

Bretonische Steinmetze schufen die nahezu expressionistischen Figuren des Calvaire von St-Thégonnec. Künstler heute beweisen ihre Fähigkeiten eher beim *fest-noz*

Die Wirtschaft

Die Bretagne war über Jahrhunderte – mit kurzen Unterbrechungen – eines der ärmsten Länder Westeuropas. Je weiter man ins Finistère vordrang, desto kleiner und grauer wurden die Dörfer und desto besitzloser ihre Bewohner. Der Unterschied zwischen Armor, dem Land an der Küste, und Argoat, dem Land im Wald, war hier am Ende der Welt immer am augenfälligsten. Einen gewissen Wohlstand gab es nur rund um die kleinen Fischereihäfen oder in den größeren Städten wie Quimper, Brest und Morlaix. Der karge Boden, das rauhe Klima, fehlende Industrie und eine ineffizient arbeitende Landwirtschaft ließen die Bretagne bis in die fünfziger Jahre hinein zu den unterentwickeltsten Regionen Europas gehören.

Finanzspritze aus Paris

Es waren wohl die militanten Freiheitskämpfer, die Paris mit ihren Anschlägen daran erinnerten, daß es da oben im Westen noch diesen armen Landstrich namens Bretagne gab. Und um die Autonomiebewegung zu ersticken, ließ sich die Zentralregierung ein probates Mittel einfallen: Geld beruhigt und macht zufrieden. Subventionen für die Landwirtschaft und die Ansiedlung von Industriebetrieben begannen zu fließen. Die Reformen der Agrarstruktur, vor allem die Vergrößerung der Anbauflächen und die Modernisierung der veralteten Betriebe, erwiesen sich als äußerst erfolgreich: Die Bretagne ist heute der größte Anbieter landwirtschaftlicher Produkte in Frankreich. Der Anbau von Gemüse,

Wenn gefeiert wird wie hier in Lorient, dann kommen auch bei jungen Bretoninnen wieder alte Trachten zur Geltung

35

die verarbeitende Lebensmittelindustrie und der Handel mit Rind- und Schweinefleisch sind heute die erfolgreichsten Erwerbszweige des Landes. Im Sog dieser Entwicklung entstanden inzwischen auch Forschungszentren, die sich mit Biogenetik, Biochemie und Umwelttechnologien beschäftigen.

Nicht so erfolgreich verlief dagegen die Ansiedlung von Industriebetrieben. Der anfängliche Boom – ausgelöst durch eine großzügige Subventionspolitik – ebbte nach Ausbleiben der Pariser Finanzspritzen merklich ab. Die euphorisch begrüßten Elektronik- und Elektrotechnikbetriebe sind schnell wieder geschrumpft – nur zwei Prozent der Arbeitnehmer sind hier noch beschäftigt. Erfolgreicher ist die metallverarbeitende Industrie: Der Automobilkonzern Citroën aus Paris erwirtschaftet mit seinem Zweigwerk in Rennes fast ein Viertel des Gesamtumsatzes.

Immer wieder Fisch

Der Wirtschaftszweig aber, mit dem die Bretagne identifiziert wird und der die Aufmerksamkeit der Touristen auf sich zieht, ist die Fischerei. Das Land am Meer hat eine lange Seefahrervergangenheit und ist auch heute noch Heimat einer der größten Fischfangflotten der Erde. Fischfang im großen Stil hat Tradition. In den zahllosen kleinen Fischerhäfen liegen die Boote der Küstenfischer neben den modernsten Fischfabriken«.

Aber wieder sehen sich die Bretonen in ihrer wechselvollen Geschichte bedroht: Die Fischbestände sind in den vergangenen Jahren immer weiter zurückgegangen, die Konkurrenz auf den Weltmeeren hat zugenommen; nationale Hoheitszonen wurden ausgedehnt, und die Fanggründe der Bretonen verkleinerten sich immer mehr. Trotzdem steht die Bretagne beim Fischfang immer noch an erster Stelle von allen Regionen Frankreichs. Die südbretonische Stadt Concarneau ist nach Boulogne der zweitgrößte Fischereihafen der Nation. Ein paar Dutzend bretonische Schiffe fahren noch zur *grande pêche* aus, zur großen Fahrt bis zu den Küsten Afrikas und zum Indischen Ozean, um Thunfische zu fangen. Und von Saint-Malo aus fahren die Hochseetrawler auch heute noch auf Kabeljaufang bis nach Neufundland.

Diese immer noch positive Bilanz der bretonischen Fischer hat auf den zweiten Blick jedoch einige Schönheitsfehler: Dieser Industriezweig sichert nur relativ wenigen Arbeitnehmern ihr Auskommen. Nur knapp 7 000 professionelle Fischer finden einen Arbeitsplatz auf See – die hochmodernen Trawler kommen mit einer kleinen Crew aus. Hinzu kommt, daß die Fischerei unter Nachwuchssorgen leidet. Wenige Männer entscheiden sich für das harte Leben an Bord.

Venusmuscheln mit drei Algensorten

Eine Alternative zum beschwerlichen und risikoreichen Fischfang bietet seit mehreren Jahren – mit zunehmder Tendenz – die Zucht von Muscheln und Schalentieren. Die beliebten *fruits de mer* wachsen immer üppiger vor den Küsten der Bretagne. Hochburgen der Austern- und Miesmuschelzucht sind die Gegenden um Cancale und der Golf von Morbihan. Gezüchtet werden auch Hummer und Langusten. Über 15 000 Tonnen Krustentiere und 3 000 Tonnen Jakobsmuscheln werden jährlich in den bretonischen Häfen an Land gebracht, der größte Teil davon wurde auf Zuchtbänken und in Austernparks geerntet.

Zu einem Zukunftsprojekt könnten sich auch andere Meeresprodukte entwickeln, zum Beispiel Tang und Algen. Bretonische Wissenschaftler experimentieren schon seit langem mit den eher häßlichen Seepflanzen. Sie werden zunehmend gesammelt und verwertet, nicht nur zu kosmetischen Produkten wie Seife und Cremes, sondern auch zu Futter- und Düngemitteln und zu Gelierstoffen. Ziel ist, sie so schmackhaft zu machen, daß sie zur Delikatesse werden.

Tangsammler wie früher zwischen Roscoff und Conquet sieht man kaum noch. Mühevoll rechten sie den Tang zusammen, luden ihn auf Karren, um ihn dann auf den Dünen auszubreiten und zu trocken. Die trockenen Algen wurden verbrannt, die Asche kompostiert und an die Industrie zur Jodgewinnung verkauft. Die Tangsammler von heute kommen mit Schiffen und hydraulischen Zangen, und die Algen werden in großen Mengen in Fabriken verbrannt. Da der Verbrauch von Jod und Jodsalz in Mode gekommen ist – es soll ja im Notfall auch gegen die Radioaktivität aus den so sicheren Atommeilern schützen –, ist das Tangsammeln als Handwerk so gut wie ausgestorben.

Betten für drei Millionen Gäste

Wer schon einmal in der Bretagne in einem Office de Tourisme war, weiß, daß Bretonen eine ganze Menge für ihre Touristen tun. Auch im kleinsten Büro stapeln sich Hochglanzbroschüren, werden Aktivitäten und Sehenswürdigkeiten aller Art angepriesen. Jedes Eckchen Land, das irgendwie touristisch attraktiv erscheint, wird mehrsprachig (französisch, englisch, manchmal deutsch) und nachdrücklich für einen Besuch empfohlen. Und die Besucher kommen reichlich – um die drei Millionen Gäste zählt die Bretagne jedes Jahr. Damit ist sie nach der Côte d'Azur das Urlaubsland Nummer zwei in Frankreich. Den weitaus größten Teil der Urlauber stellen mit fast 75 Prozent die Franzosen, die meisten von ihnen kommen aus Paris und Umgebung. Für die Hauptstädter sind es nur ein paar Stunden Auto- oder Bahnfahrt an die Strände und zu den bretonischen Häfen. Die restlichen 25 Prozent teilen sich Engländer, Deutsche und Holländer, wobei die Statistik registriert: Die Deutschen zieht es in Ferienhäuser und auf Campingplätze, während die Engländer neben dem Zeltplatz auch die Hotelunterkunft zu schätzen wissen. Über die Hälfte der Bretagne-Urlauber mietet – oder besitzt – ein Ferienhaus oder eine Wohnung. Rund 18 Prozent bevorzugen einen Campingplatz, die Zahl der Luxusplätze ist in den vergangenen Jahren stark gestiegen.

Der Tourismus ist nach der Lebensmittelindustrie zum bedeutendsten Wirtschaftszweig des Landes geworden. Obwohl die Saison kurz ist – die meisten Besucher kommen im Juli und August –, sind die Einnahmen beträchtlich und für den wirtschaftlichen Aufschwung des Landes unverzichtbar geworden.

Das Meer im Rücken

Heute kaum noch vorstellbar, aber früher hatten die Bretonen mit Wassersport genauso wenig am Hut wie zum Beispiel die Bewohner der Nord- und Ostseeinseln. Nur auf wenigen Inseln war Fischfang üblich, auf der Ile de Batz zum Beispiel betrieb man immer Landwirtschaft. Nur die Mutigen fuhren aufs Meer hinaus, und wo sie das

Vergnügungsparadies mit kilometerweitem Strand: La Baule

heute noch tun, hat das Tradition. Die anderen wagten sich nur ans Wasser, wenn es ein Wrack zu plündern gab, und auch denen war klar, daß vom Meer an sich nur Unheil kommen konnte.

Mit den Urlaubern kamen die Wassersportarten, an denen sich aber auch die Küstenbewohner lange nicht beteiligten. Das Meer im Rükken schien ihnen sicherer. Erst 1964 segelte der Marineoffizier Eric Tabarly bei der Transatlantik-Regatta siegreich gegen die Engländer und wurde zum Stolz der Nation. Da begann das Segeln zum Volkssport zu werden. Heute hat fast jedes Küstennest eine Segelschule, und Bretonen wagen sich offensichtlich bei jedem Wetter hinaus aufs Meer.

Die Bevölkerung

Die letzte Volkszählung in der Bretagne 1990 ergab: Es gibt 2,8 Millionen Bretonen, davon leben 56 Prozent in den Städten, Tendenz steigend. Die Bevölkerung verteilt sich ungleich auf Küste und Binnenland. Während im Innern des Landes statistisch nur 40 Menschen auf einem Quadratkilometer wohnen, steigt die Einwohnerzahl sprunghaft um die großen Städte herum an (zum Beispiel Rennes, Lorient, Brest) und verdichtet sich im Küstenbereich. Seit einigen Jahrzehnten bleibt die Bevölkerungszahl relativ konstant. Die Geburtenrate hat sich auf den statistischen Wert von 1,5 Kindern pro Familie eingependelt – die niedrigste seit jeher. Auf der anderen Seite scheint die große Auswanderungswelle gestoppt zu sein, die das Land zwischen 1850 und 1950 erfaßte. Damals verließen mehr als eine Million Menschen das Land, weil ihnen ihre Heimat keine erstrebenswerte Zukunft bieten konnte. Auch heute leidet die Bretagne an einer – wenn auch schwächeren – Abwanderung von jungen Leuten, die zu Hause keine Arbeit finden. Viele zieht es nach Paris, wo bereits ganze Stadtteile fest in bretonischer Hand sind.

Richtige und falsche Bretonen

Innerhalb der Bretagne gibt es eine unsichtbare Trennungslinie, die das Land in einen Ost- und einen Westteil spaltet. Die »richtigen« Bretonen wohnen im Westen – hier spricht man bretonisch und erinnert sich gerne an die keltische Vergangenheit. Nicht so im Osten: In Rennes und den befestigten Städten der Ostbretagne wurde nie bretonisch gesprochen, sondern französisch und manchmal auch *gallo*, einen alten romanischen Dialekt. Und es kann passieren, daß ein Einwohner von Rennes (ein *gallo*) erzählt, er sei am Wochenende »in der Bretagne« gewesen, wenn er ein paar Kilometer nach Westen gefahren ist.

Wenn es stimmt, daß die Landschaft den Menschen prägt, dann muß der Bretone eine große Bandbreite von Charaktereigenschaften haben. Er ist dunkel und melancholisch wie die langen, dunklen Winterabende, zäh und widerstandsfähig wie die Bäume und Klippen, stürmisch und leidenschaftlich wie der heftige Wind und heiter wie der Sommer.

Der karge Boden und das wilde Meer ließen ihn schweigsam werden – das Leben war hart am westlichen Ende der Welt. Gustave Flaubert bereiste die Bretagne im 19. Jahrhundert und fand Armut und Tränen. Es gab und gibt jedoch ein wirkungsvolles Mittel, die Verschlossenheit der Bretonen aufzubrechen: Alkohol. Für die Bretonen waren Wein und Schnaps seit jeher nicht nur ein Genuß – sondern auch ein Überlebensmittel. Mit ihnen ließ sich der schwere Alltag besser ertragen, sie spendeten Trost und Wärme an stürmischen und nassen Wintertagen. Auch heute noch steht der Alkoholkonsum der Bretonen an erster Stelle in der französischen Statistik. Aber auch in einer anderen Tabelle sind sie Spitzenreiter: Die bretonischen Ehen sind die haltbarsten Frankreichs.

Frömmigkeit und Melancholie

Der katholische Glaube fiel bei den Nachkommen der heidnischen Kelten auf fruchtbaren Boden, nachdem die ersten Missionare aus Britannien die Küste Armorikas betreten hatten. Klöster, Kirchen und Kalvarienberge sind Zeugnisse einer tiefen Religiosität. Der Glaube spendete Trost, flößte aber auch Furcht ein. Auf den Sünder wartete die Hölle, der Teufel war allgegenwärtig, der Tod lauerte an jeder Ecke.

In dunklen Nächten und in der Einsamkeit des Argoat entstanden die Legenden von Rittern und Königen, von versunkenen Städten und sündigen Dorfschönheiten, die sich mit dem Teufel vergnügten. Phantasie und Vorstellungskraft sind bretonische Talente, die sich hinter der schweigsamen Fassade verbergen.

Auch die Melancholie gehört dazu. Der »Erfinder« der Melancholie war ein Bretone aus Saint-Malo: der romantische Dichter und Staatsmann René de Chateaubriand. Er sprach von einer Traurigkeit, die ihn quälte und gleichzeitig glücklich machte – der Melancholie. Chateaubriand wurde Vorbild für Generationen bretonischer Dichter und Philosophen, die alle davon überzeugt waren, einem sehr traurigen Volk anzugehören.

Daß dies nicht so ganz stimmen kann, wird spätestens auf den vergnügt turbulenten Festen klar, die in der Bretagne so zahlreich sind wie nirgends sonst.

Der Biber kommt wieder

Die Bretagne hat eine Fläche von 27 209 Quadratkilometern. Kein Ort des Landes ist weiter als 125 Kilometer vom Meer entfernt. Fährt man die Küstenlinie ab, kommt man auf rund 2 500 Kilometer, an denen Land und Wasser zusammenstoßen.

Waldgebiete gibt es kaum noch, der Bestand an Wild ist daher gering. Wildschweine, seit Urzeiten die Spezialität des Landes, gibt es nur noch in umzäunten Wildparks. Ein paar Hasen verfeinern noch den Mittagstisch der Jäger, mehr Wild hat die Bretagne schon seit einiger Zeit nicht zu bieten.

Ist auf der Erde auch nicht viel los, in der Luft sieht es ganz anders aus. Die Bretagne ist ein Paradies für Vögel. 80 Prozent der französischen Seevögel zieht es an die Küsten von Armorika.

Hier nisten die Silber-, Mantel- und Dreizehenmöwen, schwarze Kormorane, Eissturmvögel und Trottellummen. Der Bestand an Alken und Papageientauchern ist dagegen stark gefährdet, vor allem wegen der Ölkatastrophen in den vergangenen Jahren vor der bretonischen Küste. In mehreren Reservaten werden die Nistplätze der Vögel besonders geschützt, zum Beispiel am Cap Sizun und am Cap Fréhel, im Süden in den Salinen auf der Halbinsel Croisic und am Golf von Morbihan.

Natur unter Schutz

In den beiden großen Naturparks der Bretagne stehen Natur und Besiedlung unter ständiger Kontrolle, um die natürlichen Landschaftsstrukturen zu erhalten. Der Parc Naturel Régional d'Armorique ist eine unzusammenhängende Region, die sich von den Monts d'Arrée im Osten bis zur Küste der Crozon-Halbinsel erstreckt. Die Inseln Sein und Ouessant gehören ebenfalls zum Naturpark. Er umfaßt ein 172 000 Hektar großes Gebiet mit 39 Landgemeinden und 56 000 Einwohnern. Die Tier- und Pflanzenwelt stehen unter Naturschutz, und es werden Versuche gemacht, in der Bretagne als ausgestorben geltende Tierarten wieder anzusiedeln, zum Beispiel den Biber in den Monts d'Arrée.

Seit 1970 ist auch die Grande Brière auf der Halbinsel Guérande ein Naturschutzpark. Er liegt im Norden von St-Nazaire und bedeckt eine Fläche von 40 000 Hektar, auf der 18 Landgemeinden angesiedelt sind. Das einsame Sumpfgebiet im Süden des Landes mit dem Rad oder Kanu zu entdecken – vorbei an Graureihern, Bläßhühnern und blühenden Wasserpflanzen – ist ein einmaliges Erlebnis. Châteaubriant wußte in »La Brière« davon zu berichten.

Geschichte auf einen Blick

5000–2000 v. Chr. *Epoche der Megalithkultur. Menhire, Dolmen und Fürstengräber werden errichtet.*

um 500 v. Chr. *Kelten besiedeln die Halbinsel und nennen sie Armorika – das Land am Meer.*

56 v. Chr. *Julius Cäsar besiegt in einer Seeschlacht am Golf von Morbihan den Keltenstamm der Veneter. Es beginnt die rund 500 Jahre dauernde Herrschaft der Römer in Armorika.*

500 n. Chr. *Angeblicher Untergang der sagenhaften Stadt Ys.*

500–700 n. Chr. *Christliche Kelten fliehen vor den Angeln und Sachsen von Britannien nach Armorika. Sie nennen das Land Bretagne, Kleinbritannien. Die Urbevölkerung wird christianisiert.*

826 *König Nominoë besiegt Karl den Kahlen und gründet das erste unabhängige Herzogtum der Bretagne. Es entsteht ein Dynastie, die über 100 Jahre bestehen bleibt.*

919 *In zahlreichen Beutezügen verwüsten die Normannen das Land.*

937 *König Alain Barbe-Torte vertreibt die Normannen.*

952 *Der letzte König des Landes, Alain Barbe-Torte, stirbt. Es beginnen jahrhundertelange Kämpfe um die Erbfolge.*

1341–1365 *Erbfolgekrieg zwischen Frankreich und England auch auf bretonischem Gebiet. Das Land wird verwüstet.*

1365–1468 *Ende des Erbfolgekrieges. Die Herzöge aus dem Haus Monfort regieren. Es kommt zu einer Blütezeit für Wirtschaft und Kultur. Kirchen und erste Kalvarienberge entstehen.*

1488 *Beim Versuch, die Unabhängigkeit Frankreichs zu bewahren, wird Franz II., Herzog der Bretagne, bei St-Aubin-du-Cornier geschlagen. Seine Tochter Anne erbt nach seinem Tod den Herrschertitel.*

1491–1499 *Herzogin Anne de Bretagne heiratet den französischen König Karl VIII., nach seinem Tod dessen Bruder Ludwig XII. Anne wird französische Königin, bleibt jedoch auch Herzogin der Bretagne.*

1514–1532 *Anne de Bretagne stirbt. Ihre Tochter Claude wird Herzogin der Bretagne. Sie heiratet Franz I., der später König von Frankreich wird.*

1532 *Die Bretagne wird mit der Einwilligung von Claude an die französische Krone übergeben. In*

Vannes unterzeichnen die einzelnen bretonischen Länder den Angliederungsvertrag.

1534 Jacques Cartier aus St-Malo entdeckt Kanada.

1598 Heinrich IV. beendet mit dem Edikt von Nantes die Glaubenskriege. Es folgt ein wirtschaftlicher Aufschwung. Die Bretagne wird europaweit führend in der Segeltuchproduktion.

1773 In St-Malo wird der berühmte Freibeuter Surcouf geboren. Er ist mit einem Freibrief des Königs ausgestattet und wird auf allen Weltmeeren gefürchtet. Später macht er als Geschäftsmann Karriere.

1789 Französische Revolution. Kirchenschätze werden beschlagnahmt, Klöster zerstört. Die Bretage wird in fünf Départements eingeteilt. Die anfängliche Begeisterung der Bretonen für die Revolution kühlt rasch ab.

1792–1804 Gegen die Unterdrückung der Bretagne kämpfen königstreue Gegenrevolutionäre, die Chouans. Ihr Anführer Cadoudal wird 1804 hingerichtet.

1822 François René de Chateaubriand aus St-Malo wird französischer Außenminister.

1830–1920 Durch die Erfindung der Konserve erlebt die Wirtschaft einen Aufschwung. Doch es folgen immer wieder Krisenperioden. Zahlreiche Bretonen verlassen das Land.

1914–1918 Über 250 000 Bretonen fallen im Ersten Weltkrieg.

1935–1974 Anschläge der extremistischen Bretonischen Befreiungsfront (»Breizh libre«).

1940–1945 Die Bretagne wird von deutschen Truppen besetzt. In den Küstenstädten entstehen Bunkeranlagen. Beim Befreiungsangriff der Alliierten auf die Städte St-Malo, Brest und Lorient werden diese weitgehend zerstört, Tausende von Zivilisten sterben.

1960–1964 Artischocken-Krieg: Bauern protestieren gegen die teuren Zwischenhändler und gründen eine eigene Vermarktungsorganisation. Gründung der Wirtschaftsregion Bretagne. Das Département Loire-Atlantique wird von der Bretagne getrennt.

1965 Die bretonische Sprache wird zum Abiturfach und kann als Studienfach gewählt werden.

1967 und 1978 Ölpest an der bretonischen Küste durch das Kentern der Tanker »Torrey Canyon« und »Amoco Cadiz«.

1993/94 Bretonische Fischer protestieren gegen Billigimporte, die ihre Existenz gefährden.

Unterwegs
in der
Bretagne

Unterwegs in der Nordbretagne

Natürlich ist es Geschmacksache, aber irgendwie ist die Bretagne hier im Norden am schönsten. Die Klippen sind hoch, die Sandstrände lang und weiß, das Meer ist türkisgrün. Alle Klischees der Traumküste treffen hier zu. Die Côte d'Armor, so nannten schon die Kelten die Küstenlandschaft im Norden der Bretagne, ist mit Naturschönheiten reich gesegnet. Nirgendwo in der Bretagne ist die Landschaft so vielfältig wie hier. Das Spektrum reicht von kleinen Badebuchten an der Côte d'Emeraude (Smaragdküste), in denen Heide und Ginster fast bis ins hellgrüne Meer wachsen, bis hin zu den bizarren roten Granitfelsen an den Stränden der Côte de Granit Rose (Rosa Granitküste). Nirgendwo gibt es interessantere Wanderwege. Auf den alten Zöllnerpfaden entlang der Klippen bieten sich immer wieder traumhafte Ausblicke auf steile Felsen und rauhe Küsten, weite Strände und schöne Villen.

Landschaftlicher Höhepunkt an der Côte d'Emeraude ist das Cap Fréhel. Dieser wuchtige Vogelschutzfelsen ragt 70 Meter hoch aus dem Meer, umgeben von hügeliger Heidelandschaft, karg und lieblich zugleich.

An der Côte de Goëlo rund um Paimpol wird es ruhiger. Die kleinen Fischerhäfen und Dörfer sind noch heute unverfälscht bretonisch, Strände und Landschaft dafür weniger spektakulär. Von hier aus zogen die Fischer im vorigen Jahrhundert bis nach Neufundland, dem Kabeljau entgegen oder hinterher. In den vielen Kapellen entlang der Küste wurde für ihre Heimkehr gebetet.

Phantastische Felsformationen aus rotem Granit gaben der Côte de Granit Rose ihren Namen. Elegante Badeorte mit malerischen Stränden und teuren Hotels unterstützen die Attraktivität dieses Küstenabschnitts, der zu den schönsten und interessantesten der nördlichen Bretagne zählt, mit romantischen Schlössern im Hinterland und den hübschen alten Städten Tréguier und Guingamp.

Weiter westlich, an der Côte des Légendes, trifft man kaum noch Touristen. Über die wellige Heckenlandschaft fegt der Wind vom Meer her. Er ist rauh in dieser einsamen Ecke der Erde, das Finistère ist nah. Die Nordbretagne ist kulinarisches Spezialitätenland: Die besten Austern gibt es in Cancale, *coquilles St-Jacques* kommen aus der »Muschelhauptstadt« Erquy, aus Saint-Malo *poulet aux épices* (Gewürzhuhn) und aus Morlaix *morue* (Stockfisch) in Crêpes mit Béchamelsauce.

*rherige Seite:
t 60 Metern
öhe ist die Eisen-
hnbrücke von
orlaix von fast je-
m Ort der Stadt
r sichtbar und
st ihr Wahrzei-
en
nks: Wenn sie
nnten, würden
e von Meer und
schfang ver-
ngener Zeiten
zählen: die
chiffwracks auf
m Schiffsfried-
f in Camaret-
r-Mer*

47

A2 Côte des Abers

Im hohen Nordwesten der Bretagne muß man die Einsamkeit lieben, denn nur wenige andere Attraktionen hat dieser vom Winde verwehte Landstrich zu bieten. Lange Sandstrände – sie heißen hier übrigens nicht *plage*, sondern *grève* – liegen rund um die Orte Brignogan und Plouguerneau im Norden. Am Aber Benoît findet man bei St-Pabu einen einsamen Traumstrand in reizvoller Dünenlandschaft.

Das Meer hat sich im Lauf der Jahrhunderte immer tiefer ins Land geschoben, ehemalige Flußläufe wurden überflutet und weiteten sich zu Fjorden aus. Diese *aber* (bretonisch für große Mündung) prägen an vielen Stellen das Landschaftsbild und gaben ihr auch den Namen.

Zu trauriger Berühmtheit gelangte der Küstenabschnitt nördlich von Brest 1978. Damals strandete hier der Supertanker »Amoco Cadiz«. Er brach auseinander, und 220 000 t Öl ergossen sich ins Meer. Die Strömung trug die für Tiere und Pflanzen tödliche Substanz beinahe die ganze Nordküste hinauf. Touristen blieben aus, Küstenfischer und Austernzüchter wurden arbeitslos. Die Auswirkungen der Katastrophe sind längst beseitigt, aber der Schock sitzt tief. Ein letzter Rest des Supertankers liegt heute noch an der Hafenmole des kleinen Dorfes Portsall, der riesige, halb zerbrochene Anker der »Amoco Cadiz«.

Saint-Brieuc

Die Hauptstadt des Départements Côtes-d'Armor ist eine moderne Stadt. Es gibt einen großen Handelshafen, Neubauviertel und Industriebetriebe zur Verarbeitung landwirtschaftlicher Produkte prägen das Bild der 60 000 Einwohner zählenden Metropole. An die alte Bischofsstadt erinnern noch die mächtige Kathedrale St-Etienne und die mittelalterlichen Fachwerkhäuser im alten Zentrum der Stadt.

Hotels

La Baie
8 km Richtung Yffiniac (N 12)
Tel. 96 72 64 10, Fax 96 72 71 55
42 Zimmer
2. Kategorie
Angenehmes und familiäres Mittelklassehotel.
De Clisson
36, rue de Gouet
Tel. 96 62 19 29, Fax 96 61 06 95
24 Zimmer
1./2. Kategorie
Das einzige Dreisternehotel in der Stadt. Am Rande der Altstadt, mit Garten, phantasievoll und aufwendig eingerichtet.
Duguesclin
2, pl. Duguesclin
Tel. 96 33 11 58, Fax 96 52 01 18
17 Zimmer
2. Kategorie
Gepflegtes Haus im Fußgängerviertel mit gutem Restaurant.

Sehenswertes

Altstadt
Schöne alte Fachwerkhäuser stehen nördlich der Kathedrale, in der Rue Fardel, der Rue Quinquaine, der Rue de Gouet und an der Place du Martray.

Cathédrale Saint-Etienne
Die Kathedrale mit ihren vielen Pechnasen und Schießscharten gleicht einer Festung. Der Baubeginn war 1225, im Lauf der Jahrhunderte wurde die Kirche immer wieder umgebaut und restauriert. Im Inneren, das im 18. Jh. restauriert wurde, stehen zahlreiche Grabmäler mit Liegefiguren. In einer Seitenkapelle liegt das Grab des heiligen Guillaume, Bischof der Stadt im 12. Jh., darüber sein Reliquienschrein. Kostbarer Barockaltar im Südschiff.

Museum

Musée d'Histoire des Côtes-d'Armor
Cour Francis-Renaud/Rue des Lycéens Martyrs
Di–So 9.30–12, 13.30 bis 18 Uhr
Eintritt 8 FF
Exponate zur Geschichte und Wirtschaft der Côtes-d'Armor, ausgestellt in einer ehemaligen Polizeiwache. Außerdem Möbel, Gemälde und Trachtensammlungen. Zeitlicher Schwerpunkt ist das 19. Jh. Wechselnde Ausstellungen zur zeitgenössischen Kunst.

Essen und Trinken

Aux Pesked
59, rue Légué
Tel. 96 33 34 65
2. Kategorie
Rustikales Ambiente, kombiniert mit einer raffinierten, leichten Küche. Ein sympathisches Lokal.

Les Quatre Saisons
61, chemin des Cours
Tel. 96 33 20 38
2. Kategorie
Hier ißt man bei gutem Wetter stilvoll auf der Terrasse, z. B. Meerbarbenfilets mit Himbeeren. Schönes altes Steinhaus am Strand.

Tandoori
11, rue des Trois-Frères-Le Gof
Tel. 96 61 84 02
2./3. Kategorie
Zur Abwechslung: Indische Spezialitäten.

La Vieille Tour
75, rue de la Tour, in Plérin-sous-la-Tour, hinter dem Hafen
Tel. 96 33 10 30
So abend und Mo geschl.
1. Kategorie
Ein eleganter Rahmen und ein großartiger Blick auf die Bucht von St-Brieuc, dazu eine phantasievolle Küche mit ungewöhnlichen Fischspezialitäten. Das Restaurant in der Nähe des verfallenen Turms von Cesson ist die Topadresse in St-Brieuc.

Einkaufen Ⓜ

Neben vielen gutsortierten Einzelhandelsgeschäften gibt es die

Warenhauskette »eurodif« in der Fußgängerzone. Ein Paradies für Stoffliebhaber, auch typisch bretonische Druckstoffe, originell und preiswert. Schöne, auch

Der gute Tip 🅜:
Einkaufsbummel in St-Brieuc, S. 49
Ein riesiger Markt in der Altstadt bietet Samstagvormittag lokale Spezialitäten in großer Auswahl. In der Fußgängerzone gibt es originelle bretonische Stoffe und Fayencen.

alte Fayencen bei Faïencerie Duguesclin, Place Duguesclin.
Fisch und Gemüse kauft man am günstigsten in den Markthallen. Jeden Samstag verwandelt sich die Altstadt rund um Hallen und Kathedrale in einen großen Marktplatz. Es gibt fast alles, was das Herz begehrt.

Allgemeine Informationen

Auskunft
Office de Tourisme
7, rue Saint-Gouéno
22000 Saint-Brieuc
Tel. 96 33 32 50, Fax 96 61 42 16

Der gute Tip 🅜:
Austernprobe
Auch wenn man Austern bisher uninteressant fand, in Cancale muß man sich einfach mit ihnen beschäftigen. Eine kulinarische Kostprobe (*dégustation*) bietet sich an der Uferstraße an.

Cancale

Eine Schlemmerhochburg rund um die Auster – das ist Cancale, schon seit Jahrhunderten für seine flachen Austern berühmt. Am Uferquai reihen sich die Verkaufsstände aneinander 🅜. Die Ernte aus den Zuchtparks vor der Stadt kommt hier jeden Tag meeresfrisch auf den Tisch. In den urigen Probierstuben (*bar de dégustation*) am Hafenquai kann man sich von der Klasse der Meeresdelikatessen überzeugen. Hier werden ausschließlich Austern serviert, die, nur mit Zitrone beträufelt, frisch nach Meer und Tang schmecken. Unbedingt dazu gehören ein Glas Muscadet und natürlich graues Brot mit gesalzener Butter.

Hotels und andere Unterkünfte

Continental
Quai Thomas
Tel. 99 89 60 16, Fax 99 89 69 58
18 Zimmer
1. Kategorie
Nobles Dreisternehotel direkt an der Uferstraße mit stilvoll möblierten Zimmern.
Hôtel de Bricourt-Richeux
5 km auf der D76, Hinweisen zur D 155 folgen
Tel. 99 89 64 76, Fax 99 89 88 47
13 Zimmer
Luxuskategorie
Hotel der Luxuskategorie mit allen denkbaren Annehmlichkeiten. Umgebaute elegante Villa mit großem Parkgelände. Ein Traum für alle Ruhesuchenden.

Phare
Quai Thomas
Tel. 99 89 60 24, Fax 99 89 91 75
11 Zimmer
2. Kategorie
Kleineres Hotel mit Tradition, frisch renoviert. Gutes Restaurant mit Panoramablick, komfortable Zimmer.
Querrien
7, quai Dugay Trouin
Tel. 99 89 64 56
9 Zimmer
3. Kategorie
Am Ende der Hafenmole, einfaches Hotel mit Pizzeria, Zimmer mit unterschiedlicher sanitärer Ausstattung.

Camping
Le Bois Pastel
Zwischen Cancale und der Pointe du Grouin
Tel. 99 89 66 10

Austern wachsen kaum noch wild in den Wattenmeeren, auch für die Schlemmerhochburg Cancale werden sie gezüchtet und täglich frisch geerntet

Ordentlicher Dreisterneplatz mit 90 Stellplätzen.

Sehenswertes

Pointe du Grouin   E2
Eine Landspitze mit Leuchtturm, 50 m über dem Meer. Bei klarer Sicht kann man von der Pointe du Grouin bis zum Mont St-Michel sehen. Die schmale Landzunge ist seit 1961 Naturschutzgebiet. Auf den beiden benachbarten Inseln nisten Möwen und Kormorane. Von Cancale aus führt auch ein Küstenpfad die Klippen entlang über die Pointe du Hock zur Pointe du Grouin.

Museum

**Musée de l'Huître
(Austernmuseum)**
Tgl. 10–18 Uhr
Eintritt 35 FF/18 FF
An der Plage de l'Aurore, südlich des Hafens
Seit 1960 werden in Cancale Austern gezüchtet. Auf 375 Hektar produzieren die Züchter jährlich rund 3000 t der begehrten Schalentiere. Alles über Austern und Muscheln erfährt man – in einer Diashow – in diesem auf der Welt wohl einmaligen Museum.

Essen und Trinken

L'Emeraude
Quai Thomas
Tel. 99 89 61 76
2. Kategorie
Schönes holzgetäfeltes Restaurant mit Blick auf den Hafen, traditionelle Meeresfrüchteküche in gediegener Atmosphäre.
La Frégate
Direkt am Hafen
Tel. 99 89 66 80
3. Kategorie
Gemütliches, kleines Restaurant mit familiärer, netter Atmosphäre, große Portionen. Hier stimmt das Preis-Leistungs-Verhältnis.
Maison de Bricourt
1, rue de Duguesclin
Tel. 99 89 64 76, Fax 99 89 88 47
Di und Do geschl.
1. Kategorie
Stilvolles Ambiente mit Holz und Natursteinen, hervorragende Küche mit raffinierten Meeresfrüch-

tekompositionen. Eine Topadresse für Feinschmecker, mit zwei Michelinsternen ausgezeichnet.

Allgemeine Informationen

Auskunft
Office de Tourisme
44, rue du Port
35260 Cancale
Tel. 99 89 63 72

Ort in der Umgebung

Vivier-sur-Mer
Zu Austernbänken und zum Mont St-Michel fährt die »Sirène de la Baie«. Das Schiff startet in Vivier-sur-Mer, man kann aber auch in Cancale zusteigen, in der Hauptsaison bis zu 5mal täglich. Auch Fahrten mit Hummer und Champagner kann man buchen. Karten in Vivier-sur-Mer am Hafen.

Saint-Cast-le-Guildo

Sieben weitgeschwungene weiße Sandstrände sind das Markenzeichen der kleinen Stadt (3000 Einwohner) an der westlichen Côte d'Emeraude. Große Hotels und ein Kasino verbreiten einen Hauch von Mondänität. Die Grande Plage ist im Hochsommer einer der beliebtesten Strände an der Nordküste. An der Uferpromenade zieht sich der Ortsteil La Garde entlang, der erst Anfang dieses Jahrhunderts mit dem Touristenboom entstand. Das ursprüngliche Fischerdorf Le Bourg liegt oberhalb des Hafens auf einem Felsplateau. Zum dritten Ortsteil L'Isle im Norden gehört auch der kleine Hafen.

Oberhalb der Mündung des Flusses Arguenon, 6 km südlich von St-Cast-le-Guildo, erheben sich die finsteren Ruinen einer Burg. Hier lebte im 15. Jh. der lebenslustige Prinz Gilles de Bretagne. Sein Bruder Franz, Herzog der Bretagne, neidete ihm seine Erfolge bei den Damen. Der eifersüchtige Herzog ließ den schönen Gilles hinterhältig ermorden. Doch die Sympathie der Bretonen blieb Gilles erhalten; sie machten ihn nachträglich zum »Saint-Prince«.

Hotels

Les Arcades
bd. Duc d'Aiguillon
Tel. 96 41 80 50, Fax 96 41 77 34
32 Zimmer
2. Kategorie
Dreisternehotel an der Grande Plage, Mitglied der Logis-de-France-Kette. Mit Terrasse und modern möblierten Zimmern.

Bon Abri
Rue du Sémaphore
Tel. 96 41 85 74, Fax 96 41 99 11
45 Zimmer
3. Kategorie
Gutbürgerlich und ruhig, am Ortsausgang von L'Isle, oberhalb der Plage de la Mer. Einige Zimmer mit Meerblick. Ordentliches Restaurant.

Hôtel des Dunes
Rue Primauguet
Tel. 96 41 80 31, Fax 96 41 85 34
27 Zimmer
2. Kategorie
In zweiter Reihe zum Strand, familiäre Atmosphäre, mit Tennisplatz und Garten. Mehrfach ausgezeichnetes Restaurant.

Essen und Trinken

Le Biniou
1,5 km in Richtung Pen-Guen
Tel. 96 41 94 53
1. Kategorie
Feine regionale Küche der Bretagne, edles Ambiente.

Allgemeine Informationen

Auskunft
Office de Tourisme
22380 Saint-Cast-le-Guildo
Pl. Charles-de-Gaulle
Tel. 96 41 81 52, Fax 96 41 76 19

Markt
Im Sommer Montagvormittag großer Wochenmarkt auf der Place des Fêtes.

Dinan E3

Eine der schönsten bretonischen Städte: alte Fachwerkhäuser, steile Gassen und stolze Gebäude, ein romantischer Flußhafen und eine wuchtige Stadtmauer, auf der man promenieren kann. Eine mittelalterliche Stadt ohne Museumscharakter, lebendig und jung.

Ein romantischer Hafen und steile Gassen am Berg – das mittelalterliche Dinan gehört zu den schönsten bretonischen Städten

Victor Hugo beschrieb Dinan als »Schwalbennest, das an einen Felsvorsprung geklebt ist«. Tatsächlich liegt die Stadt auf einem Steinplateau, 75 m über dem Fluß Rance. Steile Gassen führen hinauf in die Oberstadt, die bekannteste ist die Rue du Jerzual. Kunsthandwerker in malerischen Ateliers bieten rechts und links der kopfsteingepflasterten Straße ihre Produkte an: Gläser, Stoffe, Holzfiguren und Lederwaren.

Dinan gehört zu den nationalen Kulturdenkmälern und darf sich »Ville d'Art et d'Histoire« nennen. Das ist keine Übertreibung, es ist die am besten erhaltene mittelalterliche Stadt der Bretagne.

Hotels

D'Avaugour
1, pl. du Champ
Tel. 96 39 07 49, Fax 96 85 43 04
27 Zimmer
1./2. Kategorie
Schönes Gebäude mit Natursteinfassade nahe der Stadtmauer mit hellen, komfortablen Zimmern. Romantische Gartenterrasse und gutes Restaurant.

France
7, pl. 11 Novembre
Tel. 96 39 22 56, Fax 96 39 08 96
14 Zimmer
2./3. Kategorie
Mitglied der Logis-de-France-Hotelkette, gemütliche Zimmer.

Marguerite
29, pl. Duguesclin

Tel. 96 39 47 65, Fax 96 85 23 88
19 Zimmer
2./3. Kategorie
Ein älteres Hotel am Marktplatz, Zimmer mit unterschiedlicher Ausstattung. Restaurant mit preiswerten Menus.

Les Remparts
4–6, rue du Château
Tel. 96 39 10 16, Fax 96 85 33 69
10 Zimmer
3. Kategorie
Das Hotel liegt an der Hauptstraße in der Nähe der Burg, familiäre Atmosphäre, einfache, saubere Zimmer.

Sehenswertes

Basilika St-Sauveur
Pl. St-Sauveur
Der Grundstein für die Erlöserkirche mit dem unsymmetrischen Grundriß wurde im 12. Jh. gelegt, vollendet wurde sie erst im 16. Jh. Die Statuen haben seit der Revolution keine Köpfe mehr. In einer der Seitenkapellen steht der Kenotaph (Ehrengrab) Bertrand du Guesclins. Hier wird das Herz des Volkshelden aufbewahrt – Grund für die vielen Besucher der Kirche.

Kirche St-Malo
Ungewöhnlich lange bauten die Gläubigen an dieser Kirche: Von 1490 bis 1860, der Gesamteindruck ist darum nicht unbedingt harmonisch. Im Inneren fallen die sehr farbenfrohen Fenster aus dem Jahr 1925 auf und die Orgel mit ihren blauen und goldenen Pfeifen aus dem Jahr 1889.

Tour de l'Horloge
Rue de l'Horloge, gegenüber dem Touristenbüro
Tgl. 10–12, 14–18, So 15 bis 18 Uhr
Der 60 m hohe Turm war vom 15. bis zum 18. Jh. ein Teil des Rathauses. Die Uhr, 1498 von einem deutschen Uhrmacher angefertigt, schenkte Herzogin Anne ihrer geliebten Stadt Dinan. Vom Glockenstuhl aus hat man eine herrliche Aussicht über die Stadt.

Museum

Château / Musée
Donjon de la Duchesse Anne
Juni–15. Okt. tgl. 10 bis 18.30 Uhr; 16. Okt.–Mai 13.30 bis 17.30 Uhr
Eintritt 20 FF/10 FF
Das Stadtmuseum ist im 34 m hohen Wehrturm der ehemaligen Stadtbefestigung untergebracht. Im Donjon aus dem 14. Jh. befinden sich auf drei Etagen u. a. bretonische Möbel, Trachten, Gemälde und Skulpturen. Vom oberen Wehrgang hat man einen schönen Blick über die Dächer der Stadt.

Essen und Trinken

La Caravelle
14, pl. Duclos
Tel. 96 39 00 11
Im Winter Mi und So abend geschl.
1. Kategorie
Eine raffinierte Küche mit regionalen Spezialitäten bietet dieses

noble Restaurant. Elegant-französisches Ambiente.

Les Clarisses
8, rue Sainte-Claire
3. Kategorie
Gemütliches Lokal in einem schönen alten Haus, besonders mittags eine gute Adresse für die kleine Mahlzeit.

Les Grands Fossés
2, pl. Général Leclerc
Tel. 96 39 21 50
Do geschl.
1. Kategorie

Geheimtip für regionale Küche, mit viel Pfiff.

La Mère Pourcel
3, pl. des Merciers
Tel. 96 39 03 80,
Fax 96 87 07 58
1./2. Kategorie
Die bekannteste Speiseadresse der Stadt. In einem mittelalterlichen Fachwerkhaus im Herzen der Altstadt sitzt man zwischen antiken Möbeln im gemütlichen Gastraum. Mehrfach ausgezeichnete Küche.

Relais des Corsaires
Le Port
Tel. 96 39 40 17, Fax 96 39 34 75
2. Kategorie
Gemütliches Restaurant in einem Haus aus dem 15. Jh., direkt am Hafen der Rance.

Einkaufen

Dinan ist traditionell ein Zentrum der Kunsthandwerker. Vor allem in der *Rue du Jerzual* gibt es viele Töpfereien, Glasbläser und Holzschnitzer.

Filigrane
19, Grand'Rue
In der Nähe der Kirche gibt es schöne, ausgefallene Dinge aus Papier und Pappe, alte Stempel, Federn, Siegellacke.

Allgemeine Informationen

Auskunft
Office de Tourisme
6, rue de l'Horloge
22100 Dinan
Tel. 96 39 75 40, Fax 96 39 01 64

Feste
Mitte Juli
Internationaler Harfenwettstreit (Concours International de Harpe Celtique)

Anfang September
Stadtmauerfest (Fête des Remparts) **Ⓜ**, alle zwei Jahre treten hier 300 Darsteller in mittelalterlichen Kostümen auf.

Mitte September
Apfelweinfest (Route du Cidre)

Orte in der Umgebung

Château La Bourbansais   E3
Pleugueneuc
Tgl. 10–19 Uhr
Eintritt 25 FF / 10 FF
Ein Ausflug, der auch Kindern Spaß macht: 11 km entfernt von Dinan liegt das Château La Bourbansais, ein 400 Jahre altes prächtiges Schloß mit üppiger Innenausstattung. Wer will, kann über Nacht bleiben: Zwei romantische Suiten stehen zur Verfügung. Im Garten Zebras, Strauße und andere exotische Tiere.

Château de Combourg   E3
Führungen Mi–Mo 14–18 Uhr
Eintritt 20 FF
Eines der vielen sehenswerten Schlösser der Bretagne, 25 km östlich von Dinan in der kleinen Stadt Combourg. Das Ortsbild wird beherrscht von der wuchtigen Kulisse des Schlosses, das

> Der gute Tip **Ⓜ**:
> **Mittelalter total**
> Während der Fête des Remparts Anfang September ziehen Dutzende von mittelalterlichen Trachtenzügen durch die engen Gassen. Spannende Ritterkämpfe gibt es auf den Plätzen. Die Kostümierten sind kommunikationsfreudig: Wer Lust hat, kann mitmachen.

vor allem wegen eines Bewohners berühmt wurde: Hier verbrachte der französische Romantiker und Staatsmann Fran-

57

çois René de Chateaubriand (1768–1848) den größten Teil seiner Jugend.

Bei der Schloßführung auf Chateaubriands Spuren kann die Schwermut des Dichters nachempfunden werden: Es geht durch dunkle, kalte Räume mit strengen Möbeln und über feuchte Wendeltreppen. Gruselig: eine mumifizierte Katze im kargen Zimmer des Poeten. Ein Lichtblick: der schöne Schloßpark mit Teich.

E3 Benediktinerkloster Le Tronchet

Die Benediktinerabtei in Le Tronchet, 18 km östlich von Dinan, kann man nicht nur besichtigen, sie bietet Besuchern auch luxuriöse Unterkunft an. Ein Teil der Klosteranlage wurde zu einem Dreisternehotel umgebaut. Informationen bei:

Hostellerie Abbatiale
35540 Le Tronchet
Tel. 99 58 93 21, Fax 99 58 11 08
1. Kategorie

E2 Dinard

Edel und gleichzeitig ein bißchen altmodisch sehen sie aus, die blauweiß gestreiften Badezelte am hellen Sandstrand von Dinard, ebenso die Zeltbewohner: Mit feinen geflochtenen Picknickkörben, großen Strohhüten und erstaunlich kleinen Hunden machen sie den Eindruck, als sei die Zeit hier vor 100 Jahren stehengeblieben.

Auf jeden Fall passen sie sehr gut in ihre Umgebung. Dinard ist das älteste Seebad in der Bretagne und das einzige, in dem noch deutlich die Eleganz der vergangenen Belle Epoque zu spüren ist. Schöne alte Villen, das Spielcasino, mondäne Yacht- und Golfclubs zeigen, warum sich hier bis zum Zweiten Weltkrieg die High Society Europas traf.

Beliebtester abendlicher Treffpunkt ist die Promenade du Clair de Lune. Dieser Mondscheinweg führt an der Mündung der Rance entlang, unterhalb der steilen Klippen. Aber auch ohne Mondschein hat er seine Reize: teure Geschäfte, allerlei subtropische Gewächse und viermal in der Woche das Beleuchtungsspektakel Son et Lumière.

Tagsüber hat man auf dem Küstenweg (*Chemin de Ronde*), der sich vorbei an Jugendstilvillen durch die Felsen schlängelt, einen schönen Blick auf St-Malo.

Hotels und andere Unterkünfte

Altair
18, bd. Féart
Tel. 99 46 13 58, Fax 99 88 20 49
21 Zimmer
2. Kategorie
Nettes Hotel in ruhiger Lage, gut ausgestattete Zimmer und vorzügliches Restaurant.

Hôtel de la Paix
6, pl. de la République
Tel. 99 46 10 38
29 Zimmer
2./3. Kategorie
In zentraler Lage oberhalb des Hauptstrands. Familiäre At-

mosphäre, Zimmer mit unterschiedlicher sanitärer Ausstattung.

Blauweiß gestreift im hellen Sand, so stehen die Strandzelte vornehm und altmodisch im feinen und ältesten Seebad Dinard

Manoir de la Rance
7 km auf der D 114 Richtung Jouvente
Tel. 99 88 53 76, Fax 99 88 63 03
9 Zimmer
Luxuskategorie
Sehr schön gelegenes, ruhiges Landhotel mit wunderbarem Blumengarten, der liebevoll gepflegt wird und in der ganzen Gegend berühmt ist.

Reine Hortense
19, rue Malouin
Tel. 99 46 54 41, Fax 99 88 15 88
10 Zimmer
Luxuskategorie
Wunderschöne alte Ferienvilla im Stil der Belle Epoque. Beste Strandlage mit Blick auf St-Malo, edel möblierte Zimmer mit allem Komfort.

Les Tilleuls
36, rue de la Gare
Tel. 99 82 77 00
Fax 99 82 77 55
53 Zimmer
2./3. Kategorie
In der Nähe des Bahnhofs, mit Gartenterrasse. Ausnahmsweise keine Hunde erlaubt.

Camping
Camping La Ville Mauny
An der D 603
Tel. 99 46 94 73
172 Stellplätze
Gut geführte Viersterne-Anlage mit vielen Sportangeboten. Während der Hauptsaison unbeding reservieren.

59

Sehenswertes

Gezeitenkraftwerk (Usine Marémotrice)
An der Verbindungsstraße (D 168) zwischen Dinard und St-Malo
Tgl. 8.30–20 Uhr
Eintritt frei
Ein extremer Gezeitenwechsel mit einem Tidenhub von 14 m war die Voraussetzung für den Bau dieses ersten und einzigen Gezeitenkraftwerks in Europa. Die 24 Rohrturbinen im Innern des Damms produzieren pro Jahr 550 Mio. Kilowattstunden Strom.

Essen und Trinken

Restaurant Altaïr
18, bd. Féart
Tel. 99 46 13 58
So abends, Mo und Nov. geschl.
2. Kategorie
Gemütliches Restaurant mit schöner Terrasse.
Restaurant Le Trezen
3, bd. Féart
Tel. 99 46 14 87
Mi geschl.
2. Kategorie
Meeresfrüchte reichlich und gut mit Meerblick.

Allgemeine Informationen

Auskunft
Office de Tourisme
2, bd. Féart
35800 Dinard
Tel. 99 46 94 12, Fax 99 88 21 07

Golf
Bei Dinard, in St-Briac-sur-Mer, liegt einer der schönsten Golfplätze Frankreichs. Der Platz mit 18 Bahnen wurde 1887 auf den Dünen direkt an der Küste angelegt.

Markt
Dienstag, Donnerstag und Samstag bei den Markthallen am Platz vor dem Postgebäude.

Wassersport
Yacht-Club Dinard
Promenade du Clair-de-Lune
Tel. 99 46 14 32
Treffpunkt der Segler, aber auch Schwertboot und Sportkatamaran kann man hier ausprobieren.

Dol-de-Bretagne

Dol-de-Bretagne gehört zu den ältesten Städten des Landes und wirbt offiziell mit dem Titel »Ville Historique«. Tatsächlich fühlt man sich in der Grande Rue des Stuarts ins tiefe Mittelalter versetzt. Hier stehen die ältesten Häuser, im 12. und 13. Jh. im romanischen Stil erbaut. Ein besonders schönes Beispiel ist Haus Nr. 15 mit seinen ornamentgeschmückten Fenstern.
Dol war nicht immer eine verträumte Kleinstadt (heute 5 000 Einwohner): Bis zur Französischen Revolution war es Sitz eines Erzbischofs, im 9. Jh. Hauptstadt, in der sich Nominoë zum ersten Herzog der Bretagne krönen ließ.

Dol liegt mitten in einem ehemaligen Sumpfgebiet, das erst im vorigen Jahrhundert durch den Bau von Deichen endgültig trokengelegt werden konnte. Hier weiden die berühmten und schmackhaften Prés-Salés-Schafe.

Hotel

Bretagne
pl. Chateaubriand
Tel. 99 48 02 03, Fax 99 48 25 75
27 Zimmer
Okt.–März geschl.
3. Kategorie
Kleines, einfaches Hotel mit gutem Restaurant.

Sehenswertes

Cathédrale Saint-Samson
Ein mächtiges, 100 m langes Granitmonument, an dem drei Jahrhunderte lang (13.–15. Jh.) gebaut wurde.
Auffallend ist der unvollendete Nordturm mit seinen gewaltigen Strebepfeilern. Im Gegensatz dazu wirkt der Südturm im gotischen Flamboyantstil leicht und elegant. Die Eleganz der Gotik zeigt sich auch im Innenraum: Das Kreuzgewölbe spannt sich in 20 m luftiger Höhe über dem langgezogenen Kirchenschiff. Durch das große Chorfenster aus dem 13. Jh., eines der ältesten in der Bretagne, fällt gebrochen Licht in den halbdunklen Innenraum. Eines der Medaillons zeigt das Leben Bischof Samsons, des Gründers der Stadt.

Menhir du Champ-Dolent
2 km südlich, Straße nach Epinac
9,50 m ist er hoch, aus rötlichem Granit und wirklich ein imposanter Anblick. Um die Herkunft des Menhirs rankt sich eine Legende: Er fiel vom Himmel, um zwei verfeindete Brüder zu trennen, die sich hier um ihr Erbe stritten. Und falls der Granitklotz eines Tages verschwinden sollte, ist der Jüngste Tag gekommen.

Mont-Dol
3 km, Straße nach Vivier-sur-Mer
Der 65 m hohe Granitfelsen ragt unvermittelt aus der flachen Polderlandschaft. Kastanien säumen den steilen Weg vom kleinen Dorf hinauf zur Wallfahrtskapelle der Heiligen Jungfrau. Nicht weit entfernt steht eine Windmühle aus dem 19. Jh.

Essen und Trinken

La Bresche Arthur
36, bd. Deminiac
Tel. 99 48 01 44, Fax 99 48 16 32
So abend, Mo geschl., in der Ferienzeit durchgehend geöffnet
1./2. Kategorie
Vorzügliches kleines Restaurant mit großem Komfort und stilvollen Landambiente.

Allgemeine Informationen

Auskunft
Office de Tourisme
33, grande Rue des Stuarts
35120 Dol-de-Bretagne
Tel. 99 48 15 37

Feste
Mitte August
Fête de la Peinture et du Patrimoine
Maler- und Volksfest

D2 **Erquy**

Die Anfahrt von Westen ist die schönste: Wie an südlichen Küsten windet sich die Straße am türkisblauen Meer entlang, die kleinen Häuser kleben am Felsenrand, hell leuchten die weißen Badebuchten herauf. Pinienwälder säumen die Straße, dazwischen Heidekraut und niedriger Ginster auf weiten Flächen.

Die Gegend um Erquy ist lieblich und rauh zugleich, abwechlungsreich und wild, sicher eines der schönsten Urlaubsgebiete in der Bretagne. Natürlich hat sich das herumgesprochen. Der kleine Ort (3 000 Einwohner) quillt im Sommer vor touristischen Angeboten über. Besonders beliebt ist das Kap bei Freiluftfreunden – es ist ein Paradies für Camper. Plätze aller Kategorien bieten sich an, die meisten gut ausgestattet und in schöner Lage am Meer.

Zum Baden führen schmale Stichstraßen durch Heidekraut und Pinien hinunter zu weißen, sandigen Buchten mit dicken Granitbrocken. Besonders idyllisch: Plage le Guen und Plage de St-Michel.

Erquy liegt an einer geschützten Bucht und hat einen der ältesten Häfen der Bretagne. Bei Ebbe legen sich die Schiffe vor dem Hafenkai dekorativ im Schlick des Hafenbeckens auf die Seite, ein paar Fußfischer ziehen mit ihren Eimern hinaus ins Watt. Bei Flut werden dann auch die richtigen Fischer aktiv: Seit 1963 darf sich Erquy »Hauptstadt der Jakobsmuschel« nennen. Nirgendwo sonst werden so viele dieser köstlichen *coquilles* gefangen wie hier.

Auch für Wanderfreunde bietet das Cap Erquy eine Attraktion: Rund um das Kap führt ein 20 km langer Wanderweg, auf dem früher die Zöllner ihre Kontrollgänge machten. Die Tour – man kann im Touristenbüro auch eine Führung buchen – dauert je nach Kondition etwa 6 Std.

Hotels und andere Unterkünfte

Beauséjour
Rue de la Corniche
Tel. 96 72 30 39, Fax 96 72 16 30
10 Zimmer
2. Kategorie
Kleines, nettes Hotel in der Nähe der Strandpromenade, Zimmer teilweise mit Hafenblick.
Le Brigantin
Pl. de l'Hôtel de Ville
Tel. 96 72 32 14
21 Zimmer
2. Kategorie
Zentral im Ortszentrum liegt dieses komfortable Hotel. Mit Schwimmbad, schönem Garten und schön möblierten Zimmern.

Camping
In der Hauptsaison unbedingt vorher reservieren.

Camping Bellevue
Tel. 96 72 33 04
140 Stellplätze
Einer der besten Plätze in der Umgebung von Erquy.
Camping Le Vieux Moulin
Cap d'Erquy
Tel. 96 72 34 23
170 Stellplätze
Komfortabler Campingplatz mit Schwimmbad und Tennisplatz.

Essen und Trinken

Crêperie Le Chalut
42, rue du Port
Tel. 96 72 49 78
3. Kategorie
Kleines, gemütliches Lokal an der Hafenstraße. Raffinierte und superleckere Crêpes und Galettes, z. B. mit Roquefortcreme oder Zitronenschaum, dazu natürlich Cidre.
Restaurant l'Escurial
Bd. de la Mer
Tel. 96 72 31 56
1. Kategorie
Im noblen Speisesaal ist die Spezialität des Ortes – *coquilles St-Jacques* – in verschiedenen Variationen besonders zu empfehlen.

Allgemeine Informationen

Auskunft
Office de Tourisme
Bd. de la Mer
22430 Erquy
Tel. 96 72 30 12
Fax 96 72 02 88

Ort in der Umgebung

Château de Bienassis   D2
5 km südlich von Erquy an der D 34
Juni–Mitte Sept. 10.30–12.30 und 14–18.30 Uhr; Ostern bis Mitte Juni und Mitte Sept. bis 1. Okt. nur So und Feiertage 14 bis 18.30 Uhr
Eintritt 15 FF
Ein stolzes Wasserschloß aus dem Jahr 1620, rot-grauer Sandsteinbau mitten in einem schönen Laubwald. Nach wechselnden Besitzern gehört es seit 1880 der Familie von Kerjegu. Der Garten ist für Besucher geöffnet, das Schloß ist noch bewohnt, Teile können auf Anfrage besichtigt werden.

Le Folgoët   A2/B2

Eine wunderschöne Basilika im gotischen Flamboyantstil ist die Attraktion dieses kleinen Vorortes von Lesneven. Der Ort, dessen Name »Wald des Irren« bedeutet, verdankt dieses Bauwerk einer Legende: Im 14. Jh. lebte hier in den Wäldern ein »armer Irrer« (*Pauvre Salaün*), der außer den Worten »Ave Maria« nichts sprechen konnte. Nach seinem Tod wuchs aus seinem Grab mitten im November eine Lilie, auf deren Blütenblättern in goldener Schrift »Ave Maria« stand. Als man das Grab öffnete, sah man, daß die Lilie aus dem Mund des Toten entsprungen war.
Seit dieser Zeit pilgern jedes Jahr

63

Tausende von Menschen zu der Basilika, die zu seinen Ehren gebaut wurde. Der Grand Pardon de Notre-Dame-du-Folgoët am ersten Septembersonntag ist einer der größten in der Bretagne.

Sehenswertes

Basilika Notre-Dame
Die Kirche wurde von Herzog Johann V. zwischen 1422 und 1460 gebaut. Der spätgotische Bau hat einen ungewöhnlichen L-förmigen Grundriß. Der schlanke Nordturm ist 56 m hoch, im Flamboyantstil erbaut und der schönste der drei Kirchtürme. Das Prunkstück der Kirche ist der filigrane, steinerne Lettner zwischen Schiff und Chor. Drei Spitzbögen tragen die Empore aus rotem Granit. Der ursprünglich farbige Lettner ist ein Meisterwerk der Steinmetzkunst und in der Bretagne einzigartig. Unter dem Altar entspringt die Quelle des Salaün.

Der gute Tip M:
Cap Fréhel und **Fort La Latte** Sanft gewellte Heide- und Ginsterlandschaft, traumhafte Strände, historische Festungsanlagen. Zwischenstop in **Sables-d'Or** auf der Place des Fêtes zum Tanzabend oder Konzert (an Sommerwochenenden).

Ihr Wasser wird in einen Brunnen an der Nordseite geleitet – hier trinken die Pilger das heilige Wasser.

Vier Stunden braucht man für d schönen Küstenwanderweg vom C Fréhel zum Fort La Latte, ei Küstenfestung, die im 14. Jh. begonr wu

Cap Fréhel M
Durch traumhaft schöne Heidelandschaft führt der Weg zum imposantesten Kap der Bretagne: 70 m steigen hier die Klippen aus dem Meer. Bei guter Sicht kann man vom Cap Fréhel bis zur 60 km entfernten Ile de Bréhat sehen. Das Kap ist Vogelschutzgebiet: In den rötlichen Sandsteinklippen nisten Silbermöwen, Kormorane, Lummen und Austernfischer.
Ein Trampelpfad führt in 30 Min. um das Kap herum. Startpunkt ist der (gebührenpflichtige) Parkplatz vor dem neuen Leuchtturm.
Interessanter ist die Wanderung

zum Fort La Latte auf der benachbarten Landspitze. Der Weg ist Teil der GR 34 (Grande Randonnée, eine Wanderstrecke durch Frankreich). Die schöne Küstenwanderung zum Fort La Latte dauert etwa 4 Std.

Hotel

Relais de Fréhel
2 km auf der D 16 außerhalb des Ortes
Tel. 96 41 43 02
13 Zimmer
2. Kategorie
Sehr ruhiges Haus mitten in der Landschaft. Schöner Tennisplatz, kleines gutes Restaurant.

Essen und Trinken

La Fauconnière
À la Pointe
Tel. 96 41 54 20
1./2. Kategorie
Ganz einfaches, sehr sauberes Restaurant, vom Preis her im Stil der Großen.

Guingamp

Treffpunkt für Gläubige, Touristen und Hausfrauen, die sich für ein paar Minuten mit ihren Einkaufstaschen ausruhen, ist die Vorhalle der Basilika Notre-Dame-de-Bon-Secours: Hier steht zwischen flackernden Kerzen, im bestickten, blauen Gewand die Statue der Schwarzen Madonna. Diese seltene Marienfigur, eine bretonische Berühmt-

heit, ist schon seit dem 13. Jh. Ziel von Wallfahrten und jedes Jahr im Juli Mittelpunkt des großen Pardons.
Die Kleinstadt (10 000 Einw.) lebt seit ihrer Gründung im 10. Jh. vom Handel mit landwirtschaftlichen Produkten und von ihrer Lage als Verkehrsknotenpunkt zwischen der Meer- und Landregion (Armor und Argoat). Beim Bummel durch die nette alte Stadt sollte man auch die historischen Befestigungsanlagen hoch über dem Fluß Trieux und die Ruinen des Schlosses besuchen.

Hotel

Le Relais du Roy
42, pl. du Centre
Tel. 96 43 76 62, Fax 96 44 08 01
7 Zimmer
1. Kategorie
In einem sehr schön restaurierten Haus aus dem 16. Jh. wohnt man in stilvoll möblierten Zimmern mit Blick auf die Altstadt. Berühmt ist das Renaissanceportal, durch das einst der König geschritten sein soll. Wer Appetit auf Seezunge mit Steinpilzen oder auf Hummer *à l'armoricaine* hat, wird im ebenso stilvollen Restaurant vorzüglich bedient.

Sehenswertes

Cathédrale Notre-Dame-de-Bon-Secours
Bereits im 11. Jh. stand hier eine romanische Kapelle, die im Lauf der Zeit erweitert und umgebaut

wurde. Die Wallfahrten zur Schwarzen Madonna führten bis zum Ende des 15. Jh. jedoch zu einem prächtigen gotischen Neubau, dessen Südwestturm 1535 allerdings zusammenbrach. Für den Wiederaufbau konnte der junge Jean Le Moal die Bauherren mit seinen Plänen für einen Renaissanceturm begeistern. Das Resultat ist heute in einer eigenwilligen Kombination von Gotik und Renaissance zu bewundern. Hinter dem Nordportal steht in einer offenen Kapelle die berühmte Schwarze Madonna. Auch im Innenraum mischen sich Gotik (Nordseite) und Renaissance (Südseite). Der größte Teil der Ausstattung des 62 m langen Innenraums wurde während der Revolution zerstört. An den Seiten des Hauptschiffes liegen einige Bischöfe aus dem 14. und 15. Jh. in ihren Grabstätten.

La Plomée
Auf der Place du Centre steht dieser ungewöhnliche dreischalige Brunnen aus dem 16. Jh. La Pompe, wie er im Volksmund genannt wird, er ist eine Rarität in der Bretagne: Figuren aus der griechischen Mythologie und eine Mutter Gottes, die eine Schlange niederhält.

Allgemeine Informationen

Auskunft
Office de Tourisme
2, pl. du Valley
22200 Guingamp
Tel. 96 43 73 89

Fest / Pardon
Fête du Saint-Loup
Mitte August
Auf mehreren Bühnen eine Woche lang bretonische Folklore.
Pardon Notre-Dame-de-Bon-Secours
1. Samstag im Juli
Die Schwarze Madonna wird abends in einer Lichterprozession durch die Straßen getragen.

Lamballe

Lamballe, die ruhige kleine Stadt auf einem Hügel über dem Fluß Gouessant, hat eine schöne gotische Kirche (Notre-Dame-de-Grande-Puissance, 13.–15. Jh.), aber bekannt wurde sie mit einer sehr weltlichen Einrichtung, dem 1825 gegründeten Pferdegestüt Haras National. Die Initiative zur Gründung des Gestüts geht auf (den damals schon toten) Napoleon zurück. Der Kaiser wollte robuste Zugpferde haben, die vor allem die Postkutschen durchs Land ziehen sollten.

Hotel

Auberge Manoir des Portes
3,5 km auf der D 28 in Richtung Poterie
Tel. 96 31 13 62, Fax 96 31 20 53
16 Zimmer
1./2. Kategorie
Kleines, sehr ruhig gelegenes Hotel mit schönem Garten, in dem man herrlich entspannen kann. Gutes Restaurant mit regionaler Küche.

Sehenswertes

Nationalgestüt
Pl. Champ-de-Foire
Tel. 96 31 00 40
15. Juli–15. Sept. 9.30–12, 14
bis 17 Uhr; Führungen werden
zwischen 14 und 16.30 Uhr angeboten.
Mit seinen 80 Zuchthengsten ist
das Gestüt heute das zweitgrößte
in Frankreich.
Am letzten Juliwochenende: All-
jährliches Pferderennen im Hip-
podrome de Kerrozen.
Ende August: Große Hengstpa-
rade auf dem Platz vor dem Gestüt.

Allgemeine Informationen

Auskunft
Office de Tourisme
Maison du Bourreau – auch berühmt als Henkershaus
2, pl. du Martray
22400 Lamballe
Tel. 96 31 05 38, Fax 96 34 71 78

▶ Fort La Latte Ⓜ

4 km Küstenwanderweg vom
spektakulären Cap Fréhel entfernt liegt auf einer Landspitze
das trutzige Fort La Latte, nur
über eine Zugbrücke erreichbar.
Tgl. 10–12.30, 14.30 bis
18.30 Uhr
Eintritt 15 FF/7.50 FF
Vom Parkplatz aus führt ein stei-
ler Weg durch Büsche und Farngestrüpp 500 m hinunter zur Küste. Links am Wegesrand der

eher unauffällige Menhir Finger
des Gargantua genannt.
Das mittelalterliche Fort diente
schon mehrmals als Filmkulisse –
sogar Hollywood hat es vor Jahrzehnten entdeckt. Kirk Douglas
und Tony Curtis kämpften hier
als Wikinger auf den wellenum-
tosten Mauern. Im Vorraum der
Burg kann man ihre Fotos bewundern. Vom Innenhof der
Burg mit ihrem hochaufragenden
dicken Turm hat man tatsächlich
einen filmreifen, weiten Blick auf
die zerklüftete Küstenlandschaft
bis hin zum Cap Fréhel.
Die Geschichte der Burg reicht
bis ins 14. Jh. zurück. Damals
hatte die Familie Goyon-Mati-
gnon hier ihren Stammsitz. Die
heute zu besichtigenden Gebäude wurden zum größten Teil
im 17. Jh. wieder aufgebaut oder
restauriert. Erhalten geblieben
ist auch der Ofen, in dem bis ins
19. Jh. die Kanonenkugeln er-
hitzt wurden, die dann auf die
zahlreichen Feinde geschleudert
wurden.
1890 wurde das Fort zum »Monument Historique« erklärt.
Heute ist es in Privatbesitz. Der
neue Burgherr setzt auf Nostal-
gie: Ritter in klappernden Rü-
stungen und Burgfräulein mit
langen Samtröcken und spitzen
Hüten huschen durchs Gemäuer.
Als Höhepunkt des organisierten
Ausflugs ins Mittelalter gibt es
ein zünftiges Rittermahl in der
rußgeschwärzten Burgküche vor
flackerndem Feuer. (Auskunft
am Eingang hinter der Zugbrücke!)

E2 Saint-Malo

Die ummauerte Stadt mitten im Meer, die alte Hauptstadt der Korsaren, wirkt wie ein Magnet auf die Besucher der Bretagne.

Die trutzige *ville close*, das einstige Korsarennest, ist die Touristenattraktion des Landes. Das moderne St-Malo, eine Stadt mit über 50 000 Einwohnern, mit Hochhäusern und Industrieanlagen (Elektronik, Druckereien, Textilgewerbe), durchquert man lediglich schnell, um *intra muros*, hinter die mächtigen Ringmauern der alten Korsarenstadt zu kommen. Hier sieht man zunächst vor lauter Menschen, Geschäften, Cafés und Imbißständen die Häuser nicht. Ein paar Straßen weiter hat sich das Gewimmel gelichtet und gibt den Blick frei auf die hohen grauen Häuserfronten. Abweisend und mächtig sehen sie aus, die Reedershäuser im klassizistischen Stil des 18. Jh. und stehen im Kontrast zu dem bunten Treiben in den Gassen der Stadt. Grau ist die Farbe dieser Stadt. Wären nicht die vielen kleinen Geschäfte, Bäckereien und Restaurants, das Nest der Korsaren mit dem grauen Meer im Rücken wäre noch wie früher.

Der Zweite Weltkrieg bedeutete auch für diese alte bretonische Stadt zunächst das Ende ihrer ruhmreichen Geschichte: Die deutschen Truppen verschanzten sich in der *ville close*, die alliierten Lufttruppen bombardierten die Stadt im August 1944 zwei Wochen lang. Nur die Ringmauer und zwei Häuser überstanden das Bombardement – der Rest der stolzen Korsarenstadt lag in Trümmern.

Sofort nach dem Krieg begann der Wiederaufbau. Dabei zog man die historischen Pläne zu Rate: In mühevoller Kleinarbeit von Kunsthistorikern, Architekten und Bauarbeitern entstand das St-Malo des 18. Jh. 200 Jahre später noch einmal neu.

Hotels und andere Unterkünfte

Als Tourismushochburg bietet St-Malo seinen Besuchern zahlreiche Hotels, meist kleinere und mittlere Häuser. In der näheren Umgebung (Paramé, Rothéneuf) gibt es ebenfalls viele Übernachtungsmöglichkeiten.

Central
6, Grande Rue
Tel. 99 40 87 70, Fax 99 40 47 57
47 Zimmer
1. Kategorie
Traditionelles Hotel der Pariser Gesellschaft, die sich hier mitten im Ort seit Jahrzehnten trifft. Das angegliederte Restaurant La Frégate ist ein typisches Hotelrestaurant, das vor allem durch seine Preise besticht.

France et Chateaubriand
Pl. Chateaubriand
Tel. 99 56 66 52, Fax 99 40 10 04
74 Zimmer
2. Kategorie
Ein großes Haus mit gediegener Atmosphäre, direkt neben dem Geburtshaus Chateaubriands im lebhaftesten Viertel der Stadt.

Grand Hôtel des Thermes
100, bd. Hébert
Tel. 99 40 75 75, Fax 99 40 76 00
186 Zimmer
1. Kategorie
Im Stadtteil Paramé liegt dieses schöne Hotel aus der Gründerzeit. Das Viersternehaus bietet auch Thalassotherapie an. Strandlage und Schwimmbad.
Le Victoria
4, rue des Orbettes
Tel. 99 56 34 01
12 Zimmer
3. Kategorie
Einfaches Hotel in der Nähe des Fischmarkts. Café im Haus.

Camping
Camping de la Ville Huchet
Einige Kilometer außerhalb der Stadt an der Straße nach Dinan
Tel. 99 81 11 83
Schöner, gepflegter Platz.

Menschen, Cafés und Geschäfte – erst wenn man das touristische Zentrum verläßt, offenbart sich St-Malo als trutzige Korsarenstadt

Sehenswertes

Cathédrale St-Vincent
1944 wurde die alte Kirche aus dem 12. Jh. zerstört, nach dem Krieg bis 1971 weitgehend originalgetreu wieder aufgebaut.
Hier ist die letzte Ruhestätte einiger bekannter Malouins, darunter des Kanada-Entdeckers Jacques Cartiers.
Château de la Duchesse Anne
Tgl. 9.30–12, 14–18 Uhr
Eintritt 17 FF/8.50 FF
Die Festungsanlage aus dem 15. Jh. bewacht mit ihren vier Türmen den Eingang zur Stadt. Herzogin Anne de Bretagne ließ den Turm Quic-en-Groigne errichten, in den sich die Herr-

schenden zurückziehen konnten, wenn ihnen ein Angriff der unzufriedenen Stadtbevölkerung drohte. In der Burg sind das Rathaus und einige Museen untergebracht, im Turm Quic-en-Groigne ein Wachsfigurenkabinett, bevölkert von den verstorbenen Größen der Stadt.

Fort National
Nur bei Ebbe zugänglich ab Plage de l'Eventail, tgl. halbstündige Führungen
Eintritt 10 FF
Festungsbaumeister Vauban errichtete das damalige Fort Royal 1689 als Teil der Stadtbefestigung. Nach der Französischen Revolution wurde es als Gefängnis genutzt. Im Zweiten Weltkrieg hielten die Deutschen hier 381 Bürger der Stadt als Geiseln fest.

Ile du Grand Bé
Der berühmte Dichter und Politiker Chateaubriand liegt hier begraben. Nach einem kurzen Fußmarsch – nur bei Ebbe möglich – kann man eine wunderbare Aussicht auf die Küstenlandschaft genießen.

Stadtmauer
Der Rundgang über die mächtige Stadtmauer aus dem 12. Jh. gehört zu den Höhepunkten der Bretagne-Erlebnisse. Mehrere Treppen führen auf den Steinwall hinauf. Der beste Ausgangspunkt ist die Porte St-Vincent, Haupttor der Stadt von 1709, an der von Restaurants übersäten Place Chateaubriand. Ca. 2 km führt der Weg um die graue Stadt, man sieht die hohen Häuserfronten zum Greifen nah neben sich, auf der anderen Seite Meer und Sand. Bei Ebbe zieht sich das Wasser kilometerweit zurück, und die vorgelagerten Inseln sind bequem zu Fuß zu erreichen. Auf der Place du Québec steht unter flatternden Fahnen der legendäre Korsar Surcouf auf seinem Sockel und zeigt mit schwungvoller Geste in Richtung England. Von hier aus sieht man die Ile du Grand Bé, die letzte Ruhestätte des romantischen Dichters Chateaubriand, eines berühmten Sohnes der Stadt. Der älteste Teil der Stadtmauer liegt im Westen am Mündungstrichter der Rance.

Museen

Aquarium und Exotarium
Pl. Vauban
In der Saison tgl. 9–23 Uhr
Eintritt 20 FF/15 FF
In die Stadtmauer integriert ist das Aquarium mit ca. 70 Schaubecken, in denen Meeresbewohner vom Seepferdchen bis zu exotischen Fischarten schwimmen. Im Exotarium leben u.a. Krokodile, Leguane und Schildkröten in 60 Terrarien.

Musée International du Long-Cours Cap Hornier
St-Servan-sur-Mer
Turm Solidor
Tgl. 10–12, 14–18 Uhr
Eintritt 23 FF/11,50 FF
Eine ungewöhnliche und sehenswerte Sammlung von Dokumenten und Erinnerungsstücken an

70

die Männer, die einst mit ihren Segelschiffen Kap Horn umrundeten.

Musée de la Poupée
13, rue de Toulouse
Tgl. 10–13, 14–19 Uhr
Eintritt 20 FF/15 FF
Über 500 Puppen aus verschiedenen Jahrhunderten.

Musée de St-Malo
Place Chateaubriand
In der Saison tgl. 10–12, 14 bis 18 Uhr
Eintritt 17 FF/8.50 FF
Im ehemaligen Wehrturm werden auf vier Etagen Exponate zur Geschichte der Korsarenstadt gezeigt, von der Kaperfahrt bis zur Zerstörung im Zweiten Weltkrieg.

Essen und Trinken

Cap Horn
100, bd. Hébert
Tel. 99 40 75 40
1. Kategorie
Edel sitzen und essen, mit Blick aufs Meer. Traditionelle Küche, ausgezeichnete Meeresfrüchte, im Stadtteil Paramé.

La Corderie
8, allée Marégraphe
Tel. 99 81 62 38
2. Kategorie
Nettes Restaurant mit schöner Aussicht auf die Rancemündung.

La Duchesse Anne
5, pl. Guy-La-Chambre
Tel. 99 40 85 33
Mi, So abend geschl.
1. Kategorie
Direkt an der Stadtmauer

Das Mobiliar ist original von 1922, die Küche traditionell und äußerst schmackhaft. Spezialität Hummer.

Le Petit Bedon
3, rue Gouin de Beauchêne
Tel. 99 40 97 19
So geschl.
2. Kategorie
Gemütliches kleines Restaurant mit wenigen, aber ausgewählt guten Fischgerichten.

Timothy
7, rue de la Vieille Boucherie
Tel. 99 40 35 36
Mo geschl.
2./3. Kategorie
Hier hat man die Wahl zwischen einem kleinen Snack oder dem kompletten Menu. Gute Crêpes.

L'Univers
12, pl. Chateaubriand
Tel. 99 40 89 52
2. Kategorie
Fotos von berühmten Seefahrern, präpariertes Meeresgetier und jede Menge nautische Geräte schmücken die Bar. Im Hotel eine imposante Empfangshalle mit hohem Glasdach und tropischen Pflanzen.

Am Abend

Es gibt mehrere gemütliche Bars in der Altstadt, oft mit Live-Musik.

Pub la Belle Epoque
11, rue de Dinan
Piano Bar

Irish Bar O'Flahertys
18, rue des Cordiers
Guinness vom Faß bis 3 Uhr morgens.

Die großen Söhne von Saint-Malo In Saint-Malo, der Stadt, in der das Korsarenblut noch heute in den Adern der »Malouins« fließt, kamen viele Männer zur Welt, die den Lauf der Geschichte beeinflußten. Da gab es zum Beispiel Jacques Cartier (1491–1557), der 1534 Kanada entdeckte, es aber zunächst für Asien hielt. Der mutige Seefahrer startete in St-Malo zu seiner geschichtsträchtigen Fahrt über den Atlantik. Auftraggeber war der französische König, der sich von der Fahrt – allerdings vergeblich – die Entdeckung großer Goldschätze erhoffte. Cartiers Grab liegt in der Kathedrale der Altstadt von St-Malo. Ebenfalls Seefahrer, doch mit anderer Mission, war Robert Surcouf (1773–1827). Der tollkühne Korsar mit dem königlichen Freibrief zum Kapern englischer Fregatten wurde – zuletzt als Hollywood-

Disko L'Atrium
2, chaussée du Sillon
Bis 5 Uhr morgens.

Allgemeine Informationen

Auskunft
Office de Tourisme
Esplanade St-Vincent
35400 Saint-Malo
Tel. 99 56 64 48, Fax 99 40 93 13

Feste
Im Juli
Fête Clos Poulet
Ein Folklorefest mit bretonischen Tänzen und Musik, mehrere Veranstaltungen, darunter das Festival Son et Lumière mit Feuerwerk und nachgespielten historischen Ereignissen.

Strandsegeln
Grande Plage du Sillon
1 Stunde 100 FF, ½ Tag 200 FF
An den langen Stränden ist *charavoile* beliebt, und die dreirädrigen Segler kann man mieten.

Wracktauchen
Club Subaquatique de la Côte d'Emeraude
Tel. 99 40 40 99
Versenkte Schlachtschiffe und Riffe können unter kundiger Führung erforscht werden.

Mont Saint-Michel

Aus dem flachen Wasser des Küstenstreifens ragt er schon lange empor – unwirklich, nur eine gezackte Kontur, so spitz wie ein Kegel. Der Mont Saint-Michel, das »Wunder des Abendlandes«, hüllt sich für seine Besucher gerne in einen durchsichtig-milchigen Nebelmantel: Dann scheint er über der endlosen Sandfläche des Wattenmeeres zu schweben, noch unwirklicher, entrückter, erhabener. Kommt man dem Wunder näher, werden Einzelheiten sichtbar, die es entzaubern: Viele kleine Stände und Buden säumen den Eingang zur »Pyramide der Meere« (so be-

held – weltberühmt. Er scheint auch ein guter Geschäftsmann gewesen zu sein: Nach 12 Jahren als Freibeuter auf den Weltmeeren ließ er sich in seiner Heimatstadt als Reeder nieder und wurde jetzt erst richtig reich.

Und schließlich François René de Chateaubriand (1768–1848). Der Politiker und große Dichter der Romantik wurde in St-Malo als Sohn eines wohlhabenden Reeders geboren. Der düstere Vater – so wird er später von Chateaubriand beschrieben – machte sein Geld wie viele Kaufleute der Stadt nicht nur mit der Freibeuterei, sondern auch mit lukrativem Sklavenhandel. Der Dichter, der in Paris starb, wurde auf seinen Wunsch auf der kleinen Insel Grand Bé vor der Stadt begraben.

schrieb Victor Hugo den Mont Saint-Michel). Menschenmengen quellen aus Bussen. Der Weg durch die steilen Gassen des Dorfes, in dem heute noch 80 Menschen wohnen, führt an dichten Reihen von Souvenirgeschäften vorbei. Cafés und Antiquitätenläden drängeln sich in der Grande Rue, der Hauptgassse mit ihren über 400 Jahre alten kleinen Häusern. 1,5 Mio. Besucher besteigen jedes Jahr den Heiligen Berg, eine der berühmtesten Sehenswürdigkeiten Europas. Berühmt vor allem wegen der atemberaubenden Architektur des dreigeschossigen Klosterbaus, der sich über dem kleinen Dorf auf einem 80 m hohen Felsplateau erhebt. Auf den Ruinen einer romanischen Kirche wurde La Merveille (das Wunder) zwischen 1211 und 1228 erbaut. Vom Klostergarten aus sieht man die mächtigen gotischen Strebepfeiler, die das großartige Bauwerk stützen, unterbrochen von hohen Fensterrei-

hen. Das Kloster ähnelt mehr einer Festung denn einem Sakralbau. Tatsächlich wurde der Heilige Berg jahrhundertelang von Feinden angegriffen – und immer vergeblich.

Heute ist seine Erstürmung ganz offensichtlich kein Problem mehr. Ein Damm verbindet den Mont Saint-Michel mit dem Festland, und auch bei Flut versinkt hier nichts mehr im Wasser.

Nur die Bretonen haben noch ein Problem mit dem Wunder des Abendlandes: Der ursprünglich bretonische Berg gehört heute geographisch zur Normandie. Schuld ist der Grenzfluß zwischen den beiden Regionen, der plötzlich seinen Lauf änderte und nun westlich des Bauwerks vorbeifließt. Nun liegt es ein paar Meter auf der »falschen«, der normannischen Seite. Besichtigung der Klosteranlage tgl. 9.30–18 Uhr nur mit Führung (auch in Deutsch) Eintritt 28 FF / 14 FF

Früher Ziel vieler Wallfahrten, heute »Pilgerziel« der meisten Touristen: Mont St-Michel in der Normandie

Tip: Die wenigen Mönche der Abtei versammeln sich jeden Tag zur Messe um 12.15 Uhr in der Kirche. Der Gottesdienst ist öffentlich.

B2 Morlaix

Zuerst springt das riesige Eisenbahnviadukt ins Auge, das 60 m hoch die Stadt überspannt. Unter dem wuchtigen Bauwerk aus dem letzten Jahrhundert wirken die alten Fachwerkhäuser an der Place des Otages wie Spielzeugschachteln. Wo man auch ist, man hat die Rundbögen des Viadukts im Blick. Wer möchte, kann auch auf der ersten Etage

der Brücke promenieren und die Sicht auf die Stadt genießen.

Morlaix an der Côte du Léon ist eine lebhafte Stadt mit 20 000 Einwohnern, mit vielen Geschäften, Restaurants und alten Fachwerkhäusern. Eine besondere Sehenswürdigkeit sind die Laternenhäuser. Diese *maisons à lanterne* wurden im Mittelalter nach einer besonderen Technik gebaut, die Seeleute aus Spanien mitgebracht hatten: Die Zimmer gruppieren sich um einen überdachten Innenhof, nur von oben scheint Licht in den hohen Raum – man fühlt sich wie im Innern einer Laterne.

Die schönen alten Gebäude zeigen, daß Morlaix schon im Mittelalter eine bedeutende Stadt war. Es galt als größtes Handelszentrum der Bretagne und war Wohnsitz vieler reicher Kaufleute. Zum wirtschaftlichen Aufschwung führten vor allem der geschützte Hafen und die günstige Lage am Eingang des Ärmelkanals. Schiffe, Goldschmiedearbeiten, Stoffe und Tabak waren die Handelswaren, die den Bürgern zu Wohlstand verhalfen. Im 18. Jh. gründete die Westindische Kompanie, die ein Handelsmonopol auf Tabak besaß, hier eine Zigarrenfabrik.

Vom einstigen Welthafen ist heute allerdings nicht mehr viel zu sehen. Im Schatten der alten Kaufmannshäuser dümpeln ein paar Dutzend Yachten auf dem stillen Wasser der Rivière de Morlaix.

Im Zweiten Weltkrieg wurde

die Stadt zum Teil von alliierten Bomben zerstört, die die deutschen Stellungen treffen sollten.

Hotels

L'Europe
1, rue d'Aiguillon
Tel. 98 62 11 99, Fax 98 88 83 38
60 Zimmer
2. Kategorie
Im Zentrum der Stadt liegt dieses große stilvolle Hotel älteren Datums mit komfortablen Zimmern.

Des Halles
23, rue du Mur
Tel. 98 88 03 86
14 Zimmer
3. Kategorie
Kleines, einfaches Hotel in der Fußgängerzone, ruhige Zimmer, nur Etagenduschen.

Die schönen alten Häuser am Markt erinnern daran, daß Morlaix schon im Mittelalter Wohnsitz reicher Kaufleute war

Du Port
3, quai de Léon
Tel. 98 88 07 54, Fax 98 68 61 06
25 Zimmer
3. Kategorie
Einfaches Hotel am Hafen, von einigen Zimmern schöner Hafenblick.

Sehenswertes

Maison de la Duchesse Anne 🅜
33, rue du Mur
Mo–Sa 10.30–18 Uhr
Ein unvergessenes Datum: Im Jahr 1506 erscheint Anne, die Herzogin der Bretagne und Königin von Frankreich, in Morlaix. Die Gattin des französischen Königs Ludwig II. bleibt

75

ein paar Tage in der bekannten und wohlhabenden Stadt. Sie wohnt in dem dunklen, schieferverkleideten Haus in der Rue du Mur, das seit dieser Zeit Maison de la Duchesse Anne heißt.

Der gute Tip 🅜:
Maison de la Duchesse Anne
Das schönste und besterhaltene der Laternenhäuser sollte man sich unbedingt von innen ansehen. Hier wohnte die Herzogin der Bretagne im Jahr 1506.

Schon von außen ist das dreifach vorkragende Fachwerkhaus mit kunstvollen Schnitzereien an den Balken beeindruckend – aber erst im Innern zeigen sich die Besonderheiten dieses sehr gut erhaltenen Laternenhauses. Im gedämpften Halbdunkel geht der Blick durch die hohe Halle ungehindert nach oben zu den kleinen Dachfenstern. Eine 11 m hohe Treppe – der tragende Balken ist aus schwarzem Eichenholz in einem Stück gearbeitet und mit Schnitzereien geschmückt – führt in Windungen zu den 3 Etagen hinauf.

Le Viaduc
Das weithin sichtbare Viadukt wurde 1864 als Eisenbahnbrücke gebaut. Das 285 m lange und 60 m hohe Bauwerk sollte die Bahnverbindung zwischen Paris und Brest verkürzen. Für das umstrittene Projekt mußten damals zahlreiche Häuser abgerissen werden. Schöner Blick von der ersten Etage.

Museen

Musée des Jacobins
Pl. des Jacobins
Tgl. 10–12, 14–18 Uhr; Nachsaison Di geschl.
Eintritt 25 FF/10 FF
Unten wird Fisch verkauft, oben kann man Kunst betrachten: Die ehemalige Jakobinerkirche aus dem 15. Jh. dient mehreren Zwecken. Der Besucher des Stadtmuseums beginnt seinen Rundgang unterm Dach der Kirche, auf einem eingezogenen Zwischenboden. Hier häuft sich eine bunte Mischung aus sakraler und bäuerlicher Volkskunst, aus Heiligenfiguren und Stilmöbeln. Interessant ist die Gemäldesammlung (u. a. Bilder von Courbet und Monet) aus den letzten beiden Jahrhunderten, die vorwiegend Motive aus der Bretagne zeigt.

La Manufacture de Cigares
41, quai de Léon
Besichtigung nach Absprache
Die würdige Fassade aus dem letzten Jahrhundert erinnert an wohlhabende Zeiten. Aber auch heute wird fleißig produziert: über 300 Mio. Zigarren pro Jahr.

Essen und Trinken

Brasserie des Deux Rivières
Pl. de la Madeleine
Besichtigung der Brauerei
Mo–Mi 10.30, 14, 15.30 Uhr
In Morlaix wird seit 1985 wieder (dunkles) Bier gebraut. Probieren kann man es in dieser ehemaligen Seilerei.

Le Chaudron
7, rue Ange de Guernisac
Tel. 98 63 47 59
2. Kategorie
Im alten Stadthaus sitzt man stilvoll und gemütlich. Spezialität
sind Gerichte vom Holzkohlegrill.

Pizzeria Dolce Vita
Pl. de Viarmes
3. Kategorie
Lebhaftes Lokal, junges Publikum. Köstliche Pizza mit super-
dünnem Boden und leckere Desserts.

Hotel L'Europe
1, rue d'Aiguillon
Tel. 98 62 11 99, Fax 98 88 83 38
1. Kategorie
Elegantes Restaurant im gleichnamigen Hotel. Eine der besten
Gourmetadressen der Stadt.

Marée Bleue
3, rampe St Mélaine
Tel. 98 63 24 21
So abend, Mo geschl.
2. Kategorie
Kleines Restaurant mit klassi-
scher Hausmannskost der Bretagne. Kreditkarten werden hier ausnahmsweise nicht angenommen.

Allgemeine Informationen

Auskunft
Office de Tourisme
Pl. des Otages, direkt unter dem
Viadukt
29600 Morlaix
Tel. 98 62 14 94, Fax 98 63 84 87

Feste
Volksfest von Léon und Trégor
Am 2. Wochenende im August

Die Idee brachten Seeleute aus Spanien
mit: Um einen überdachten Innenhof
gruppieren sich die Zimmer, man fühlt
sich, wie hier im Maison de la Duchesse
Anne, wie in einer Laterne

Straßenfest der Künste
21. Juli–18. Aug., Mi ab
17 Uhr
In der gesamten Innenstadt Musik, Schauspiel, Folklore.

Orte in der Umgebung

Cairn de Barnenez   B2
8 km
Tgl. 10–13, 14–18.30 Uhr,
stündliche Führungen
Eintritt 27 FF/18 FF
Auf einem Hochplateau über der
Bucht von Morlaix haben vor
über 5 000 Jahren die Untertanen ihre Fürsten begraben. In ei-

Eine Pyramide im Meer Die Geschichte des Mont St-Michel reicht zurück bis ins Jahr 708. Damals erschien dem Bischof Aubert der Erzengel Michael, auf dessen Geheiß eine Kirche gebaut werden sollte. Auf einem keltischen Grabhügel ließ der Bischof eine kleine Kapelle errichten, schon damals Ziel vieler Wallfahrten. Im Lauf der Jahrhunderte (13.–15. Jh.) wurden Kloster und Kirche gebaut. Die wehrhafte, steinerne Pyramide im Meer wuchs immer höher und wurde zur uneinnehmbaren Festung, was auch die englischen Truppen 1442 erfahren mußten, als der legendäre Ritter Louis d'Estouteville den heiligen Berg mit seinen 119 Rittern erfolgreich verteidigte.
Die Pilger brachten Geld in die Abtei, die so zu einer der reichsten Klosteranlagen in Frankreich wurde.
Aber das Ende des Mittelalters bedeutete auch das Ende des frommen Lebens in der Mönchszelle. Weltliche Herren durften an der Spitze der

nem riesigen Hügel aus Erde, Gras und Steinen liegen hier elf Herrscher der Megalithzeit in ihren Grabkammern. In mehreren Stufen erhebt sich der Cairn aus grauen Granitklötzen 70 m lang und 8 m hoch vor dem Hintergrund des Meeres. Man nimmt an, daß der Tumulus von Barnenez das letzte Zeugnis von einst vielen Monumenten ist, die hier auf der Halbinsel von Kernéléhen zwischen 4500 und 2000 v. Chr. errichtet wurden.

B2 Calvaire de Plougonven

12 km südöstl. von Morlaix

Morlaix ist ein guter Ausgangspunkt für eine Rundfahrt zu den berühmten Kalvarienbergen der Bretagne (→ Routen und Touren).

Etwas abseits dieser Route liegt der umfriedete Pfarrbezirk (*enclos*) der kleinen Ortschaft Plougonven. Es ist einer der ältesten *enclos* in der Bretagne, mit Bein-

haus, Kapelle, *calvaire* und Kirche (1523–54). Der *calvaire* gehört mit seinen drei Kreuzen und den zweistöckig gruppierten Figuren zu den größten des Landes. Der Pfarrbezirk wurde in den vergangenen Jahrhunderten allerdings so oft umgebaut und renoviert, daß sein ursprüngliches Alter kaum noch zu erkennen ist.

Carantec

13 km

Carantec ist ein gemütlicher Familienbadeort mit angenehmen Badebuchten, schönen Spazierwegen über ginstergesäumte Klippenpfade und einem kleinen Hafen, in dem Yachten und Fischerboote einträchtig nebeneinanderliegen. Die vorgelagerte Ile Callot kann man bei Ebbe zu Fuß erreichen. Zu den vielen kleinen umliegenden Inseln, die als Vogelreservate ausgewiesen sind, fahren Ausflugsboote (Bu-

Klöster stehen. Die Sitten verfielen, das Geld der Pilger floß in die Privatkassen der Äbte. Mitte des 17. Jh. kamen die Wallfahrer nur noch spärlich, viele Mönche verließen den Berg. Dafür entdeckten die französischen Könige die kirchliche Festung als ideales Gefängnis für unbequeme Kritiker. Diese Tradition setzten auch die Revolutionäre von 1789 fort, der Heilige Berg wurde ein in ganz Frankreich gefürchtetes Gefängnis für die Gegner der jeweils herrschenden Regenten (bis 1863).
Die Rückbesinnung auf den christlichen Ursprung des monumentalen Bauwerks kam 1865: Wieder zogen gläubige Pilger in einer Wallfahrt zum Heiligen Berg. 1874 wurde der Mont St-Michel unter Denkmalschutz gestellt, und 1984 nahm die UNESCO ihn in die Liste der Weltkulturdenkmäler auf. Ein Muß für jeden Bretagne-Urlauber und ein wunderbarer Spaziergang bei Ebbe.

chungen im Tourismusbüro, Rue Louis Pasteur).

Camping
Les Mouettes
La Grande Grève
Tel. 98 67 02 46
Westlich von Carantec liegt der Viersterne-Luxusplatz Les Mouettes. Sehr schönes heckenreiches Wiesengelände, Swimmingpool, Restaurant. Nachteil: Zum Baden muß man mit dem Auto fahren.

2 Paimpol

Rund um den alten Hafen und in den engen Straßen der Altstadt mit ihren krummen Fachwerkhäusern weht noch immer ein bißchen von dem Geist der Fischer, die von Paimpol aus den Kabeljau bis nach Island verfolgten. Hier, in der Rue de l'Eglise 5, steht das Haus, in dem den rau-

hen Männern ein Denkmal gesetzt wurde. Der Schriftsteller Pierre Loti verewigte ihr hartes Leben in seinem 1886 erschienenen Roman »Die Islandfischer«. »Die alten Dächer erzählen vom jahrhundertelangen Kampf gegen den Westwind, gegen alles, was das Meer herausschleudert«, schrieb der Dichter im Angesicht der Naturgewalten in der windgepeitschten Stadt. Doch der als Julien Viaud geborene Franzose (1850–1923), der mit seinem Roman weltberühmt wurde, ist im Heimatort seiner Heldenfiguren nicht besonders beliebt. In seinem Roman beschreibt er die Bretonen als plump und schicksalsergeben – ein Bild, das den meisten Einwohnern von Paimpol nicht sehr behagt.
Die *grande pêche*, der große Fischfang, beherrschte ein Jahrhundert lang die Geschicke der Stadt.

Das schwere Schicksal der Islandfischer und der Roman von Loti regten auch Théodore Botrel zu einem später berühmt gewordenen Chanson an: Der bretonische Barde komponierte die »Paimpolaise«, einen Ohrwurm, der noch heute gesungen wird.
Auch heute lebt Paimpol vom Fischfang, allerdings fahren die Männer nicht mehr bis nach Island, sondern bleiben in den ruhigeren Küstengewässern. Austernzucht und Gemüseanbau sind als Erwerbsquellen dazugekommen.

Hotels

Château de Coatguelen
Pléhedel, 10 km südl.
18 Zimmer
1. Kategorie
Tel. 96 55 33 40, Fax 96 22 37 67
Schönes *manoir* aus dem 19. Jh. Mit Golfplatz und Swimmingpool, Zimmer mit allem Komfort.
Eurotel
Route de Lanvollon
Tel. 96 20 81 85, Fax 96 20 48 24
30 Zimmer
2. Kategorie
Etwas außerhalb der Stadt, Richtung Lanvollon. Modernes Gebäude, zweckmäßig eingerichtet. Gutes Restaurant.
Repaire de Kerroc'h
Quai Morand
Tel. 96 20 50 13, Fax 96 22 07 45
11 Zimmer
2. Kategorie
Direkt am Hafen liegt dieses gediegene Hotel, ein ehemaliges

Reederhaus mit hervorragendem Restaurant, komfortable Zimmer, zum Teil mit Hafenblick.

Sehenswertes

Abbaye de Beauport
Tgl. 9–12, 14–18 Uhr
Eintritt 10 FF
2 km Richtung St-Quay-Portrieux, rue de Beauport
Die Abtei von Beauport ist eine Ruine und als solche sehr beeindruckend: Das Kirchenschiff ragt bizarr und ohne Dach in den Himmel, grüne Efeuranken umschlingen die leeren Maßwerkfenster. Reste vom Kreuzgang, Liegegräber unter Arkaden, Refektorium und Fürstensaal kann man besichtigen.
Gegründet wurde das Kloster 1202 vom damals mächtigen Prämonstratenserorden. Jahrhundertelang regierten hier die strengen Äbte des Ordens, die sich auch gerne in weltliche Angelegenheiten einmischten. Die Revolutionäre beendeten 1790 die kirchliche Herrschaft, plünderten die Schätze und zerstörten große Teile des Klosters. Die übriggebliebenen Gebäude wurden Munitionsfabrik. Seit 1845 ist die Abtei in Privatbesitz.

Museen

Mad Atao
Im Hafenbecken liegt dieser alte Islandschoner mit dem breiten Rumpf. 1932 fuhr er zum ersten Mal zum Kabeljaufang auf den Atlantik hinaus, nach dem Zwei-

ten Weltkrieg mußte er Sand statt Fische laden. Das Schiff ist jetzt ein kleines Museum und kann nachmittags besichtigt werden.

Musée de la Mer
Rue Labenne
15. Juni–15. Sept. tgl. 9–12, 13.30–19 Uhr; Ostern–Juni 15–18 Uhr
Eintritt 15 FF
Exponate zur Heimatkunde und zur Geschichte der Islandfischer. Dokumentarisches über die lokalen Berühmtheiten Pierre Loti und Théodore Botrel.

Essen und Trinken

La Cotriade
Quai de Kernoa
Tel. 96 20 81 08
Mo geschl.
1./2. Kategorie

Die Abtei von Beauport ist nur eine Ruine, das dachlose Kirchenschiff ragt in den Himmel, aber Reste vom Kreuzgang kann man besichtigen

Elegantes Ambiente, schöner Blick über den Hafen. Leichte, abwechslungsreiche Küche.

Crêperie/Restaurant L'Escale
Quai Morand
Tel. 96 20 81 88
3. Kategorie
Kleines, gemütliches Lokal am Uferkai. Leckere Crêpes und Muscheln auf bretonische Art.

Restaurant La Vieille Tour
13, rue de l'Eglise
Tel. 96 20 83 18
1. Kategorie
Toprestaurant in einem stilvoll renovierten alten Haus in der Kirchstraße. Köstliche Meeresfrüchte von schlicht bis raffiniert.

Allgemeine Informationen

Auskunft
Office de Tourisme
Rue St-Vincent
22500 Paimpol
Tel. 96 20 83 16

Feste
Mitte Juli
Fête des Islandais
Rund um den Hafen, mit Folklo-
regruppen.

Orte in der Umgebung

C2 **Château de la Roche Jagu** Ⓜ
Mit dem Auto ca. 10 km Richtung Pontrieux

Der gute Tip Ⓜ:
Château de la Roche Jagu
Herrliche Parkanlage,
malerische Lage über dem
Fluß, anspruchsvolle Wechsel-
ausstellungen zum Thema
»Bretagne« und ein hübsches
kleines Restaurant mit
Schloßblick.

Mit dem Schiff ab Paimpol-Ha-
fen oder ab Pointe de l'Arcouest
den Fluß Trieux hinauf. Die Ab-
fahrtszeiten sind abhängig von
Ebbe und Flut. Das Boot legt
unterhalb des Schlosses an.
Dauer der Fahrt: etwa 4 Std.,
inkl. Besichtigung
Tgl. 10–12, 14–19 Uhr
Eintritt 22 FF/15 FF
Ein wirklich malerisch gelegenes
Schlößchen hoch über dem ge-
wundenen Flußlauf der Trieux.

Halb Burg, halb Herrenhaus,
wurde es am Ende des 15. Jh. auf
den Ruinen eines Forts gebaut.
Das kompakte Gebäude aus rötlichem Granit ist in Landesbesitz
und wurde 1968 behutsam restauriert, der wehrhafte und
trotzdem harmonische Eindruck
der Gesamtanlage blieb erhalten.
Heute werden in den Schloßräu-
men Ausstellungen zu regional
interessanten Themen organi-
siert. Sehenswert sind die mittelalterlichen Möbel, Gemälde und
Kaminbauten.

Ile de Bréhat D1/C
Abfahrt: Pointe de l'Arcouest
bei Paimpol (10 Min. Fahrt)
Fahrpreis 35/29 FF
Vorbei an Dutzenden von zer-
klüfteten grünen Inselchen geht
die Fahrt. Der Werbeprospekt
verspricht »eine Fahrt durch eine
der schönsten Inselwelten Europas«. Die Granitbrocken der Inseln leuchten rosa und graugelb
herüber, dazwischen das dunkle
Grün der mediterranen Vegetation. Das türkisfarbene Wasser
unter dem Bug des Schiffes
schäumt weiß zur Reling herauf.
Auf der Insel Bréhat (3,5 x
1,5 km) verstecken sich kleine
Granithäuser hinter üppigen
Hortensienbüschen. Im rauhen
Norden der Insel wird das Heideland von drei Leuchttürmen
überragt, im sanften Süden hat
man einen wunderschönen Blick
von der Kapelle St-Michel auf
den Kanal von Kerpont. Mit einem Leihfahrrad kann man die
Insel erkunden.

Orte in der Umgebung von Paimpol,
Château de la Roche Jagu, Ile de Bréhat
Perros-Guirec

Perros-Guirec

Schicke Yachten aus aller Welt haben die Fischerboote aus dem Hafen verdrängt. Hotels, Ferienhäuser und schöne alte Villen ziehen sich an der Küste entlang. Perros-Guirec (8000 Einwohner) ist ein beinahe mondäner Ferienort, großzügig angelegt und mit elegantem Flair, an der berühmten Côte de Granit Rose. Das schon vor 100 Jahren beliebte Seebad verdankt seinen guten Ruf vor allem den schönen Sandstränden: der eleganten Plage de Tréstraou und der eher familiären Plage Trestignel und natürlich den bizarren rosafarbenen Granitbrocken, mit denen die Küste hier übersät ist.

Einer der schönsten – allerdings auch belebtesten – Wanderwege der Bretagne führt von Perros-

Rosa Riesensteine über weiten Sandstränden – die Côte de Granit Rose gehört zu den beliebtesten Urlaubsgebieten der Bretagne

Guirec nach Ploumanach. Der alte Zöllnerpfad Sentier des Douaniers (→ Routen und Touren) bietet immer wieder neue Ausblicke auf die gewaltigen rosa Felsen, die das Meer in Millionen von Jahren zu glatten, nach Deutung verlangenden Formen geschliffen hat.

Hotels und andere Unterkünfte

Die Region um Perros-Guirec gehört zu den beliebtesten Urlaubsgebieten in der Bretagne. Ensprechend groß ist auch das Angebot an Unterkünften, vom Spitzenhotel bis zum Privatzimmer. Wärend der Hauptsaison sollte man auf jeden Fall reservieren. Das Touristenbüro verschickt auch das aktuelle Hotelverzeichnis »Guide d'Accueil«.

La Bonne Auberge
Pl. de la Chapelle
Tel. 96 91 46 05, Fax 96 91 62 88
7 Zimmer
3. Kategorie
Kleines Natursteinhotel mit familiärer Atmosphäre. Im Ortsteil Clarté, nicht weit zum Strand Trestraou.

Les Feux des Iles
53, bd. Clemenceau
Tel. 96 23 22 94, Fax 96 91 07 30
15 Zimmer
2. Kategorie
Hoch auf den Klippen der *Corniche* liegt diese große Natursteinvilla. Mehrfach ausgezeichnetes Restaurant mit Panoramablick.

Le Manoir du Sphinx
67, chemin de la Messe
Tel. 96 23 25 42, Fax 96 91 26 13
20 Zimmer
1./2. Kategorie
Atemberaubende Lage auf der Landspitze über dem Trestrignelstrand. Große, alte Villa mit Türmchen und Erkern, komfortable Zimmer mit Panoramablick aufs Meer. Schöner Garten. In der Hauptsaison nur Halb- oder Vollpension.

Les Violettes
19, rue du Calvaire
Tel. 96 23 21 33
17 Zimmer
3. Kategorie
Ältere Villa, die zu einem gemütlichen Familienhotel umgebaut wurde.

Camping
Camping Le Ranolien
Chemin du Ranolien
Tel. 96 91 43 58
Luxusplatz mit 450 Stellplätzen in traumhafter Lage. Zelten unter Kiefern neben einem roten Granitklotz. Mit Swimmingpool, Tennisplätzen, Restaurant, Bar und anderen Annehmlichkeiten. Von Februar bis November(!) geöffnet. In der Hauptsaison unbedingt reservieren.

Sehenswertes

Chapelle St-Jacques
Im Zentrum des alten Ortskerns liegt auf einem großen freien Platz eine bauliche Kuriosität: Die kleine Kirche aus rosa Granit, eine der ältesten und besterhaltenen in der Bretagne, entstand in drei Stilepochen.
Die Kirchenschiffe – rechts romanisch (12. Jh.), links gotisch (14. Jh.) – geben der Kapelle ein asymmetrisches Aussehen, darüber wölbt sich eine achteckige Kuppel aus dem 17. Jh. Im Innern ein sehenswerter Altaraufsatz mit Heiligenfiguren in drei Reihen übereinander.

Les Sept Iles
Bootstour zu den sieben Inseln, ca. 2 1/2 Std.
Anlegestelle von Trestraou
Fahrpreis 80 FF/50 FF
Ausflug zum größten und ältesten Vogelschutzgebiet Frankreichs, wo seltene Austernfischer und Papageientaucher nisten. Nachteil für Besucher: Die Eilande dürfen nicht angelaufen

werden, Ausnahme ist die Mönchsinsel (Ile aux Moines), auf der ein Landgang möglich ist. Die Boote fahren aber dicht an den Vogelfelsen vorbei. Fernglas mitnehmen!
Angeboten werden auch ganztägige Angelfahrten (120 FF/ 80 FF) und Ausflüge mit dem Glasbodenboot (55 FF).

Essen und Trinken

Le Ker Bleu
17, bd. Le Bihan
Tel. 96 91 14 69
3. Kategorie
In der Nähe des Kasinos, großes, immer gut besuchtes Lokal mit Pizzeria, Crêperie und Bar. Lecker ist die Meeresfrüchtepizza.
Le Manoir du Sphinx
67, chemin de la Messe
Tel. 96 23 25 42
1. Kategorie
In der nostalgischen Villa wird hervorragend gekocht. Angenehm altmodisches Ambiente und wunderbarer Meeresblick.
Rochers
6 km in Richtung Ploumanach
Tel. 96 91 44 49, Fax 96 91 43 64
Mi geschl.
1. Kategorie
Ein Michelin-Stern. Die besten Hummer der Bretagne. Zum Nachtisch unbedingt die Spezialität des Hauses probieren, mit Calvados flambierte Äpfel.
Les Vieux Gréements
19, rue Anatole Le Biaz
Tel. 96 91 14 99
2. Kategorie

Schönes Lokal mit nobel-eleganter Atmosphäre und Terrasse. Köstliche Crêpes und Galettes, raffinierte Rezepte.

Einkaufen

»Celtic house« (Galeries de Ker Iliz)
Rue du Général de Gaulle, in der Nähe der alten Kirche St-Jacques
Alles, was es an typisch bretonischen Dingen gibt kann man hier kaufen! Riesige Auswahl auf zwei Etagen.
Galerie St-Guirec
Direkt am Felsenpark von Ploumanach
Sehr touristisch und überlaufen, aber eine umfangreiche Auswahl an Mitbringseln aus der Bretagne zu reellen Preisen.
La Goélette
Gegenüber der Galerie St-Guirec
Original bretonische Streifenpullover und Mützen in allen Größen.

Am Abend

Man kann zwischen 7 Diskotheken wählen. Oder ins Kasino am Tréstraou-Strand gehen – bis 3 Uhr morgens geöffnet.

Allgemeine Informationen

Auskunft
Office de Tourisme
21, pl. de l'Hôtel de Ville
22700 Perros-Guirec
Tel. 96 23 21 15, Fax 96 23 04 72

St-Pol-de-Léon, ein leises Städtchen abseits vom quirligen Strandleben, und manchmal denkt man, die Zeit sei hier stehengeblieben

Fest
14./15. August Großer Pardon
Im Ortsteil Clarté rund um die Kapelle zu Ehren der Heiligen Jungfrau.

Markt
Freitagvormittag auf der Place du Marché an der alten Kirche.

B2 **Saint-Pol-de-Léon**

Zum Einkaufen und Bummeln ist St-Pol-de-Léon ein nettes Städtchen, genau das Richtige, wenn man vom Strandleben ein bißchen Abwechslung braucht. Kulturelles gibt es natürlich auch. Die meisten Besucher kommen hierher, um den höchsten Kirchturm der Bretagne zu besichtigen und möglichst auch zu erklimmen, den der Chapelle Notre-Dame-du-Kreisker.
Die ehemalige Bischofsstadt hat noch eine weitere sakrale Sehenswürdigkeite zu bieten. Flaniert man die Rue du Général Leclerc mit ihren vielen kleinen Geschäften und alten Häusern hinunter, kommt man direkt zur mächtigen Kathedrale St-Pol.

Hotel

France
Rue Minimes
22 Zimmer
Tel. 98 29 14 14, Fax 98 29 10 57
2. Kategorie
Einfaches Dorfhotel mit angegliedertem Restaurant.

Sehenswertes

Cathédrale St-Pol

Die Kathedrale, an der von 1230 bis 1550 gebaut wurde, ist wegen ihrer ausgeprägten Spitzbogenarkaden berühmt. Zwei 50 m hohe Türme schließen die Westfront ab und geben dem Bauwerk einen harmonischen Ausdruck. Von der Vorhalle aus (heute Haupteingang) erteilten die Bischöfe den Bürgern der Stadt ihren Segen. Im Innern fällt violettes Licht durch die gotischen Fensterrosetten und beleuchtet Skulpturen, Bischofsgräber und das prächtige, reich geschnitzte Chorgestühl vor dem Altar. Im Chor steht der Reliquienschrein des St-Pol Aurélien.

Chapelle Notre-Dame-du-Kreisker

Die erste Kapelle aus dem 13. Jh. wurde 100 Jahre später von Engländern stark zerstört, ihr heutiges Gesicht erhielt die Kirche 1668. Die 77 m hohe Turmspitze ist von zarten Ornamenten durchbrochen. Wenn nicht gerade Restaurierungsarbeiten im Gang sind, kann das schlanke Bauwerk über 164 Stufen bestiegen werden. Von oben hat man einen schönen Blick.

Allgemeine Informationen

Auskunft

Office de Tourisme
Pl. de l'Evêché
(an der Kathedrale)
29250 Saint-Pol-de-Léon
Tel. 98 69 05 69

Saint-Quay-Portrieux D2

Früher fuhren von hier aus die Fischer nach Neufundland und Island, heute liegen elegante Yachten im Hafen vor Anker. Portrieux ist der ältere Teil des kleinen Seebads. Im benachbarten St-Quay entstanden um die Jahrhundertwende Hotelanlagen, ein Kasino und Appartementhäuser. Anziehungspunkt für die zahlreichen Besucher waren und sind fünf lange Sandstrände, die sich um den kleinen Ort gruppieren. Vor der Plage de la Comtesse liegt die kleine Ile de la Comtesse, die man bei Ebbe gut zu Fuß erreichen kann. Sie gehörte einst einer resoluten Dame, die wegen ihres exzentrischen Lebensstils – sie war die Geliebte eines Grafen – um die Jahrhundertwende für Wirbel in dem kleinen Hafenort sorgte.

Hotels und andere Unterkünfte

Bretagne
36, quai de la République
Tel. 96 70 40 91
16 Zimmer
3. Kategorie
Im Ortsteil Pontrieux an der Uferpromenade, ordentliche Zimmer.

Gerbot d'Avoine
2, bd. du Littoral
Tel. 96 70 40 09, Fax 96 70 34 06
20 Zimmer
2. Kategorie
Rustikales Natursteingebäude mit altmodischem Charme, gehört zur Logis-de-France-Kette. Zimmer zum Teil mit Balkon.

Ker Mor
13, rue du Sénégal
Tel. 96 70 52 22, Fax 96 70 50 49
28 Zimmer
1. Kategorie
Leicht exotische Villa im Koloni-
alstil aus dem 19. Jh., gegenüber
der Ile de la Comtesse. Zimmer
mit allem Komfort, Balkons mit
Meerblick. Mit schönem Garten
und Restaurant.

Camping
Camping Bellevue
Am nördlichen Ortsausgang
Tel. 96 70 41 84
200 Stellplätze auf einem Ge-
lände mit guter Ausstattung in
Meeresnähe.

Sehenswertes

Sentier des Douaniers
Vom Strand in St-Quay (Plage
du Châtelet) bis zum Hafen in
Portrieux führt der alte Zöllnerpfad (Sentier des Douaniers)
Spaziergänger in etwa 1 Std.
rund um die Landspitze des Seebades, vorbei am Leuchtturm,
an alten Villen und Strandhäu-
sern. Steile Klippen ragen aus
dem Meer, auf der anderen Seite
der Landzunge liegt die Ile de la
Comtesse.

Am Abend

Bis 3 Uhr morgens kann man
sein Glück im Kasino am Hauptstrand (Boulevard de Gaulle)
versuchen, auch an einarmigen
Banditen und Billardtischen.

Allgemeine Informationen

Auskunft
Office de Tourisme
17, rue Jeanne d'Arc
22410 St-Quay-Portrieux
Tel. 96 70 40 64, Fax 96 70 39 99

Fest
Letzter Julisonntag
Pardon zu Ehren der Heiligen
Anna, mit Fackelzug und Hafen-
illumination.

Orte in der Umgebung

Kermaria
4 km westlich von Plouha
Hier steht die Chapelle de Ker-
maria-an-Iskuit aus dem 13. Jh.,
vom Kreuzritter Henry d'Avaugour gestiftet. Schön ihre Innenausstattung: Holzstatuen der
Apostel, eine stillende Madonna
und Prophetenköpfe in den
Rundbögen (15./16. Jh.) und im
Hauptschiff das Totentanzfresko
(um 1500), die Darstellungen
von 47 unterschiedlichen Menschen – vom Papst bis zum Bett-
ler –, in einem Reigen vereint.

Lanleff
Im Weiler Lanleff, 8 km von Kermaria, steht der runde Temple de
Lanleff. Lange rätselte man über
die Entstehungsgeschichte der
Ruine und vermutete zunächst
eine keltische Kultstätte. Heute
steht fest, daß der »Tempel« der
Rest einer ungewöhnlich kon-
struierten romanischen Rund-
kirche aus dem 11. Jh. ist.

Plouha

Dem ruhigen Örtchen, 8 km nordwestlich von St-Quay-Portrieux, mit seinen weinberankten Häusern sieht man seine aufregende, jüngste Vergangenheit nicht an. La Maison d'Alphonse war im Zweiten Weltkrieg ein Zentrum der französischen Widerstandsbewegung. Von Plouha aus wurden abgeschossene alliierte Flieger – insgesamt 135 kanadische und amerikanische Piloten – durch einen Tunnel an die heutige Plage Bonaparte gebracht und von dort bei Nacht und Nebel nach England verschifft. Deckname der Aktion: Bonaparte.

Es ist die Ceinture Dorée, der goldene Gürtel der Bretagne um Roscoff, in dem über zwei Drittel der französischen Artischocken geerntet werden

Roscoff

Durch endlose Artischocken- und Blumenkohlfelder führt der Weg nach Roscoff. Ceinture Dorée, der goldene Gürtel, heißt diese Region der Bretagne, aus der über zwei Drittel der französischen Blumenkohl-, Artischocken- und Zwiebelernte kommen. Früher wurden hier vor allem Zwiebeln gezogen und hauptsächlich nach England exportiert. Die britischen Inseln sind nah, von Roscoff aus starten täglich Fähren nach Plymouth. Doch wer die Stadt nur als Fährhafen wahrnimmt, versäumt einiges.
Roscoff ist ein charmanter kleiner Ort mit gepflegten alten Straßen, eleganten Hotels, Cafés und Restaurants. Geschützte Badeströn-

de und sogar ein Meerwasserschwimmbad machen die alte Hafenstadt für Urlauber attraktiv.
Lebhafter Treffpunkt ist der kleine Platz am Fischerei- und Yachthafen. Auch spätabends brennen hier noch die Lichter.
Hinter dem Platz beginnt die Altstadt mit engen Gassen und trutzigen kleinen Natursteinhäusern. Schöne alte Reederhäuser stehen an der Place Lacaze und in der Rue Amiral Réveillière.
Wo heute die Touristen bummeln, lebten im 16. Jh. wilde Männer. Der kleine Ort war jahrhundertelang als Korsarennest verrufen, was die Bewohner nicht weiter störte, lebten sie

doch sehr gut mit diesem Gewerbe. Allerdings währten diese »goldenen« Zeiten nicht ewig. Als die Zeit der Freibeuter vorbei war, versank auch Roscoff in Bedeutungslosigkeit. Erst um 1900 erlebte der Fischerort einen neuen Aufschwung: Hier wurde die Thalassotherapie erfunden, die seitdem an vielen Orten der Bretagne erfolgreich bei Rheuma und vegetativen Störungen des Nervensystems eingesetzt wird.

Hotels

Les Arcades
15, rue Amiral Réveillière
Tel. 98 69 70 45
27 Zimmer
3. Kategorie
Älteres Gebäude, mit wildem Wein bewachsen, in der Nähe des Hafens. Zimmer teilweise mit Meeresblick.

Le Brittany
Bd. Ste-Barbe
Tel. 98 69 70 78, Fax 98 61 13 29.
23 Zimmer
1. Kategorie
Beste Adresse in Roscoff. Das Dreisternehotel liegt direkt am Meer. Mit Schwimmbad und großen, komfortablen Zimmern.

Les Chardons Bleus
4, rue Amiral Réveillière
Tel. 98 69 72 03, Fax 98 61 27 86
10 Zimmer
2. Kategorie
Gut geführtes Haus in der Nähe der Kirche, sehr gutes Restaurant.

Gulf Stream
Rue Marquise de Kergariou
Tel. 98 69 73 19, Fax 98 61 11 89
32 Zimmer
1./2. Kategorie
Komfortables, ruhiges Hotel in Strandnähe, Swimmingpool.

Sehenswertes

Aquarium / Institut für ozeanographische Forschung
Pl. Georges Teissier
April–Okt. tgl. 10–12, 13 bis 18 Uhr
Eintritt 25 FF / 10 FF
Das Aquarium liegt unübersehbar in einem wuchtigen Granitturm. Hauptsächlich Krustentiere krabbeln in den 40 Becken. Es gehört zum ozeanographischen Institut, das bereits 1872 hier gegründet wurde. Dort gegenüber kann man sich in der Eingangshalle über die Meereslebewesen informieren.

Maison de Maria Stuart
25, rue Amiral Réveillière
Ein historisches Gebäude: Hier soll die fünfjährige Mary Stuart, als sie am 13. August 1548 von England kam, einige Tage verbracht haben, bevor sie nach Morlaix weiterreiste. Dort verlobte sie sich mit dem französischen Thronerben Franz II.

Notre-Dame-de-Kroaz-Baz
Die Kirche ist vor allem wegen ihres schönen Renaissance-Turmes aus dem 16. Jh. bekannt. An der Fassade erinnern Reliefs mit Segelschiffen an die Freibeutervergangenheit der Stadt. Im Innern beeindrucken sieben Reliefs

aus weißem Marmor, die Stationen aus dem Leben Christi darstellen (15. Jh.). Vor der Kirche steht ein schönes Beinhaus mit reichem Säulenschmuck.

Essen und Trinken

Auberge du Quai
Am Fischereihafen
Tel. 98 69 72 65
2. Kategorie
In diesem Restaurant/Café am lebhaften Hafenkai sitzt und ißt man in angenehmer französischer Bistro-Atmosphäre. Immer viel Betrieb, die angeschlossene Bar hat bis zum frühen Morgen geöffnet.
Crêperie La Chandeleur
34, rue Amiral Réveillière
Tel. 98 69 70 23
3. Kategorie
Gemütliches Lokal in der Nähe des Hafens. Leckere Kleinigkeiten wie Bratäpfel mit Calvados flambiert.
Le Temps de Vivre
Pl. Lacaze-Duthiers
Tel. 98 61 27 28
Mo geschl.
1. Kategorie
Die Spitzenadresse für Gourmets. Spezialitäten der Côte du Léon, Fisch von den kleinen Küstenfischerbooten der Insel Batz.

Allgemeine Informationen

Auskunft
Office de Tourisme
46, rue Gambetta
29680 Roscoff
Tel. 98 61 12 13

Fest
Ende Juli
Pardon zu Ehren der heiligen Ste-Barbe.

Orte in der Umgebung

Ile de Batz   B2
Abfahrt bei Flut im Yachthafen, bei Ebbe von der Hafenwehr
Hin- und Rückfahrt 26 FF/
13 FF
Bei Ebbe gestaltet sich der Ausflug zur Insel Batz besonders spannend, dann nämlich müssen die Passagiere über einen ca. 1 km langen hohen Steg zu den Booten wandern. Bei Flut kann man direkt am Hafenkai einsteigen, die kleinen Schiffe legen jede halbe Stunde ab und tuckern in knapp 20 Min. zur kleinen Insel hinüber. Auf der kurzen Bootsfahrt kann man sich den Wind um die Nase wehen lassen und den Blick auf das malerische Panorama von Roscoff genießen. Nach dem Anlegen wandert man hinauf zur schlichten Kirche, an Tomatenfeldern und blumenübersäten hohen Mauern vorbei.
Den kleinen Ort Le Bourg rund um die Kirche hat man schnell durchwandert. Alte Natursteinhäuser in blühenden Gärten, Katzen sonnen sich auf brüchigen Mauern. Die 3,5 km lange und 1,5 km breite Insel läßt sich bequem zu Fuß erkunden. Der schönste Strand liegt hinter den Häusern von Porz-Melloc an der Nordostküste.

B3 Château de Kerjean 🅜

Beim Dorf St-Vougay, D 788
Richtung Landivisiau und Les-
neven
Im Sommer tgl. 10–19 Uhr
Tel. 98 69 93 69
Eintritt 25 FF/5 FF

Nach einer gegen Ende recht auf-
regenden Fahrt (wo sind die Hin-
weisschilder geblieben?) kommt
man dennoch ans Ziel, rund
16 km südwestlich von Roscoff.
Das Schloß Kerjean liegt einsam
in einer großen Parkanlage. Die
französischen Erklärungen sprechen von einem Renaissance-
schloß, aber der graue Bau hat
absolut nichts von der harmonischen Ästhetik dieser Epoche an
sich. Hinter der zum größten Teil

Der gute Tip 🅜:
Château de Kerjean
Nicht schön, aber eindrucksvoll, und es hat den Vorteil,
daß man – im Gegensatz zu
anderen bretonischen Schlössern – Zugang zu fast allen In-
nenräumen hat. Interessante
Ausstellungen und originelle
Theateraufführungen.

verfallenen mächtigen Ringmauer erheben sich trist die hohen, schmucklosen Fassaden.
Ein paar Erker und Türmchen
heitern die graue Granitfront nur
wenig auf. Das Schloß wurde bei
einem Brand im Jahr 1710 stark
zerstört und danach restauriert.
Vorher galt es als das schönste
Renaissancebauwerk im Regie-
rungsbezirk Léon.
Den Grundstein für das wehr-

hafte Gemäuer legte 1550 der
bretonische Landadelige Louis
Barbier, ein Neffe des Abts von
St-Mathieu.
Beim Rundgang – am Eingang
gibt es eine dicke Mappe mit Erklärungen auch in Deutsch –
stößt man auf ein Zitat Gustave
Flauberts. Er habe, schreibt der
Dichter, während seiner Bretag-
nereise auch das Schloß Kerjean
besucht: »Hier sah ich eine
Wolfsfalle auf der Haupttreppe.
Und in den Wohnräumen lagen
Spreu auf dem Boden und verro-
stete Ackergeräte in den Fenster-
nischen.«
In der Schloßkapelle stehen ergreifende Holzstatuen, u.a. ein
gefesselter Christus aus dem
16. Jh. Wechselnde, gut zusam-
mengestellte Ausstellungen prä-
sentieren Themen aus der Bretagne. In einer Diashow kann
man sich über die Geschichte des
Schlosses informieren.
Ein besonderes Spektakel wird
an Sommerabenden geboten:
Dann huschen Tristan und Isolde
durch die düsteren Gänge – die
passende Umgebung für ihre tra-
gische Liebesgeschichte –, und
die Besucher dürfen ihnen folgen.

Sables-d'Or-les-Pins

Es könnte sein, daß kein einziger
Mensch auf der Straße zu sehen
ist. Aber keine Sorge, es ist lediglich Nachsaison. Die unglaub-
lich breite Hauptstraße führt
schnurgerade zu einem phanta-
stischen Sandstrand, ebenfalls

Orte in der Umgebung von Roscoff,
Château de Kerjean
Sables-d'Or-les-Pins

menschenleer. Die wenigen Geschäfte und das kleine Café im
riesigen Kasinogebäude haben
ihre Schaufenster verbarrika-
diert, so als würden sie nie wieder öffnen wollen. Doch etwas
Leben regt sich noch: Vor den
altmodischen Hotels im Stil der
30er Jahre parken einige Autos,
in den Restaurants brennt Licht.
Der 1922 auf dem Reißbrett ent-
standene Badeort blüht nur im
Hochsommer auf, dann kehrt
Leben in die zahllosen Ferienvillen ein, die hier in der weiten Dünenlandschaft stehen. Versteckte
Tennisplätze zwischen duftenden
Kiefernwäldchen, große, schöne
Natursteinhäuser an stillen Sand-
wegen verraten Exklusivität. Auf
den zweiten Blick wird klar, was
die Attrakativität des Ortes ausmacht. Es ist seine einmalige
Lage.

Vergangene Pracht der Renaissance:
Schloß Kerjean, groß und grau und
einsam in einer Parkanlage. An lauen
Sommerabenden huschen Tristan und
Isolde durch die düsteren Gänge

Schwimmen kann man am wunderschönen Hauptstrand am Kasino, am langen Strand von Pléhérel-Plage, etwa 4 km östlich,
und in vielen kleinen Badebuchten Richtung Cap Fréhel. Man
muß allerdings die Klippen hin-
unterklettern, um sie zu finden.
Und nichts im abgestellten Auto
lassen – Diebstahlgefahr!

Hotels und andere Unterkünfte

Les Ajoncs d'Or
Allée des Acacias
Tel. 96 41 42 12, Fax 96 41 55 39
16 Zimmer
2. Kategorie

Angenehm altmodische Atmosphäre, gut ausgestattete Zimmer.

Manoir St-Michel
1,5 km D 34 Richtung Carquois
Tel. 96 41 48 87, Fax 96 41 41 55
17 Zimmer
1. April–2. Nov.
1. Kategorie
Wunderbar gelegenes Hotel mit schönem Garten und fein eingerichteten Zimmern. Kein Restaurant.

La Voile d'Or
Am Ortseingang
Tel. 96 41 42 49, Fax 96 41 55 45
26 Zimmer
2. Kategorie
Angenehmes Hotel mit schönem Garten, gutes Restaurant.

Camping

Der gute Tip **M**:
Municipal de Pléhérel-Plage
Eine gute Adresse für Campingfreunde, denen eine schöne Lage wichtiger ist als die Ausstattung des Platzes. Preiswert und in der Nebensaison nicht allzu voll.

D2 **Municipal de Pléhérel-Plage M**
Zwischen Sables-d'Or und Cap Fréhel
Tel. 96 41 40 45
Ein riesiger Campingplatz in traumhaft schöner Lage auf einem Dünengelände direkt am Meer. Zelten unter Pinien. Einfache sanitäre Anlagen. In der Hochsaison gnadenlos voll.

Essen und Trinken

La Lagune
Im Hotel Voile d'Or
Tel. 96 41 42 49, Fax 96 41 55 45
1. Kategorie
Sehr teures Restaurant mit guter Qualität, aber das Essen ist hier lange nicht so herausragend wie der Preis.

Allgemeine Informationen

Auskunft
Office de Tourisme
Bd. de la Mer, direkt am Strand
22240 Sables-d'Or-les-Pins
Tel. 96 41 53 81, Fax 96 41 59 46

Trébeurden

Die Granitbrocken sind hier nicht ganz so wuchtig und dekorativ geformt wie an den anderen Abschnitten der rosa Küste. Dieser Mangel wird im kleinen Seebad Trébeurden (3 200 Einwohner) aber durch andere Attraktionen wettgemacht. Zum Beispiel durch die schönen Strände: Die Plage de Tresmeur, mit 800 m Länge der Hauptstrand des Ortes, gehört zu den schönsten an der Granitküste. Oder die Plage Goas Trez, die als absolut heißer Tip bei Surfern und Tauchern gilt. Stilvolle Ferienvillen und Hotels ziehen sich den grünen, mit Kiefern bestandenen Hang hinauf. Schöne Ausblicke auf die Küste von den Halbinseln Le Castel und Pointe de Bihi. Auf Le Castel gibt es einen Circuit des Mégalithes zu einigen prähistorischen Monumenten. Erholung unten am Yachthafen in angenehmer, ruhiger Urlaubsatmosphäre.

Hotels und andere Unterkünfte

Hôtel de la Plage
14, rue Lan Kerellec
Tel. 96 23 55 96
18 Zimmer
3. Kategorie
Ruhiges Hotel in einem großen Garten. Blick zum Strand, familiäre Atmosphäre.
Manoir de Lan Kerellec Ⓜ
Rue Lan Kerellec
Tel. 96 23 50 09, Fax 96 23 66 88
17 Zimmer
1. bis Luxuskategorie
Die beste und teuerste Adresse im Ort. Wunderschöne Lage am Hang mit Blick über die Bucht. Ein großes altes Herrenhaus mit gut integriertem neuen Anbau. Im Restaurant Köstlichkeiten aus der bretonischen Küche und vom Holzkohlegrill. Das Hotel gehört zur Kette Relais & Châteaux. Zimmer mit allem Komfort und Meeresblick.
Ti al Lannec
Allée de Mézo-Guen
Tel. 96 23 57 26, Fax 96 23 62 14
30 Zimmer
1. bis Luxuskategorie
Gediegenes älteres Hotel mit schöner Terrasse. Ruhige Lage im Grünen. Ausgezeichnetes Restaurant, liebevoll altmodisch dekoriert. Die zweite Top-Adresse am Ort, komfortable, antik möblierte Zimmer.

Camping

Camping Roz-Armor
Plage de Pors-Mabo
Tel. 96 23 58 12
35 Stellplätze
Familiärer, kleiner Platz mit herrlichem Panoramablick oberhalb des Strandes.

Der gute Tip Ⓜ:
Wochenende im Herrenhaus
Fürstlich wohnen und speisen im malerischen Manoir de Lan Kerellec, hoch über der roten Granitküste in Trébeurden.

Allgemeine Informationen

Auskunft
Office de Tourisme
Place de Crec'h-Héry
22560 Trébeurden
Tel. 96 23 51 64, Fax 96 47 44 87

Orte in der Umgebung

Kerfons   C2
Südlich von Lannion im Dörfchen Kerfons steht eine einfache Kapelle, die einen kunsthistorischen Schatz beherbergt: Der hölzerne Lettner aus dem 15. Jh. gehört zu den schönsten in der Bretagne. Die Kapelle ist meist nur zwischen 15 und 18 Uhr geöffnet.

Lannion   C2
Nicht nur die Häuser dieser lebhaften Kleinstadt (17000 Einwohner) zeigen Tradition, auch

die Bewohner halten, zumindest sprachlich, an der Vergangenheit fest. In den schmalen Straßen hört man noch viele bretonische Laute, die allerdings im Gegensatz zu den durchaus modernen Jeansgeschäften, Bars und Boutiquen stehen. Lannion ist für einen Stadtbummel genau richtig, und auch mittelalterliches Ambiente wird geboten: An der Place du Centre und an der Rue des Chapeliers (Straße der Hutmacher) stehen alte Fachwerkhäuser schief und krumm an Kopfsteinpflasterstraßen.

Historische Attraktion des Ortes ist die Eglise de Brélévenez. Diese Kapelle hoch über der Stadt wurde im 12. Jh. gebaut und gehörte einst dem geheimnisumwobenen Templerorden. 140 Granitstufen führen hinauf und zu einem Panoramablick über die Stadt.

C2 Locquirec

Schon vor Jahrzehnten entdeckten reiche Pariser die Plage des Sables blancs – einen von vielen Sandstränden an diesem Küstenabschnitt – und machten aus dem kleinen Fischerort Locquirec ein belebtes Seebad mit großem Yachthafen. Von der Pointe de Locquirec bietet sich ein weiter Rundblick über die Küste.

C2 Menhir de St-Uzec

Am Dorfrand von Penvern (Corniche, Richtung Trégastel) Ein ungewöhnliches prähistorisches Monument: Der Menhir de St-Uzec trägt auf seiner Spitze

ein Kreuz und ist mit christlichen Symbolen geschmückt. Diese heidnisch-christliche Verschmelzung ist das Werk eines anonymen Steinhauers, der im 17. Jh. im Auftrag des Bischofs handelte: Der »ungläubige« Stein der Ungläubigen war dem Kirchenoberhaupt ein Dorn im Auge.

Pleumeur-Bodou

Die riesige weiße Kuppel der einzigen französischen Satellitenstation ragt weithin sichtbar aus dem Grün der Landschaft am Ortsrand von Pleumeur-Bodou. Wer sich für Technik interessiert, ist hier am richtigen Platz. Das Musée des Télécommunications (im Sommer tgl. 10–19 Uhr, Eintritt 35 FF/25 FF) zeigt in vielen Exponaten die Entwicklung vom Morsegerät bis zur Übertragung per Satellit. Die Hornantenne, die einst die Wellen von Telstar empfing, ist heute allerdings nur noch ein Museumsstück, ihre Arbeit erledigen jetzt Computer.

Ein paar hundert Meter weiter liegt das Planetarium (in der Hauptsaison tgl. 10–19 Uhr, Eintritt 32 FF/21 FF) mit ständig wechselnden Himmelsprogrammen.

Kinder

Village Gaulois
Eintritt 10 FF

Neben dem Planetarium ein gallisches Dorf, wo man sich wie Asterix oder Obelix fühlen kann.

Der Besuch dient auch einem guten Zweck: Ein Teil der Einnahmen fließt in schulische Einrichtungen der Dritten Welt.

Ist es ein Würfel, was da mächtig auf dem Felsen thront oder ein Totenkopf? Die rosa Brocken am Strand von Trégastel laden zum Raten ein

Trégastel

Am Hauptstrand Plage du Coz-Pors liegen die dicken Granitklumpen dekorativ und beeindruckend auf dem feinen Sand, bei Flut sanft vom Wasser umspült. Die mächtigen rosa Felsen, in die das Meer glatte Rinnen geschliffen hat, heißen Würfel oder Totenkopf. Auf der Aussichtsterrasse im Café des modernen Kurzentrums Le Forum kann man die berühmten Brocken ganz aus der Nähe betrachten und dabei ein paar Austern schlürfen oder Crêpes mit Schokoladensauce probieren. Oder im Angesicht der Felsen im geheizten Meerwasserschwimmbad planschen – vorausgesetzt, es stört nicht, daß die Spaziergänger von oben neugierige Blicke durch die Glaskuppel werfen. Ansonsten wirkt Le Forum, das ins Meer hinausgebaute Kurzentrum, etwas deplaziert zwischen den stilvollen alten Hotelbauten und den schönen Ferienhäusern von Trégastel.

Hotels

Armoric
Plage du Coz-Pors
Tel. 96 23 88 16, Fax 96 23 83 75
48 Zimmer
2. Kategorie

Angenehmes Ferienhotel mit gutem Restaurant und Tennisplatz.

Beau Séjour
Pl. du Coz-Pors
Tel. 96 23 88 02, Fax 96 23 49 73
17 Zimmer
2. Kategorie

Direkt am Hauptstrand Coz-Pors. Im Erdgeschoß Eiscafé und Snackbar. Ordentliche Zimmer, teils mit Meerblick.

Bellevue
20, rue des Calculots
Tel. 96 23 88 18, Fax 96 23 89 91
31 Zimmer
2. Kategorie

Stilvolles Dreisternehotel mit großem Garten, ruhige Zimmer.

Hôtel de la Corniche
38, rue Charles le Goffic
Tel. 96 23 88 15, Fax 96 23 47 89
18 Zimmer
2./3. Kategorie

Rund 500 m vom Strand entfernt liegt dieses rustikale Natursteinhotel. Familiäre Atmosphäre, hübsches Restaurant.

Sehenswertes

Aquarium
Bd. du Coz-Pors
Mai, Juni, Sept. 9–12, 14 bis 18 Uhr; Juli, Aug. 9–20 Uhr
Eintritt 20 FF / 10 FF

Hochaufgetürmt liegen die Grantiblöcke nicht weit vom Strand und auch nicht weit vom Parkplatz. In dieser steinernen Grotte ist heute ein Aquarium mit 28 kleinen Schaubecken untergebracht. Früher wurde die uralte Höhle als Munitionslager und als prähistorisches Museum

genutzt. Gekrönt werden die Felsbrocken durch die Statue des Père Eternel (Ewiger Vater).

Le Moulin à Marée
Chaussée du Port
Hauptsaison 10–19 Uhr, kostenlose Führungen

Auf dem Deich zwischen Trégastel und Perros steht eine Gezeitenmühle aus dem Jahr 1375.

Sentier des Douaniers
Der Weg durch die bizarr geformten Steine beginnt beim Strand Grève de Tou-Drez, weiter um die Halbinsel Ile Renote.

Essen und Trinken

Auberge Vieille Eglise
Trégastel-Bourg
Tel. 96 23 88 31, Fax 96 47 33 75
Juli/Aug. durchgehend geöffnet, sonst So abend, Mo geschl.
1./2. Kategorie

Gutes Restaurant, Spezialität frischer Fisch.

Allgemeine Informationen

Auskunft
Office de Tourisme
Pl. Ste-Anne
22730 Trégastel
Tel. 96 23 88 67, Fax 96 23 85 97

Tréguier

Auf einer hügeligen Halbinsel zwischen den Flüssen Jaudy und Guindy liegt die Hauptstadt der Region Trégor mit 3 500 Einwohnern. Über den alten Dächern der kleinen Stadt, die sich

steil den Hügel hinaufzieht, thront die wuchtige Kathedrale St-Tugdual. Sie ist eindeutiger Mittelpunkt der ehemaligen Bischofsstadt und das Ziel zahlloser Pilger: Hier steht der Reliquienschrein des St-Yves, Patron der Juristen und der berühmteste bretonische Heilige.

Nicht weit von der Kathedrale entfernt liegt das Geburtshaus eines weiteren berühmten Bürgers, des Schriftstellers Ernest Renan (1823–92). Er wurde durch sein religionskritisches Werk »La Vie de Jesus« weltbekannt, aber auch als Ketzer verschrien – besonders in seiner frommen Heimatstadt. In der Rue Renan, die steil vom Uferkai emporsteigt, stehen noch schöne alte Fachwerkhäuser, ebenso auf der Place du Martray, rund um die Kathedrale.

Mittelpunkt der einstigen Bischofsstadt Tréguier und Pilgerziel ist die Kathedrale St-Tugdual mit dem Reliquienschrein des Heiligen St-Yves

Hotel und andere Unterkünfte

Kastell Dinec 'h
2 km außerhalb Richtung Lannion
Tel. 96 92 49 39, Fax 96 92 34 03
15 Zimmer
1. Kategorie
Ruhige Lage mit herrlichem Garten und Swimmingpool. Gutes Restaurant im Haus (nur abends).

Camping
Camping Le Varlen
Bei Plougrescant
Tel. 96 92 51 18
Schöner Dreisterneplatz in Meeresnähe mit 65 Stellplätzen. Ganzjährig geöffnet.

99

Sehenswertes

Cathédrale St-Tugdual
Pl. de l'Eglise
Besichtigung von Kirchenschatz und Kreuzgang 10–12, 14 bis 18 Uhr
Eintritt 10 FF
Der Mönch Tugdual gründete an dieser Stelle 540 n. Chr. ein Kloster. Aus der schlichten Klosterkirche entstand vom 11. Jh. an eine der schönsten bretonischen Kathedralen.

Aus der romanischen Epoche stammt noch der nördliche Hastingsturm. Das sieben Joche lange Hauptschiff und die Seiten- und Querschiffe sind reinste, elegante Gotik. Drei Türme erheben sich über dem Querschiff. Im linken Seitenschiff liegt das prunkvolle Grabmal des heiligen Yves. Säulen und Baldachine aus weißem, reich ornamentiertem Marmor schützen die liegende Grabfigur. Ein Meer von Kerzen und Votivtafeln, Plastikblumen und Schiffsmodellen umringt das Podest mit der steinernen St-Yves-Statue – sichtbarer Beweis für die ungebrochene Verehrung dieses Heiligen, der im 13. Jh. lebte und sich als gerechter Richter für die Armen des Landes einsetzte.

Stimmungsvoll ist ein Rundgang durch den Kreuzgang des angeschlossenen alten Klosters, 1461 im gotischen Flamboyantstil erbaut. Sarkophage, verwittert, mit oft bein- und armlosen Figuren, säumen den Weg durch die Arkaden.

Essen und Trinken

Estuaire
Pl. Général de Gaulle
Tel. 96 92 30 25
2. Kategorie
Einfaches, aber sehr reelles Restaurant. Ein Hotel der unteren Preisklasse ist angegliedert.

Allgemeine Informationen

Auskunft
Office de Tourisme
Pl. Général Leclerc
22220 Tréguier
Tel. 96 92 30 19

Fest
Pardon de St-Yves
3. Sonntag im Mai
Eine Riesenprozession zu Ehren des Anwalts der Armen. Juristen aus allen Ländern begleiten in ihren Talaren den feierlichen Zug nach Minihy-Tréguier, dem Geburtsort des Heiligen.

Markt
Mittwoch vormittag vor der Kathedrale und am Jaudy-Hafen.

Ort in der Umgebung

Le Gouffre
Aussichtpunkt 2 km von Plougrescant entfernt an der Pointe du Château
Das beliebteste Fotomotiv der Bretagne liegt 10 km nördlich von Tréguier an der Küste: Kleine Häuser zwischen mächtigen Granitblöcken.

Le Val-André

Die Attraktion des kleinen Seebades ist der Strand: 2 km lang und sanft geschwungen, begrenzt an jeder Seite von einem Felskap. Das 4000 Einwohner zählende Städtchen wird im Sommer gestürmt von Badegästen, Surfern und Segelfreunden, die hier auch einen gut geschützen Yachthafen vorfinden. Ein weiterer Anziehungspunkt – allerdings eher für Nachtschwärmer – ist das leicht nostalgisch anmutende Kasino. Der Art-déco-Bau aus den 30er Jahren liegt zentral an der Strandpromenade.

Hotels

Grand Hôtel du Val-André
80, rue Amiral-Charnier
Tel. 96722056, Fax 96630024
36 Zimmer
2. Kategorie
Nahe am Strand liegt dieses stilvolle Haus mit nostalgischer Seebadatmosphäre und komfortablen Zimmern.
Régina
45, rue Amiral-Charnier
Tel. 96722263
10 Zimmer
3. Kategorie
Kleines Hotel in zweiter Reihe zum Strand, einfache Zimmer.

Essen und Trinken

Au Biniou
121, bd. Clemenceau
Tel. 96722435, Fax 96630323
1. Kategorie

Elegantes Restaurant mit raffinierter Küche. Spezialität: Ausgefallene Zubereitung von Jakobsmuscheln.
La Cotriade
Port de Piégu
Tel. 96722026
Mo (nicht in der Ferienzeit) und Di geschl.
1. Kategorie
Unbedingt reservieren.
Ein Traum, diese Jakobsmuscheln in Butter geschwenkt und in Orangensauce (gibt es leider nur von Oktober bis April).

Ile Vierge A2

Auf der Jungfraueninsel vor der Küste bei Plouguerneau steht die größte Attraktion dieser Gegend: Ein 82 m hoher Leuchtturm ▥, ganz aus Granit gebaut. Es ist der höchste gemauerte *Phare* der Welt. Alle fünf Sekunden blitzt sein Leuchtfeuer 50 km weit. 365 Stufen führen

> Der gute Tip ▥:
> **Leuchtturm der Ile Vierge**
> Den höchsten Leuchtturm der Welt hat man nicht alle Tage so greifbar nah.

auf die Aussichtplattform. Der Blick reicht bis zur Ile de Batz.
Der Leuchtturm kann ganzjährig von 11 bis 12 und von 15 bis 18 Uhr besichtigt werden.
Zur Ile Vierge fahren kleine Fischerboote ab Lilia. Falls keines am Anleger liegt, kann man es bestellen: Tel. 98047309.

Unterwegs in der Ostbretagne

Zwei wehrhafte Städte bewachen den Eingang zur Bretagne: Vitré beherrschte schon im Mittelalter die Straße nach Paris, Fougères überwachte den Zugang zur Normandie. Die mächtige Burg von Fougères gehörte zu den größten Befestigungsanlagen in Europa und bestimmt auch heute noch das Stadtbild der malerischen »Ville de l'Art et l'Histoire«.

Die Hauptstadt Rennes ist eine gute erste Anlaufstation für den Bretagnebesuch. Die moderne Metropole mit über 200 000 Einwohnern ist kultureller und wirtschaftlicher Mittelpunkt des Landes, das Museé de Bretagne eine optimale Vorbereitung auf Land und Leute. Der malerische Altstadtkern und die vielen guten Restaurants geben einen Vorgeschmack auf kommende Urlaubsfreuden.

Nicht weit von der modernen Landeshauptstadt stößt man im Forêt de Paimpont auf die Spuren von Feen und Druiden. Im sagenhaften Zauberwald von Brocéliande lockt das Tal ohne Wiederkehr, in das die Fee Morgane ihre untreuen Liebhaber zu verbannen pflegte.

Früher erstreckte sich das Waldgebiet Argoat, in dem König Artus und seine Ritter den Heiligen Gral suchten, über die gesamte innere Bretagne. Heute kann man im schattigen Grün des verbliebenen Restwaldes romantische Spaziergänge machen – zum Beispiel zum Grab des Zauberers Merlin – und sich in urigen Landgasthöfen verwöhnen lassen (→ Routen und Touren).

Auf erste Spuren der Megalithkultur stößt man südöstlich von Rennes. Der Dolmen La Roche-aux-Feés bei Essé, 4 500 Jahre alt und mit über 40 Tonnen schweren Decksteinen, ist ein beeindruckendes Zeugnis des bretonischen Totenkults.

F3 Fougères

Fougères mit seinen 25 000 Einwohnern ist berühmt für seine mächtige Burg. Sie war jahrhundertelang eine der größten Wehranlagen in Europa. Elf Türme und 30 m hohe Mauern ragen auch heute noch trutzig und stolz am Ufer des Flusses Nançon empor. Ungewöhnlich ist die Lage. Die Burg wurde nicht wie üblich auf einem erhöhten Felsplateau gebaut, sondern zu Fü-

ßen der Stadt an einem Flußlauf. Der Bau der Anlage dauerte vom 12. bis zum 15. Jh.

Im Mittelalter war Fougères eine wichtige Handelsstadt für Segeltuch, später für Lederwaren, besonders Schuhe.

Im 19. Jh. wurde die Stadt vorübergehend zur Dichterheimat. Zuerst kam Balzac, später Victor Hugo, beide wollten hier einen Roman über die Zeit der Chouan-Bewegung (königstreue Gegenrevolutionäre) schreiben.

Tatsächlich gelang Balzac mit seinem Roman »Les Chouans« (1829) der literarische Durchbruch.

Nach dem Zweiten Weltkrieg siedelten sich neue Industriebetriebe u.a. für Elektronik und Chemie an, die Landwirtschaft wurde modernisiert. Heute ist Fougères einer der größten Handelsplätze (inclusive Schlachthof) für Rindvieh in der Europäischen Union.

Die Burg, jahrhundertelang eine der größten Wehranlagen in Europa, hat Fougères bekannt gemacht. Elf Türme ragen über 30 Meter hohe Mauern

Hotels

Balzac
15, rue Nationale
Tel. 99 99 42 46
20 Zimmer
2. Kategorie
Komfortables Hotel in zentraler Lage in der Fußgängerzone mit stilvoll möblierten Zimmern.

Grand Hôtel des Voyageurs
10, pl. Gambetta
Tel. 99 99 08 20, Fax 99 99 99 04
37 Zimmer
2. Kategorie
Großes Hotel im Zentrum der Oberstadt, komfortable Zimmer, zur Hauptstraße etwas laut.

Sehenswertes

Château de Fougères
15. Juni–15. Sept. tgl. 9 bis 19 Uhr; April–15. Juni 9.30 bis 12, 14–17.30 Uhr; 16 Sept. bis März 10–12, 14–16.30 Uhr
Eintritt 20 FF / 10 FF
Es werden auch deutsche Führungen angeboten.

Die Wuchtigkeit der Festungsanlage von Fougères erlebt man am besten und hautnah bei einem Rundgang außerhalb der alten Ringmauern, die hier 7 m dick sind. Trotzdem wurde die Burg im Lauf der Geschichte immer wieder von ihren Belagerern überrannt. Schuld daran war ihre außergewöhnliche Lage im Tal: Nach der Erfindung der weitreichenden Kanonenkugel bot der Fluß keinen Schutz mehr, und die Angreifer konnten ihr Ziel aus der Höhe in aller Ruhe aufs Korn nehmen. Die Schäden, vor allem im Innenhof, sind heute noch zu betrachten.

In einem der mächtigen Türme ist auf drei Stockwerken das Musée de la Chaussure (Schuhmuseum) untergebracht. Hier sind die ausgefallensten Schuhmodelle ausgestellt, die in den letzten drei Jahrhunderten in Fougères und dem Rest der Welt ersonnen wurden.

Essen und Trinken

Restaurant Le Saint-Pierre
4, rue des Prés
Tel. 99 99 05 50
3. Kategorie
Gemütliche Brasserie und Bar.
Restaurant Les Voyageurs
10, pl. Gambetta
Tel. 99 99 14 17, Fax 99 99 28 89
2. Kategorie
Gediegenes Ambiente, freundliche Bedienung, abends Tischbestellung ratsam.

Allgemeine Informationen

Auskunft
Office de Tourisme
1, pl. Aristide Briand
35300 Fougères
Tel. 99 94 12 20, Fax 99 99 42 41

Rindermarkt von Aumaillerie
An der Straße nach Alençon
Fr 6 – 10.30 Uhr
Augenweide für Frühaufsteher: Bis zu 10 000 Tiere.

Paimpont

Hier ist er also, der sagenumwobene Wald des Königs Artus, der Fee Morgane und des Zauberers Merlin: Brocéliande. Heute ist er auf der N 24 von Rennes aus problemlos in einer halben Stunde zu erreichen. Die Erwartungen jedoch, hier noch etwas von dem Geist der sagenhaften Tafelrunde der Ritter zu spüren, werden sich nur für besonders phantasievolle Zeitgenossen erfüllen. Die Zeit der Legenden ist längst vorbei. Der Himmel ist blau und freundlich, die Hortensienbüsche blühen in allen Farben. Aber dann, auf der kleinen Nebenstraße, die nach Paimpont führt, verschwindet plötzlich die Sonne. Ein schattiges Grün liegt über der Straße, rechts und links wuchern Farne, Laubbäume bilden ein hohes Blätterdach. Ein Rauschen liegt in der Luft, Sonnenstrahlen brechen nur mühsam durch das Gewirr der Äste und Blätter, Regentropfen glit-

zern. Wie war das mit Merlin, dem Zauberer? Hatte er nicht hier seine verliebten Treffen mit der Fee Viviane? Liegt nicht sein Grab hier irgendwo versteckt? Der Wald ist feucht, grün und schweigsam. Misteln wickeln sich um die hohen Stämme, Moos wächst bis zum Asphalt des Straßenrandes.

Dann taucht auf einer Lichtung im Wald Paimpont auf, ein verschlafenes kleines Dorf. Ein starker Kaffee und ein ebensolcher Calvados im Relais de Brocéliande am Rand des Ortes sind ein gutes Mittel gegen Geister aller Art. Das Dorf mit etwa 1 500 Einwohnern liegt romantisch an einem stillen Weiher. Lebhaft wird es nur im August, wenn die Touristen mit Booten über das ruhige Wasser schaukeln. Seinen Mittelpunkt erreicht man nur

Ein Rauschen liegt in der Luft, Sonnenstrahlen brechen nur mühsam durch die Zweige – hat sich nicht hier der Zauberer Merlin mit der Fee Viviane getroffen?

durch eine schmale Maueröffnung. Dahinter liegen schiefergedeckte Häuser, eine alte Abtei, in der heute der Bürgermeister seinen Amtssitz hat, und eine Kirche, deren Grundstein im 13. Jh. gelegt wurde.

Die erste Abtei des Ortes wurde bereits im 7. Jh. von König Judicael gegründet, der sich vom Herrscher der nördlichen Bretagne zum einfachen Mönch wandelte. Die immer wieder veränderte Abtei wurde während der Französischen Revolution stark zerstört. Sehenswert in der danebenliegenden Kirche ist ein kunstvoll aus Elfenbein geschnitzter Jesus aus dem 17. Jh.

Von Rittern und Feen Zauberer und Feen, Ritter, Könige und der Heilige Gral – die Gestalten und Symbole der Artussage sind im Wald von Brocéliande noch immer lebendig. Wanderer stoßen überall auf geheimnisvolle Spuren, die die Ritter der Tafelrunde von König Artus hier hinterlassen haben.

Die Artussage: Der junge Artus, Sohn des Königs Uther, besteigt mit Hilfe des Zauberers Merlin den englischen Thron. Artus war es gelungen, das Zauberschwert Excalibur aus einem Amboß zu befreien, eine Aufgabe, die nur ein rechtmäßiges Königskind erfüllen konnte. Artus hatte so seine Thronfolge entschieden.

England ist zu dieser Zeit ein von vielen Feinden bedrohtes Land. Aber Artus gelingt es mit Hilfe seines Zauberschwertes Excalibur, die Angreifer in die Flucht zu schlagen. Mit König Artus beginnt in England eine Zeit des Friedens. Artus regiert als König auf Schloß Camelot und ist glücklich mit Guinevra verheiratet. Der Zauberer Merlin, Ratgeber des Königs, übergibt Artus einen runden Tisch: Hier sollen sich in Zukunft zwölf ehrenhafte Ritter um den König versammeln, um mit ihm zusammen für den Frieden und gegen das Böse in der Welt zu kämpfen. Artus sucht und findet diese treuen Ritter, darunter Lancelot, Gawein, Iwein und Parzival. Als Ritter der Tafelrunde kämpfen sie für Gerechtigkeit und für den Sieg des Guten auf dieser Welt. Und sie suchen die Gralsburg, in der sich der Gral, das Symbol für das

Hotels

Man glaubt es kaum, daß in diesem verlassenen Fleckchen eine angenehme Unterkunft zu finden ist. Aber nach einer etwas komplizierten Fahrt über holprige Wege stößt man wie im Märchen auf ein wunderschönes Herrschaftshaus, von wildem Wein überwachsen.

Manoir du Tertre
Tel. 99 07 81 02, Fax 99 07 85 45
8 Zimmer
1. Kategorie
Einsam im Wald, 4 km südlich von Paimpont.
Hinter der Natursteinfassade warten acht stilvoll eingerichtete

Zimmer auf den Gast, das Restaurant wurde mit zwei Michelin-Sternen ausgezeichnet.

Relais de Brocéliande
35 380 Plélan-Le-Grand/Paimpont
Tel. 99 07 81 07, Fax 99 07 80 60
24 Zimmer
2. Kategorie
Am Ortseingang liegt dieses typisch bretonische Hotel mit Natursteinfassade, gemütlichem Garten und alten Bauernmöbeln in den Zimmern. Freundliche Atmosphäre, liebevoll eingerichtetes Restaurant mit großem Aquarium, ausgestopften Fasanen, lebendigem Papagei und alten Kronleuchtern. Gute Küche.

Gute im Menschen, befinden soll. Ein Platz in der Tafelrunde bleibt allerdings frei, es ist der Platz neben Artus, der dem edelsten Ritter aller Zeiten vorbehalten bleibt. Sollte dieser Ritter je gefunden werden, so weissagt der Zauberer Merlin, ist das Ende der Tafelrunde gekommen.

Tatsächlich zerfällt die Runde der Ritter, als Galahad, der Sohn Lancelots, erscheint, der später auch den Gral finden wird. Als erster flieht Lancelot aus der Tafelrunde. Er kann den Konflikt zwischen der Treue zu seinem König und der Liebe zu dessen Gemahlin nicht lösen. Das Unglück nimmt seinen Lauf. Artus muß ins Feld ziehen, einige Ritter der Tafelrunde sterben bei diesem Waffengang. Unterdessen bemächtigt sich Mordred, der Neffe von Artus, des Königsthrons und nimmt auch gleich die von Lancelot umworbene Königin mit in Besitz. Die Ritter kehren zurück und schlagen ihre letzte Schlacht um Thron und Königin. Sie verlieren. Der sterbende Artus, der bei seiner Rückkehr erst einmal seinen Neffen Mordred im Kampf tötet, dabei aber selbst tödlich verletzt wird, wird auf die Insel Avalon gebracht. Er wird hier so lange bleiben, bis ihn sein Freund und Berater Merlin mit seiner goldenen Zauberharfe wieder in diese Welt zurückruft. Sollte es jemals soweit sein, wird es weder Kriege noch Armut geben – und zu allem Glück erlangt die Bretagne dann auch ihre alte Größe und Bedeutung zurück.

Sehenswertes

Circuit de Brocéliande M

Der Rundweg zu den legendären Stationen des Zauberwaldes ist gut beschildert – grüne Dreiecke weisen den Weg. Man sollte sich jedoch auf jeden Fall in den Touristenbüros von Paimpont oder Plélan-le-Grand eine Routenbeschreibung für den ca. 50 km langen Circuit holen (→ Routen und Touren).

Rennes

In der Altstadt, rund um die lebhafte Place St-Anne, ist schon morgens Betrieb in den schummrigen Bars, Pizzerien und kleinen Restaurants. Junge Leute sitzen hier bei *Café au lait* und einer

> Der gute Tip M:
> **Circuit de Brocéliande**
> Das Grab des Zauberers Merlin entdecken, romantisch und stilvoll übernachten im Relais de Brocéliande. Für Wandermuffel: Die Museen und Geschäfte von Rennes liegen nur 35 km entfernt.

Zeitung, lehnen an der Theke, schwatzen miteinander. Es sind zwar Semesterferien, aber man merkt es trotzdem – Rennes,

Vermächtnis der Franken Die Hauptstadt der Bretagne war schon immer ein bedeutender Ort, obwohl sie geographisch eigentlich nicht zur ursprünglichen, weiter im Westen gelegenen Bretagne gehörte. Auch wurde hier nie Bretonisch gesprochen, sondern Gallo, ein französischer Dialekt.

Im fruchtbaren Flußbecken der Flüsse Ille und Vilaine siedelten sich im 3. Jahrhundert die Franken an, die zum Schutz gegen die feindlichen Bretonen eine mächtige Ziegelmauer um ihre Stadt errichteten. Doch im 11. Jahrhundert brach der Widerstand der Franken zusammen, die bretonischen Herzöge besiegten Karl den Kahlen, und Rennes fiel an die Bretagne. Die Stadt wurde zum Regierungssitz, bis das Land 1532 seine Unabhängigkeit verlor.

Die Geschichte der Stadt ist eng verbunden mit einigen berühmten Namen: Der bretonische Freiheitskämpfer du Guesclin kam 1337 zu einem Ritterturnier in die Stadt, das er natürlich mutig gewann, und nahm dann hier seinen Wohnsitz, den man noch heute besichtigen kann. Die junge Herzogin Anne de Bretagne wurde 1491 von Karl VIII. im wahrsten Sinn des Wortes in Rennes erobert: Der verliebte

Hauptstadt der Bretagne, ist eine junge Stadt. Über 50 000 Studenten gibt es hier, sie studieren an zwei Universitäten, an Fachhochschulen und am Forschungszentrum für Elektronik und Biotechnik.

Rennes hat keine Strände und keine spektakuläre Landschaft zu bieten, aber es ist das Zentrum für Kunst und Kultur in der Bretagne. Im Sommer lockt die Stadt die Besucher mit Musik-, Tanz- und Kinofestivals an. In ihren Werbebroschüren nennt Rennes sich »Kunststadt«, eine durchaus korrekte Bezeichnung, wenn man noch eine Attraktion dazurechnet: das größte regionale Kunstfestival Tombées de la Nuit (Musik, Tanz, Theater, Straßenkunst) in der ersten Juliwoche.

Auch die Wirtschaft hat Rennes als Standort entdeckt: Industriebetriebe, große Wohnblocks und Hochhäuser bestimmen das äußere Stadtbild, wenn man sich von Süden dem Zentrum nähert. Ein wichtiger Industriezweig sind Kommunikationstechniken. Citroën ging vor ein paar Jahren in die bretonische Hauptstadt und beschäftigt inzwischen 15 000 Mitarbeiter. Frankreichs größte Zeitung, »Ouest-France«, erscheint hier, und die Lebensmittelindustrie erlebt gerade einen neuen Boom.

Es gibt viele gute Restaurants, die preiswert und nicht von Touristen überlaufen sind. Außerdem einige Gourmet-Tempel, die eine Top-Küche in einer französisch-eleganten Umgebung bieten.

junge Mann belagerte die Stadt so lange, bis die Vorräte zur Neige gingen und die Angebetete ihm schließlich ihr Jawort gab.
Die Angliederung der Bretagne an die französische Krone tat der Bedeutung von Rennes keinen Abbruch. Handel und Wirtschaft gediehen prächtig. 1561 wurde die Stadt zum Sitz des bretonischen Parlaments, das sich bis heute bemüht, seine Unabhängigkeit gegenüber der Zentralregierung in Paris zumindest in Teilbereichen zu bewahren.
Schicksalsjahr 1720: Nicht nur von der Altersstruktur her, auch aus städtebaulicher Sicht ist Rennes eine junge Stadt. Nur im alten Stadtteil Les Lices sieht man noch die schiefen Fachwerkhäuser des Mittelalters. Ansonsten wandert man durch eine großzügig gebaute Stadt mit geraden Straßen und kühlen neoklassizistischen Häuserfassaden. Grund für dieses nüchterne Stadtbild ist eine Brandkatastrophe im Jahr 1720. Der Pariser Architekt Jean Gabriel baute die Stadt so repräsentativ wieder auf, wie es von einer Hauptstadt erwartet wurde. Große Verwaltungsgebäude mit grauen Schieferdächern und stolzen Säulengängen demonstrieren seither Macht und Strenge.

Hotels und andere Unterkünfte

Es gibt zahlreiche Hotels, deren Ausstattung von einfach bis zur gehobenen Mittelklasse reicht. Die meisten liegen in Bahnhofnähe oder südlich der Vilaine.

Hotel Altéa
Parc du Colombier
Tel. 99 29 73 73, Fax 99 30 06 30
140 Zimmer
2. Kategorie
Ruhig, komfortabel, 5 Min. bis Bahnhof und Zentrum.

Hotel Anne de Bretagne
12, rue Tronjolly
Tel. 99 31 49 49, Fax 99 30 53 48
42 Zimmer
1./2. Kategorie
Eines der besten Hotels der Stadt, sehr guter Service, komfortable Zimmer, einige nicht immer ganz ruhig.

Hotel Garden   e4
3, rue Duhamel
Tel. 99 65 45 06, Fax 99 65 02 62
24 Zimmer
3. Kategorie
Gemütliche Atmosphäre, romantischer Innenhof, Zimmer zum Teil mit Balkon.

Hotel Germinal
9, cours de la Vilaine, an der Straße von Cesson-Sévigné, 6 km außerhalb von Rennes
Tel. 99 83 11 01, Fax 99 83 45 16
19 Zimmer
1. Kategorie
Romantik pur in einer alten Mühle, ruhig mit schöner Aussicht von Speisesaal und Terrasse.

Au Rocher de Cancale   c2
10, rue St-Michel
Tel. 99 79 20 83
5 Zimmer
2. Kategorie

Ein altes Fachwerkhaus in der Altstadt. Wer abends nur drei Schritte von der Bar ins Bett gehen will, ist hier genau richtig. Einfache, aber gemütliche Zimmer.

Camping
Camping Municipal des Gayeulles
Parc des Bois
Tel. 99 36 91 22
Der Platz liegt ca. 3 km außerhalb des Stadtzentrums in einem Naherholungsgebiet, ab Rue de Paris Buslinie 3 Richtung St-Laurent.

Sehenswertes

b3 **Cathédrale St-Pierre**
Rue de la Monnaie
Die alte Kirche aus dem 12. Jh. wurde Opfer des großen Feuers von 1720, nur die beiden halbierten Türme stammen noch aus früheren Zeiten. Die Restaurierung der heutigen Kathedrale wurde 1844 fertig, ein klassizistischer Kolossalbau, der im Innern dunkel und abweisend wirkt. Sehenswert aber ist der vergoldete flandrische Schnitzaltar aus dem 16. Jh. in der Seitenkapelle vor dem rechten Querschiff.

c3 **Hôtel de Ville** und **Théâtre**
Pl. de la Mairie
Das barocke Rathaus mit dem dicken Glockenturm und den beiden Pavillons wurde 1734 nach Entwürfen des Architekten Jacques Gabriel gebaut. Der Rundbau des Theaters gegenüber entstand 1831 im neoklassizistischen Stil.

Palais de Justice c2/
Pl. du Palais
In dem imposanten Gebäude, das 1665 fertiggestellt wurde, tagte das bretonische Parlament zum ersten Mal: in der Grande Chambre, einem 20 m langen und 10 m breiten Saal. Die Architekten hatten den Auftrag, ein Symbol bretonischer Unabhängigkeit zu schaffen. Sie statteten es mit der Üppigkeit der italienischen Renaissance aus. Vergoldete Täfelungen, verspielte Schnitzereien und und eine mit dekorativen Gemälden geschmückte Kassettendecke zeugen von Reichtum und Selbstbewußtsein der bretonischen Parlamentarier. Zur Finanzierung des Palastes wurde allerdings auch das Volk zur Kasse gebeten, durch eine Sondersteuer auf Alkohol. Die neueren Wandteppiche (Anfang 20. Jh.) erzählen die Geschichte der Bretagne. Auf einem ist die Hochzeit der Königin Anne de Bretagne mit dem französischen König Karl VIII. dargestellt. Das imposante Gebäude mußte renoviert werden – aufgebrachte Fischer hatten hier 1994 einen Brand gelegt, um gegen die Fischereizonen und die Politik der Europäischen Union zu protestieren.

Museen

Musée de Bretagne M
20, quai Emile Zola
Mi–Mo 10–12, 14–18 Uhr

Eintritt pro Abteilung 15 FF/ 7,50 FF

Hinter der strengen Fassade des Museums, direkt am Ufer der Vilaine, verbirgt sich ein touristisches Muß, wenn man sich gründlich und umfassend auf Geschichte und Kultur der Bretagne einstimmen möchte. Das zweigeteilte Museum, dessen beide Teile – heimatkundlicher Teil und Abteilung für Bildende Kunst – man auch getrennt besichtigen kann, bietet eine umfangreiche Präsentation kultureller Schätze. Hier wird den Besuchern die bretonische Kultur übersichtlich kommentiert (allerdings nur auf Französisch). Trachten und Spitzenhauben, Grabbeigaben aus Hügelgräbern, Gebrauchsgegenstände und Möbelstücke – ein Gang durch viele Jahrhunderte bretonischer Geschichte.

Eine Ton-Dia-Show bietet zusätzliche Informationen.

Im 2. Stock des ehemaligen Universitätsgebäudes werden Gemälde, Zeichnungen und Keramiken präsentiert. Das Musée des Beaux-Arts zeigt Kunst vom 14. Jh. an, insgesamt über 1 000 Gemälde, 3 000 Zeichnungen und 300 Skulpturen. Die Säle sind nach Jahrhunderten und Schulen geordnet. Besonders interessant für den Bretagnebesucher sind die Künstler von Pont-Aven, die hier mit Gauguin, Bernard und Sérusier vertreten sind. In einem Raum sind nur Gemälde mit bretonischen Motiven ausgestellt.

Ecomusée du Pays de Rennes
La Bintinais
Route de Châtillon-sur-Seiche
April–Okt. Mi–Mo 14 bis 19 Uhr; Nov.–März 14–18 Uhr
Eintritt 20 FF/10 FF

Auf einem ehemaligen Landgut südlich von Rennes kann man

Der gute Tip M:
Musée de Bretagne
Eine sehr gute und umfangreiche Präsentation von Werken aus prähistorischer Zeit bis ins 20. Jh.

ein historisches Bauernhaus mit Exponaten zu den Themen Architektur und Umwelt von 1600 bis heute besichtigen. Außerdem erfährt man anschaulich, wie das Nationalgetränk der Bretonen, der Cidre, hergestellt wird.

Essen und Trinken

In der Hauptstadt der Bretagne abends essen zu gehen gehört zu den besonderen Vergnügen: Die Auswahl unter den über 200 Restaurants und Crêperien fällt schwer, aber man kann eigentlich nichts falsch machen. Auch die einfachen Gaststätten bieten eine schmackhafte Küche, die nicht eigens zum Abkassieren der Touristen eingerichtet ist, sondern eben auch den Bretonen schmecken muß.

Auberge St-Sauveur M b3
6, rue St-Sauveur
Tel. 99 79 32 56
Sa mittag und So geschl.
2. Kategorie

»Restaurant avec caractère«, das St-Sauveur ist eines der schönsten in Rennes in einem Fachwerkhaus aus dem 15. Jahrhundert

Ein Restaurant mit *caractère*: In einem restaurierten Fachwerkhaus aus dem 15. Jh. wird bretonische Küche serviert.

d3 **Crêperie La Sarrazine**
30, rue St-Georges
Tel. 99 38 87 54
So geschl.
3. Kategorie

In der ältesten Crêperie der Straße gibt es als besondere Spezialität Galettes mit Camembert. Man sitzt im rustikalen Innenraum oder auf der Terrasse.

c1 **Le Corsaire**
52, rue d'Antrain
Tel. 99 36 33 69
So geschl.
1./2. Kategorie

Elegantes Ambiente mit blumigem Dekor, dazu eine ausgezeichnete traditionelle bretonische Küche mit Fisch in allen Variationen. Ein Michelin-Stern.

Mirage American Pizza
10, pl. Ste-Anne
Tel. 99 79 34 20
Mo geschl.
3. Kategorie

Eine witzige Mischung aus Mittelalter und Neuzeit: Hinter historischer Fassade gibt es coole Neonatmosphäre, Riesenpizzas für mehrere Personen und amerikanische Longdrinks.

Restaurant Du Palais c3
7, pl. du Parlement de Bretagne
Tel. 99 79 45 01
So abends und Mo geschl.
1. Kategorie

Mit mehreren gastronomischen Preisen (u. a. ein Michelin-Stern) ausgezeichnetes Restaurant.

Hier kochen Spitzenköche Spezialitäten der Saison: z. B. Taschenkrebse mit Bandnudeln und frischen Kräutern.

Restaurant Le Piré
23, rue du Maréchal-Joffre
Tel. 99 79 31 41
So geschl.
1. Kategorie
Absolute Top-Adresse für Gourmets, im Michelin mit einem Stern gewürdigt.

Ti Koz M
3, rue St-Guillaume
Tel. 99 79 33 89
So geschl.
2. Kategorie
Das 2. Restaurant mit *caractère* in Rennes. Auch hier speist man in mittelalterlichem Ambiente, am besten Meeresfrüchte. Das Haus zählt zu den Sehenswürdigkeiten der Stadt – im Mittelalter wurde auf seinen Grundmauern das Wohnhaus des berühmten Volkshelden Bertrand du Guesclin gebaut, der als Freiheitskämpfer des 14. Jh. in die Geschichte einging. Bei gegrilltem Hummer darf hier vor flakkerndem Kaminfeuer an vergangene Zeiten gedacht werden.

Einkaufen

Rennes ist eine Großstadt mit über 200 000 Einwohnern, und entsprechend umfangreich ist das Warenangebot. Wie in jeder Großstadt gibt es auch hier die teuren Boutiquen mit internationaler Designermode neben den preiswerten Kaufhausketten. Wer etwas typisch Bretonisches

aus dem Bereich Kultur sucht, wird bei Breizh (17, rue du Penhoet) fündig. In dem Geschäft mit dem bretonischen Namen für die Bretagne gibt es Bücher, CDs und Kassetten mit keltischbretonischen Inhalten.

> Der gute Tip M:
> **Auberge St-Sauveur S. 111**
> **Ti Koz**
> Eine unabhängige gastronomische Kommission verleiht den Titel »Restaurant avec caractère«, wenn Ambiente und Speiseangebot besonderen Anforderungen entsprechen. Zwei davon gibt es in Rennes: das Ti Koz und die Auberge St-Sauveur.

Am Abend

Rennes ist eine Studentenstadt, und abends werden hier, im Gegensatz zu den meisten anderen bretonischen Städten, die Bürgersteige ziemlich spät hochgeklappt. Treffpunkt ist die Altstadt, rund um die Rue St-Michel. Hier sitzt man im Sommer natürlich draußen.

Surcouf e6
13, pl. de la Gare
Ein Selbstbedienungsrestaurant, in dem man fast rund um die Uhr gut und preiswert essen kann.

Le Pyms Club c6
27, pl. du Colombier
Eine große Diskothek mit drei Sälen, wo an einigen Wochentagen das Publikum mit Karaoke selber für Stimmung sorgt.

e5 **Théâtre National de Bretagne**
Av. Jean-Javier/Ecke Rue
St-Hélier
Aug. geschl.
Tel. 99 31 55 33
Zahlreiche Veranstaltungen in
drei Sälen.

Allgemeine Informationen

c4 **Auskunft**
Office de Tourisme
Pont de Nemours
B.P. 25 33
35000 Rennes
Tel. 99 79 01 98, Fax 99 53 31 38

Feste/Pardons
Tombées de la Nuit
1. Juliwoche
c6 *Auskunft und Kartenverkauf:*
8, pl. du Maréchal-Juin
Tel. 99 30 38 01
Ein kulturelles Großereignis.
Folklore, Tanz, Theater auf vielen Bühnen.

Markt
Samstag vormittag auf der Place
des Lices findet einer der größten
Märkte Frankreichs statt.

Ort in der Umgebung

E3 **Hédé**
In Hédé, rund 25 km nördlich
von Rennes, kann man die Wan-
derschuhe auspacken: Ein romantischer Treidelpfad entlang
des *Ille-Rance-Kanals* führt
durch eine stille Landschaft und
an elf Schleusen vorbei.

Kinder
Parc Ornithologique
Tgl. 10–12, 14–19 Uhr
Eintritt 20 FF/10 FF
12 km südlich von Rennes, in
Bruz, krächzen und zwitschern
mehr als 1 000 Vögel, zum größten Teil exotischer Herkunft.
Auch eine Ausflugsidee, wenn
die Kinder beim Stadtbummel
streiken.

Vitré

Ein Städtchen wie aus dem Bil-
derbuch: vom *Tertre Noir*, dem
schwarzen Hügel, blickt man auf
die Silhouette eines Märchen-
schlosses. Unzählige runde
Türmchen mit spitzen Dächern
ragen in den Himmel, darunter
fließt ruhig das Wasser der Vilaine. Vitré hatte Glück in seiner
jahrhundertealten Geschichte:
Es wurde nie zerstört und bietet
heute eines der schönsten mittelalterlichen Stadtbilder in der
Bretagne.
In den engen Gassen der lebhaften kleinen Stadt mit ihrem alten
Kopfsteinpflaster reihen sich Cafés und Geschäfte aneinander,
angeboten werden vor allem Lederwaren und Kunsthandwerkli-
ches. Die Phasen des Wohlstands
vergangener Jahrhunderte spürt
man auch heute noch, wenn man
zwischen den schönen Fachwerkhäusern mit ihren holzge-
schnitzten Figuren und reichge-
schmückten Eingangsportalen
spazierengeht. Vitré liegt ca.
35 km östlich von Rennes.

Im Mittelalter war die Stadt eine der wichtigsten Grenzfesten der bretonischen Herzöge und ein bedeutendes Handelszentrum für Tuchwaren.

Hotels

Hotel du Château
5, rue Rallon
Tel. 99 74 58 59
15 Zimmer
3. Kategorie
Direkt unterhalb des Schlosses am Stadtwall mit gut ausgestatteten Zimmern.

Hotel Perceval
10 km auf der E 50 in Richtung d'Erbrée
Tel. 99 49 49 99, Fax 99 49 30 22
48 Zimmer
2. Kategorie
Einige Zimmer sind behindertenfreundlich.

Felder ziehen sich bis zum Ortsrand hin. Wer näher kommt, entdeckt in Vitré ein Bilderbuchdorf mit einem Märchenschloß

Hotel le Petit-Billot
5, pl. Maréchal Leclerc
Tel. 99 75 02 10, Fax 99 74 72 96
22 Zimmer
2. Kategorie
Bürgerliches Hotel in der Nähe des Bahnhofs, Zimmer mit unterschiedlicher Ausstattung.

Sehenswertes

Die Altstadt
Einen Spaziergang durchs Mittelalter kann man zwischen Schloß und Kirche Notre-Dame unternehmen. Die schönsten Fachwerkhäuser stehen in der Rue Beaudrairie, der Rue d'Embas und der Rue Poterie. Gut restaurierte Fassaden mit ge-

115

schnitzten Giebeln, geschmückt mit roten Geranien.

Chateâu und Museum
Juli–Sept. tgl. 10–12.30, 14–18.30 Uhr; April–Juni Di geschl.
Eintritt 18 FF / 10 FF

Schon im 11. Jh. wurde der Grundstein für die Burg auf dem Felshang über der Vilaine gelegt. Von dieser alten romanischen Anlage sind heute jedoch nur noch ein paar Reste im Burghof zu sehen. Zu einer Wehrburg mit repräsentativem Charakter wurde die Festung im 14. und 15. Jh. ausgebaut. Der Besucher kommt über eine Zugbrücke in den Innenhof mit einem ungewöhnlichen dreieckigen Grundriß. Auf der linken Seite steht der mächtige Bergfried, sieben Türme ragen aus dem Mauerwall empor. Empfehlenswert ist ein Spaziergang über die mächtige Burgmauer.

Das Museum verteilt sich auf drei Türme des Schlosses. Ausgestellt werden alte Gobelins, Möbelstücke und Gemälde. Im dritten Turm sakrale Kunst. Außerdem kann man in einem Raritätenkabinett über ausgestopfte Frösche und Riesenschlangen staunen.

Essen und Trinken

Le Pichet
17, bd. Laval
Tel. 99 75 24 09
16.–28. Aug., Sa mittag und So geschl.
1./2. Kategorie

Romantisches Ambiente im Garten, freundliche Bedienung und exquisites Essen, zu empfehlen die lokalen Spezialitäten.

Taverne de l'Ecu
12, rue Baudrière
Tel. 99 75 11 09
So und Mo geschl.
2. Kategorie

Stilvoll essen in einem Fachwerkhaus aus dem 16. Jh.

Allgemeine Informationen

Auskunft
Promenade de Tourisme
Place St-Yves
35500 Vitré
Tel. 99 75 04 46

Orte in der Umgebung

Château des Rochers-Sévigné
Tgl. 10–12, 14–18 Uhr
Eintritt 18 FF / 10 FF

Mitten in einem Wald mit Nußbäumen und Buchen, 6 km südöstlich von Vitré an der D 88 liegt das Schloß der Marquise de Sévigné, die durch ihre spöttischen Briefe bekannt wurde. Sie machte sich gerne über die Gesellschaft im 17. Jh. lustig. Das Schloß aus dem 15. Jh. ist umgeben von einer Gartenanlage, die der berühmten Landschaftsarchitekt Le Nôtre im 17. Jh. gestaltete.

Golf des Rochers
Tel. 99 96 52 52
18 Bahnen, par 71

Einer der schönsten Golfplätze der Bretagne liegt direkt beim Schloß Sévigné.

Vitré,
Orte in der Umgebung, Château des
Rochers-Sévigné, Golf des Rochers

Unterwegs in der Südbretagne

Hügelige Dünen sinken langsam ins Meer und prägen das ruhige Landschaftsbild des Südens. Lange weiße Sandstrände ziehen im Sommer Badelustige und Surfer an, mittelalterliche Städte locken mit uralten Fachwerkhäusern, mit Museen und spektakulären Festivals.
Der Golfe du Morbihan mit seinen vielen grünen Inselchen und der zerfransten, flachen Küstenlinie, mit den Austernparks und der fast mediterranen Vegetation gehört zu den landschaftlich interessantesten Gebieten des Südens. Auf einem 120 Kilometer langen Küstenpfad kann der Golf zu Fuß umwandert werden. Zahllose Vögel leben und überwintern hier in einem einmaligen Naturreservat.
Tief im Süden der Bretagne ist die Landschaft sanft und das Klima mild. Mimosen blühen im Februar, die Rhododendronbüsche schon im April.
Touristenattraktion Nummer eins sind die Dolmen und Menhire von Carnac, die sich in endlosen Reihen durch die Ginsterlandschaft ziehen und deren Herkunft immer noch nicht endgültig geklärt ist. Auch die Region rund um den Golf von Morbihan ist reich an prähistorischen Monumenten – uralte Fürstengräber und gigantische Menhire erzählen vom Totenkult einer unbekannten Urbevölkerung.
In der Stille der von Kanälen durchzogenen Brière-Landschaft bleibt die Hektik des Alltags zurück, im zweitgrößten Naturreservat der Bretagne ist man mit der Natur allein.
Einmalig in der Bretagne sind auch die Salinen auf der Halbinsel Croisic: Tausende von flachen Wasserbecken, bei Flut vom Meer überspült, mit den aufgehäuften weißen Kegeln der kostbaren *Fleur du sel*, der Salzblume.

Kunst auf Keksdosen

Im südwestlichen Zipfel des Landes wohnen die angeblich dickköpfigsten Bretonen im Pays Bigouden. Die sandigen Strände der Westküste sind die längsten der Bretagne – und die einsamsten. Ausnahme: An der Pointe de la Torche im Süden treffen sich die Funboardsurfer aus aller Welt. Nirgendwo kann man besser in den anrollenden gewaltigen Wellen um die Wette surfen. Wichtigster Erwerbszweig ist der Fischfang, an der Südwestküste reiht sich ein kleines Fischerdorf ans nächste. Seltener Blickfang im Landesinnern: Riesige Tulpenfelder färben hier das Bigoudenland rot und gelb – die mittlerweile äußerst lukrative Idee eines bretonischen Holland-Fans.
Kulinarische Köstlichkeiten der Region: Austern aus dem Golfe du Morbihan, *thon au riz, carottes et vin blanc* (Thunfisch mit Reis, Karotten und Wein) in Concarneau und besonders guter Cidre aus der Gegend um Fouesnant und Beg-Meil.

117

B4 Pont-l'Abbé

Hier ist man mittendrin im Bigoudenland. Auf der Halbinsel zwischen der Bucht von Audierne und der Mündung der Odet haben sich die bretonische Lebensart und ihre Sprache bis heute am besten erhalten. Berühmt wurden die hohen Hauben der Frauen, die Bigouden, die allerdings heute nur noch zu einigen Festen und den *pardons* getragen werden. Die Bewohner des flachen Landes mit seinen Äckern und den vielen kleinen Fischereihäfen stehen in dem Ruf, die bretonischsten der Bretonen zu sein: eigensinnig, unabhängig, stolz und traditionsbewußt.

Pont-L'Abbé war einst die Hauptstadt des reichen Pays Bigouden und Zentrum der wirtschaftlichen und politischen Macht. Den Namen erhielt die Stadt von einem Abt, der im 12. Jh. die erste Brücke über den Fluß bauen ließ. Heute ist Pont-L'Abbé eine ruhige Kleinstadt mit 8000 Einwohnern, aber einer bewegten Vergangenheit.

Hotels

Château de Kernuz
Route de Penmarc'h
Tel. 98 87 01 59, Fax 98 66 02 36
18 Zimmer
1. Kategorie
1 km südlich der Stadt liegt dieses schöne kleine Manoir aus dem 16. Jh. Großes Parkgelände und beheiztes Schwimmbad, nobel eingerichtete Zimmer.

Hotel/Restaurant Breizh Armor
Penhors-Plage, Pouldreuzic
Tel. 98 51 52 53, Fax 98 51 52 30
23 Zimmer
2. Kategorie
Einsam am Strand, ca. 20 km von Pont-l'Abbé entfernt, liegt dieses moderne Hotel, mit drei Logis-de-France-Kaminen dekoriert. Sehr gut auch für Seminarreisen geeignet – große Konferenzräume. Ausgezeichnete Küche und günstige Halbpensionspreise.

Hôtel de Bretagne
24, pl. de la République
Tel. 98 87 17 22, Fax 98 82 39 21
20 Zimmer
2. Kategorie
Gepflegtes Hotel in zentraler Lage, gutes Restaurant.

Hôtel du Lion d'Or
32, rue Général-de-Gaulle
Tel. 98 87 01 60
16 Zimmer
3. Kategorie
An der Hauptstraße Richtung Loctudy, ordentliche Zimmer.

Sehenswertes

Maison du Pays Bigouden
D 2 Richtung Loctudy, ca. 3 km von Pont-l'Abbé
Mo–Sa 10–12, 15–18.30 Uhr
Eintritt 12 FF/6 FF
In einem früheren Gutshof, der im bretonischen Stil der 20er Jahre restauriert wurde, kann man sich einen Einblick in das bäuerliche Leben im Bigoudenland um die Jahrhundertwende verschaffen.

Pont-l'Abbé, Orte in der Umgebung,
Château de Kérazan,
Notre-Dame-de-Tronoën, Penmarc'h

Museum

Château/Musée Bigouden
Rue Jean-Jaurès
Mo–Sa 9–12, 14–18.30 Uhr
Eintritt 12 FF/6 FF
Im 12. Jh. bauten die Barone du
Pont eine Festung direkt am
Fluß, die dann im Lauf der Jahr-
hunderte mehrfach Besitzer und
Aussehen veränderte. Heute sind
in dem trutzigen Schloß die
Stadtverwaltung und das Ver-
kehrsamt untergebracht.
Im Bigoudenmuseum im mittel-
alterlichen Donjon werden Ge-
schichte und Volkskunst des
Pays Bigouden gezeigt. In der
2. Etage sind alle Variationen der
berühmten *Coiffe-Bigoudène*,
der hohen Spitzenhaube, ausgestellt und erläutert.

Essen und Trinken

Relais de Ty-Boutic
Juli/Aug. Mo geschl., sonst Di
abend und Mi
Tel. 98 87 03 90, Fax 98 87 30 63
2. Kategorie
Schönes Gartenrestaurant mit
regionaler Küche und Büffet.

Allgemeine Informationen

Auskunft
Office de Tourisme
Das Touristikbüro für das Pays
Bigouden liegt am Ortseingang
von Pont-l'Abbé.
Maison du Tourisme
B.P. 41
29120 Pont-l'Abbé
Tel. 98 82 30 30, Fax 98 82 32 18

Fest
Juli, 2. So
Fête des Brodeuses
Beim Fest der Stickerinnen und
Spitzenklöpplerinnen sieht man
vor allem die berühmten hohen
Spitzenhauben und kunstvoll be-
stickte Trachten.

Orte in der Umgebung

Château de Kérazan   B4
2 km außerhalb an der D 2
Richtung Loctudy
Mi–Mo 10–12, 14–18 Uhr
Eintritt 25 FF/10 FF
In einem wunderschönen großen
Park liegt dieses Schloß, das zwischen dem 16. und 18. Jh. erbaut
wurde. Der alte Adelssitz beherbergt unter anderem eine Sammlung von Gemälden bretonischer
Maler und kostbare alte Fayencen aus Quimper.

Notre-Dame-de-Tronoën   A4
Von Pont-l'Abbé Richtung
Pointe de la Torche
Der älteste Kalvarienberg der
Bretagne versteckt sich hier in
einsamer Landschaft. Die rund
100 Figuren wurden bereits
1450 aus dem groben Granitklotz geschlagen. Der zum Teil
stark verwitterte *Calvaire* hat
dennoch – oder gerade deshalb –
eine große Ausdruckskraft.

Penmarc'h   A4
Unmittelbar hinter der Pointe de
Penmarc'h liegt der Verwal-
tungsort mit seinen 6600 Einwohnern. Im Ortsteil Kérity

Die Schule von Pont-Aven Maler aus aller Welt hatten den kleinen Ort in der Bretagne schon 1860 entdeckt und ließen sich dort von der Landschaft, von Trachten und bretonischer Lebensweise inspirieren. Aber erst Paul Gauguin machte den Ort weltberühmt. Der Schüler Pissarros, der bis zu seiner Ankunft 1886 zu den Impressionisten gezählt wurde, entwickelte hier einen eigenen Stil, den »synthetischen Expressionismus«. Kennzeichen dieses Malstils sind vor allem die extreme Farbigkeit und die deutlich voneinander abgegrenzten Farbflächen.

Eine Gruppe junger Künstler, darunter Paul Sérusier, Emile Bernard und Charles Laval, arbeitete und lebte einige Jahre mit Paul Gauguin zusammen. Ihre neue, unverkennbare Malweise wurde später als Schule von Pont-Aven (Ecole de Pont-Aven) berühmt.

Während seiner Zeit in Pont-Aven malte Gauguin u. a. »Bretonischer Bauernhof«, »Ernte in der Bretagne«, und »Betende Bretonin«. Was er in der Bretagne suchte und fand, schrieb Gauguin in einem Brief:

steht unübersehbar ein düsteres Monstrum: der Leuchtturm Phare d'Eckmühl, benannt nach einem General Napoleons und beeindruckende 65 m hoch. 307 Stufen führen auf das granitene Bauwerk hinauf und können täglich von 10–12 und 14.30 bis 17.30 erklettert werden.

Sehenswert ist auch die gotische Kapelle St-Nonna (1508) im Zentrum des Ortes.

B4 Pont-Aven

Von einem glücklichen Zufall vor über 100 Jahren profitiert Pont-Aven noch heute. Damals (1886) kam der Maler Paul Gauguin bei seinen Streifzügen durch die Bretagne in diesen kleinen Ort, in dem schon einige Malerfreunde ihre Sommer verbrachten. Er blieb drei Jahre, malte

und diskutierte mit ihnen in der Pension Gloanec, die heute die Maison de la Presse beherbergt. Es war wohl nicht die anmutige Schönheit des Städtchens, die die Maler in ihren Bann zog, sondern eher die Tatsache, daß sie hier einen »kleinen und billigen Ort« gefunden hatten, wie es in einem Brief an Gauguin zu lesen ist. Aber die Wahl war nicht schlecht: Schon damals war Pont-Aven ein lebhafter Ort mit vielen Hotels und Gaststätten, mit einem Hafen, zahlreichen Mühlen am romantischen Fluß Aven und nicht zuletzt dem Bois d'Amour, dem Liebeswäldchen. Bei einem Spaziergang am Fluß, der sich durch riesige Steinblöcke quält, und durch den Liebeswald mit seinem flirrenden Licht ahnt man, was die Maler hier inspiriert haben mag.

Heute scheint die Quelle, aus der

»Wenn meine Holzschuhe auf den granitenen Boden aufschlagen, höre ich jenen dunklen und kräftigen Laut, den ich in der Malerei suche.«
Der Maler mußte 1889 die Stadt aus finanziellen Gründen verlassen und nach Le Pouldu an die Küste ziehen. Doch der zivilisationsmüde Gauguin fand in der Bretagne nicht das naturverbundene Leben, nach dem er sich sehnte, außerdem plagten ihn heftige Geldsorgen. 1891 verließ er Frankreich, um in der Südsee nach Einfachheit und Ursprünglichkeit zu suchen. In der farbenfrohen Landschaft Polynesiens malte er seine bekanntesten Bilder. Zwei Jahre später kam er noch einmal nach Pont-Aven zurück, doch die Stadt und seine Freunde waren ihm fremd geworden. Bei einer Prügelei brach er sich ein Bein und mußte so zwangsweise noch länger in der Bretagne bleiben. 1895 verließ er das Land endgültig. Gauguin starb 1903 mit 55 Jahren auf der Insel Hiva Oa. Als letztes Bild malte er eine bretonische Winterlandschaft.

die Künstler schöpfen, eher materialistischer Art zu sein, unzählige Galerien warten auf zahlungskräftige Touristen. Die Zeiten Gauguins sind vorbei, an den Wänden hängt mehr Kitsch als Kunst.
Noch einen weiteren berühmten Gast beherbergte die Stadt Anfang des Jahrhunderts: Der bretonische Dichter und Liedermacher Théodore Botrel organisierte hier 1905 das erste Folklorefest – zu Ehren des Ginsters – in der Bretagne. Er ließ sich im Alter in Pont-Aven nieder und wird durch eine Statue am Hafen geehrt.

Hotels und andere Unterkünfte

Ajoncs d'Or
1, pl. de L'Hôtel-de-Ville
Tel. 98 06 02 06, Fax 98 06 18 91
24 Zimmer
2./3. Kategorie

Zentral gelegenes, älteres Gebäude, Logis-de-France-Mitglied, Zimmer mit unterschiedlicher Ausstattung.
Hostellerie de Rosmadec/Moulin de Rosmadec
Venelle de Rosmadec
Tel. 98 06 00 22, Fax 98 06 18 00
4 Zimmer
1. Kategorie
So abend und Mi geschl.
Versteckt in romantischer Lage direkt am Fluß liegt diese umgebaute alte Wassermühle. Stilechtes Ambiente, das Restaurant ist ausgezeichnet. Die Küche ist auf Fisch und Krustentiere spezialisiert. Ein Geheimnis bleibt die Hummerzubereitung.

Camping
Camping Le Spinnaker
4 km südlich von Pont-Aven
Tel. 98 06 01 77
April–Nov.

Sehr gut ausgestatteter Viersterneplatz auf einem 15 ha großen Gelände. 320 Stellplätze.

Sehenswertes

Bois d'Amour
Ca. 1 Std. dauert der Spazierweg durch den Bois d'Amour. Hier ließen sich die Maler des 19. Jh. inspirieren. Oberhalb des Liebeswaldes steht die Chapelle de Trémalo. Wer auf Gauguins Spuren wandeln will, darf einen Besuch nicht versäumen: Die hölzerne Christusfigur in der Kapelle diente dem Maler als Vorbild für seinen »Gelben Christus«. Gute Pläne zu den verschiedenen Spazierwegen gibt es im Office de Tourisme (→ Auskunft).

Nizon
Noch eine Station für Gauguin-Pilger: 3 km westlich von Pont-Aven liegt der beschauliche Ort Nizon mit seiner Pfarrkirche aus dem 16. Jh. Davor ein *Calvaire*, dessen Pietàgruppe Gauguin 1889 zu seinem »Grünen Christus« inspiriert hat.

Museum

Musée de Pont-Aven
Pl. de l'Hôtel de Ville
Ende März–Anfang Jan. tgl.
10–12.30, 14–19 Uhr
Eintritt 25 FF/10 FF

Außen und Innen des immer sehr gut besuchten Museums erinnern architektonisch vage an ein skandinavisches Ferienhaus. Aber in dem 1986 eröffneten Gebäude hängen durchaus hochka-

rätige Kunstwerke – wenn auch oft nur als Leihgabe –, vorwiegend von Künstlern der Schule von Pont-Aven und von regional bekannten Malern. Sehenswert sind die Fotodokumente, die Szenen aus dem Leben Gauguins und anderer bretonischer Künstler zwischen 1860 und 1940 zeigen. Eine Diashow informiert über die Malergruppe der Schule von Pont-Aven.

Essen und Trinken

La Taupinière
4 km auf der D 783 Richtung Concarneau
Tel. 98 06 03 12, Fax 98 06 16 46
Mo abend und Mi geschl., Juli und Aug. durchgehend geöffnet
1. Kategorie

Gartenrestaurant der Spitzenklasse. Spezialitäten: Frikassee von Langustinen, Makrele mit Austern und zum Nachtisch selbstgemachtes Pistazieneis.

Einkaufen

Die Spezialität des Ortes heißt *Traou Mad* und ist köstliches Buttergebäck, dekorativ verpackt in wunderschöne Blechdosen, möglichst mit Gauguin-Motiven bemalt. Besonders stilvoll kauft man es im historischen Haus an der Steinbrücke, die dem Ort seinen Namen gab.

La Boutique
Pl. de l'Hôtel de Ville
Bunte Blechdosen, schöne Flaschen und bretonische Leckereien.

Allgemeine Informationen

Auskunft
Office de Tourisme
5, pl. de l'Hôtel de Ville
29930 Pont-Aven
Tel. 98 06 04 70, Fax 98 06 17 25

Feste
Pardon von Trémalo
Letzter Julisonntag
Wallfahrt in landestypischen Trachten.
Das Stechginsterfest, La Fête des Ajoncs d'Or
Letzter Augustsonntag

Orte in der Umgebung

Le Faouët
35 km Richtung Quimperlé
Mitten im hügeligen Waldgelände liegt das verschlafene Ört-

Traou Mad – das ist köstliches Buttergebäck, schön verpackt in Dosen, die mit Gauguin-Motiven geschmückt sind

chen Le Faouët (3 000 Einwohner). Touristisch attraktiv wird die ländliche Idylle durch die vielen Wallfahrtskapellen, die auf schattigen Waldwegen zu erreichen sind. Berühmt geworden ist die Chapelle St-Fiacre, etwas südlich von Le Faouët gelegen. Der farbenprächtige Holzlettner ist ein Meisterwerk der gotischen Schnitzkunst. Über 500 Jahre alt sind die Figuren, die biblische Szenen zeigen, aber auch so profane Dinge wie einen Dieb, der sich ängstlich im Baum versteckt, oder einen betrunkenen Bauern, der einen Fuchs erbricht.

B4 Port Manec'h
15 km südlich
Eine bezaubernde kleine Badebucht wartet hier auf müde Kulturtouristen: windgeschützt, von kleinen, hölzernen Badehäus-

Der gute Tip M:
Romantisches Wochenende in Les Moulins du Duc
Fürstlich essen und übernachten in dem Moulins du Duc. Wandern an lieblichen Flußufern oder auf einsamen Wegen entlang der Küste.

chen umsäumt. Ein weißer Sandstrand, der flach ins Meer abfällt, so daß auch kleine Kinder hier unbesorgt planschen können. Eine nette Crêperie direkt am Strand und zwei Hotels sorgen außerdem für leibliches Wohl.

C4 Moëlan-sur-Mer
Moëlan und seine Umgebung sind ein reizvolles Wandergebiet. Drei romantische Flußmündungen stoßen hier aufeinander, die von Merrien, Brigneau und Doëlan. Auf gut ausgezeichneten Wanderwegen kann man die Gegend erkunden, 40 km führen an der Küste entlang. Kulinarische Spezialität der Gegend: Bélon-Austern.

Hotels
Manoir de Kertalg
Tel. 98 39 77 77, Fax 98 39 72 07
10 Zimmer
1. Kategorie

Romantisch im Wald am Oberlauf des Bélon liegt dieses schöne Herrenhaus. Mit allem Komfort.
Les Moulins du Duc M
Tel. 98 39 60 73, Fax 98 39 75 56
28 Zimmer
1. bis Luxuskategorie
Eines der schönsten Landhotels der Bretagne. In den »Mühlen des Herzogs« kann man fürstlich wohnen und schlemmen: Die berühmten flachen Bélon-Austern aus dem Fluß gleichen Namens, gegrillte Hummer und Tauben mit Gänseleber. Romantischer und stilvoller sitzen als hier über dem Mühlenbach kann man kaum. Die Hotelzimmer verteilen sich auf kleine Häuser rund um die Mühle.

Bénodet E

In eine sanfte Dünenlandschaft eingebettet liegt Bénodet, ein wegen seines milden Klimas, seiner südlichen Vegetation und seiner flachen Sandstrände beliebtes Seebad. Abends präsentiert sich der kleine Ort mit seinen vielen Restaurants und dem Casino leicht mondän und ziemlich lebenslustig.
Schöne Spazierwege führen zur Pointe de Bénodet, von wo man bis zu den Iles de Glénan hinübersehen kann. Die Beine aktivieren kann man auch beim Erklettern des Phare de la Pyramide. Der Leuchtturm am Anleger der Odetschiffe ist 48 m hoch. Geöffnet von 10 bis 12 Uhr.

Orte in der Umgebung von Pont-Aven
Port Manec'h, Moëlan-sur-Mer
Bénodet, La Baule

Hotels und andere Unterkünfte

Hostellerie Abbatiale
Av. de l'Odet
Tel. 98 57 05 11, Fax 98 57 14 41
61 Zimmer
1./2. Kategorie
Älteres Hotel mit Stil, direkt am Hafen. Sehr gutes Restaurant und eigene Tennisplätze.

Hotel / Restaurant Kastel Moor
Av. de la Plage
Tel. 98 57 05 01, Fax 98 57 17 96
87 Zimmer
1./2. Kategorie
Eines der besten Häuser am Platz, großer Park, Schwimmbad unter Pinien. Schön möblierte Zimmer, z. T. mit Balkon.

Le Minaret-L'Alhambra
Corniche de l'Estuaire
Tel. 98 57 03 13
21 Zimmer
2. Kategorie
Am Odet gelegenes Haus mit südländischem Ambiente. Schöne Terrasse mit Blick auf den Fluß.

Camping

Camping de la Pointe St-Gilles
Corniche de la Mer
Tel. 98 57 05 37
Großer Platz in unmittelbarer Strandnähe mit guten sanitären Anlagen und beheiztem Schwimmbad.

Essen und Trinken

Ferme du Letty
2 km auf der D 44 Richtung Letty
Tel. 98 57 01 27, Fax 98 57 25 29
Sept. – Juni Mi, Do mittag geschl.
1. Kategorie
Michelin-Stern-Restaurant mit hervorragender Fischküche. Auch Hummer und Langustinen gehören zum Kreis der Spezialitäten.

Allgemeine Informationen

Auskunft
Office de Tourisme
51, av. de la Plage
29950 Bénodet
Tel. 98 57 00 14

La Baule   D6

La Baule scheint nur zufällig in der Bretagne zu liegen. Es fehlen die vom Zahn der Zeit zernagten Natursteinhäuser, es fehlen hohe Klippen und gischtumspülte Leuchttürme. Es fehlt aber auch der heftige Wind. Die zarten Wolkengebilde am blauen Himmel ziehen mit Normalgeschwindigkeit dahin. Es ist milder hier, im tiefen Süden der Bretagne. Sogar im September, wenn überall sonst nur noch die Füße ins Wasser getaucht werden, ist hier ein Vollbad angesagt.
Wasser und Strand sind auch das Beste, was dieser Badeort zu bieten hat: Die sandige Bucht ist die größte in der Bretagne, selbst bei Flut bleibt noch ein breiter weißer Sandstreifen vom Wasser unberührt. Verläßt man jedoch diese sandige Attraktion, ist man gleich mittendrin im Trubel –

Unnachahmliches französisches Ambiente findet man im Luxushotel L'Hermitage in La Baule

hinter der vierspurigen Straße wachsen vielstöckige Hochhäuser aus dem Boden. Einige mit futuristischem Wellendesign, das, so wollten es die Bauherren, die Atlantikwellen symbolisieren soll. Die Skyline von La Baule ist in der Tat sehr ungewöhnlich für die Bretagne – und wohl auch der Grund dafür, warum viele Besucher schnell weiter gen Norden fahren. Die französischen Touristen jedoch bleiben. Ihnen gefällt, was sich auf den zweiten Blick offenbart: die schicken Restaurants und Geschäfte, die Luxushotels und natürlich das milde Klima im südlichen Teil der Bretagne. Geht man ein paar Schritte ab vom Boulevard am

Meer, der tatsächlich ein bißchen an Nizza erinnert, fühlt man sich fast wie am Mittelmeer an der Côte d'Azur.

Hotels

Es gibt in La Baule über 60 Hotels, meist mit gehobenem Standard, über 1000 Gästezimmer, 7000 Ferienwohnungen und mehrere Campingplätze.
Der Ort wird bis Mitte September von über 150000 Gästen überschwemmt, eine Reservierung ist unbedingt angeraten.
St-Bernard
6, av. des Evens
Tel. 40 60 32 02
7 Zimmer
3. Kategorie
Kleines Hotel in einem Piniengarten. Familiäre Atmosphäre, nette Zimmer.

Über 500 Jahre alt sind die Figuren, die in der Kapelle St-Fiacre südlich von Le Faouët biblische Szenen und Profanes zeigen

St-Christophe
Pl. Notre-Dame
Tel. 40 60 35 35, Fax 40 60 11 74
28 Zimmer, 4 Suiten
2. Kategorie
Schönes, älteres Haus in ruhiger Lage mit Gartenterrasse. Gehört zum Hotelring Logis de France.

L'Hermitage
5, esplanade Lucien-Barrière
Tel. 40 60 37 00, Fax 40 24 33 65
228 Zimmer
Luxuskategorie
Direkt am Strandboulevard in Kasinonähe. Ein großes Luxushotel mit Vergangenheit und französischem Ambiente. Mit allem Komfort.

Castel Marie-Louise
1, rue Andrieu
Tel. 40 11 48 38, Fax 40 11 48 35
31 Zimmer
Luxuskategorie

Spitzenhotel in einem schönen Park, Tennisanlage.

La Palmeraie
7, allée des Cormorans
Tel. 40 60 24 41, Fax 40 42 73 71
23 Zimmer
2. Kategorie
Komfortables Hotel, ca. 50 m vom Strand entfernt.

Essen und Trinken

Castel Marie-Louise
(→ Hotels)
Mitte Jan. – Mitte Feb. geschl.
Luxuskategorie
Großartiges Restaurant mit schöner Terrasse für Sommerabende. Ideal, um die Spezialitä-

Abseits vom Getümmel des schicken Badeortes Carnac zieht es alle Besucher zu den weltberühmten Monumenten der Jungsteinzeit, wie hier zu den Alignements du Ménec

ten wie Gänseleberpastete oder Kartoffeln mit Lachs und Kaviar zu genießen.

Chalet Suisse
114, av. de Gaulle
Tel. 40 60 23 41
2. Kategorie
Elegant-rustikales Lokal mit sehr guter Küche, einige Schweizer Spezialitäten.

Hermitage
5, esplanade Lucien-Barrière
Tel. 40 24 33 65
1. Kategorie
Ein absolutes Spitzenrestaurant, das zum gleichnamigen Hotel gehört. Edles französisches Ambiente, hervorragende Küche.

La Marcanderie
5, av. d'Agen
Tel. 40 24 03 12
1. Kategorie
Elegante Atmosphäre und raffinierte Küche.

Am Abend

Wer sein Glück herausfordern will, geht ins
Grand Casino de la Baule
direkt an der Uferstraße (Esplanade Lucien-Barrière)
Gespielt werden Roulette, Black-Jack und an einarmigen Banditen.
L'Indiana
Bis in den frühen Morgen tanzen kann man in den Diskotheken:
Le Churchill
Route de Congor
La Grange
an der Straße nach Guérande

Kinder

Piscine Municipal
Av. George Sand
Tgl. ab 14 Uhr
Wenn das Wetter schlecht ist, dann gibt's hier eine richtige Attraktion für Wasserratten: Im modernen, öffentlichen Schwimmbad kann man auf einer 130 m langen verschlungenen Riesenrutsche ins große Schwimmbecken sausen.

Allgemeine Informationen

Auskunft
Office de Tourisme
Pl. de la Victoire
44500 La Baule
Tel. 40 24 34 44, Fax 40 11 08 10

5 Carnac

Der schicke Badeort besteht aus drei höchst unterschiedlichen Stadtteilen: Carnac-Ville, dem alten Dorf mit der Kirche St-Corneley, Carnac-Plage an der weit geschwungenen Badebucht und Saint Colomban mit den alten Granithäusern auf der ins Meer ragenden Landzunge.
Die Verbindung von Kultur und Badevergnügen macht Carnac zu einer der meistbesuchten bretonischen Städte. Die nur 4000 Einwohner vervielfachen sich im Sommer beträchtlich, es gibt Hotels und Restaurants in allen Preisklassen, über 20 Campingplätze, darunter einige der Luxuskategorie.

Hotels und andere Unterkünfte

Celtique
17, av. de Kermario
Tel. 97 52 11 49, Fax 97 52 77 10
47 Zimmer
2. Kategorie
Ältere Ferienvilla in ruhigem Park mit Gartenterrasse, komfortable Zimmer.

Diana
21, bd. de la Plage
Tel. 97 52 05 38, Fax 97 52 87 91
33 Zimmer
Luxuskategorie
Sehr schöne Lage direkt am Strand in einem Pinienpark. Swimmingpool, Minigolf und Tennis, Balkons mit Meeresblick. Große, helle Zimmer/Appartements mit allem Komfort.

Lann Roz
36, av. de la Poste
Tel. 97 52 10 48, Fax 97 52 24 36
13 Zimmer
2. Kategorie
An der Verbindungsstraße zwischen *ville* und *plage*, mit wildem Wein und Blumen geschmückt. Bemerkenswert der Hotelgarten. Gehört zu Logis de France, sehr gutes Restaurant.

Le Tumulus
31, rue du Tumulus
Tel. 97 52 08 21, Fax 97 52 81 88
25 Zimmer
2. Kategorie
In Carnac-Ville, direkt am Tumulus von St-Michel. Klassische Ferienvilla im Park mit beheiztem Schwimmbad.

Menhire, Dolmen und Alignements Zunächst ein paar Begriffserklärungen: Das Wort Megalith leitet sich aus dem griechischen »Mega« und »Lithos« ab und bedeutet ganz einfach »großer Stein«. Ähnlich der Begriff Menhir: Er ist bretonischen Ursprungs und heißt übersetzt »langer Stein« (Men = Stein, hir = lang). Mit Alignement wird eine Reihe von Menhiren bezeichnet. Der Cromlec'h ist ein Steinkreis oder Oval. Ein tischähnliches Monument aus vielen Steinen bezeichnet man als Dolmen, und ein langgestreckter Dolmen heißt in der Fachsprache Allée couverte. Dolmen beherbergen oft die Grabstätten von hochgestellten Persönlichkeiten (Fürstengräber) und sind mit einem Cairn (Steinhügel) oder Tumulus (Erdhügel) bedeckt.

Die Wissenschaftler rätseln noch heute darüber, was die riesigen Steinbrocken bedeuten, die in ordentlichen Reihen kilometerlang die Landschaft der Bretagne durchziehen. Sind es Kultstätten, Fürstengräber, Sonnenkalender, Prozessionswege oder Fruchtbarkeitssymbole? Klar ist, daß es keine versteinerten römischen Soldaten sind, wie die Legende es will.

Ziemlich sicher sind die Wissenschaftler inzwischen, daß die Steinreihen religiöse Monumente sind, eine Art »heilige Straßen«, die zu Ehren der Götter erbaut wurden.

Menschen hatten auf jeden Fall die Hände im Spiel – man hat zahlreiche Transportspuren gefunden. Wahrscheinlich wurden die Menhire auf

Camping
La Grande Métairie
Alignements de Kermario
Tel. 97 52 24 01

Einer von über 20 Campingplätzen, in der Nähe der berühmten Steinalleen. 350 Stellplätze unter Bäumen, sehr gutes Freizeitangebot, gute sanitäre Einrichtungen. In der Hauptsaison unbedingt reservieren.

Sehenswertes

Route des Alignements
Natürlich zieht es jeden Besucher zu den weltberühmten Monumenten der Jungsteinzeit. Die Folgen: Hunderttausende von Be-

suchern haben in den letzten Jahren die Heidelandschaft rund um die Steine niedergetrampelt, einzelne Menhire fielen um oder wurden umgestoßen. Seit 1992 schützt nun ein Zaun die Alignements vor ihren Bewunderern.

Drei Steinreihen erstrecken sich nördlich von Carnac-Ville: die Alignements du Ménec, de Kermario und de Kerlescan.

Auf einer Länge von insgesamt 3 km verteilen sich 2 792 Menhire.

Direkt neben der Straße ist der Anblick der eher unscheinbaren Steinblöcke des Alignement du Ménec ein bißchen enttäuschend. 12 zum Teil unvollstän-

Rollen aus Baumstämmen von der Stelle bewegt. Experimente haben gezeigt, daß ein 32 t schwerer Stein anschließend mit Hilfe von Leinen und einer Erdrampe von 200 Männern aufgerichtet werden konnte.
Die Anzahl der bretonischen Menhire, deren Größe zwischen 15 m und 20 m variiert, wird auf rund 5000 geschätzt. Damit nimmt die Bretagne einen Spitzenplatz unter den Ländern mit megalithischen Monumenten (z. B. Spanien, England und Irland) ein.
Mit Hilfe von Radiocarbonmessungen wurde die Entstehungszeit der Steine auf 5000–2000 Jahre v. Chr. festgelegt. Die verwendeten Granitbrocken stammten meist aus den Steinbrüchen der näheren Umgebung der Aufstellungsorte. Sie wurden mit Hilfe von aufquellenden Holzkeilen oder durch das Herstellen großer Temperaturunterschiede (Feuer und Wasser) aus dem Felsen gesprengt.
Im Gegensatz zu den Alignements und den einzelnen Steinmonumenten, die höchstwahrscheinlich zu Ehren der Götter errichtet wurden, hatten die Dolmen eine ganz konkrete diesseitige Aufgabe: Sie dienten als Grabstätten. Zahlreiche Knochenfunde in den Ganggräbern unterstützen diese Theorie. Wissenschaftler nehmen an, daß in diesen Gräbern nicht nur einzelne Personen, sondern wahrscheinlich ganze Sippen bestattet wurden. Viele Steinplatten der Dolmen sind mit Symbolen und Ornamenten verziert, die einen Bezug zu den Toten haben könnten.

dige Steinreihen ziehen sich etwa 1 km lang über die Heidelandschaft.

In einem ultramodernen Archéoscope soll der Besucher auf die prähistorische Steinwelt eingestimmt werden. Die mystisch verbrämte Dia- und Filmshow bietet wenig Information und viel geheimnisvolles Laserlicht für teure 50 FF/30 FF.

Eindrucksvoller, allerdings auch von einem kräftigen Drahtzaun geschützt, ist das östlich gelegene Alignement de Kermario. 1029 graue Granitblöcke stehen hier in elf Reihen nebeneinander, von 6 m Größe immer kleiner werdend.

Von der Terrasse des modernen, sehr gut ausgestatteten Informationszentrums (informativer und preiswerter als das Archéoscope) hat man einen guten Überblick über das Megalithfeld. Der erst 1991 errichtete Bau ist bei Umweltschützern umstritten. Sie sehen in der Anlage eine grobe Zerstörung der natürlichen Umgebung von Menhiren und Dolmen. Der Kampf um den Erhalt der ursprünglichen Kultstätte hat 1995 ein spektakuläres vorläufiges Ende gefunden: Der Stadtrat von Carnac beschloß, die von Paris in Millionenhöhe bezuschußte Aussichtsplattform am Rand der Steinreihen wieder abzureißen. Die Mythen der Vergangenheit sollen ungestört weiterleben dürfen, eine mutige Entscheidung gegen kommerzielle, aber auch touristische Interessen, bei der wahrscheinlich das letzte Wort noch nicht gesprochen ist.

Vorbei an typischen Hinkelsteinformen à la Obelix kommt man am Ende des Feldes zum Tumulus von Kercado, auf dem Gelände des gleichnamigen Schlos-

Der gute Tipp 🅼:
Musée de la Préhistoire
Die größte Sammlung von megalithischen Fundstücken in der Welt gibt es in Carnac-Ville zu sehen.

ses. Der Grabhügel mit Dolmen aus der Zeit um 3800 v. Chr. liegt feucht und kühl im Blätterwald, allerdings in größter Nähe zu einer gemütlichen Crêperie. Ein paar 100 m weiter, in der Nähe des Reitzentrums im Pinienwald, findet man den größten Menhir der Megalithfelder, den Géant du Manió. In der sich anschließenden Steinallee von Kerlescan wurden 594 Felsblöcke in 13 Reihen fächerförmig angeordnet.

St-Cornely
Der Turm der Kirche in Carnac-Ville erregte wegen seiner achteckigen Spitze (1639) viel Aufsehen. Der heilige Cornelius thront über dem Eingangsportal, umrahmt von zwei Ochsen. Er ist der Beschützer des Hornviehs.

Im 3. Jh. setzte er sich für die Abschaffung von Tieropfern ein. Früher trieben die Bauern ihr Vieh zum Segnen bis zur Kirche.
Tumulus St-Michel
Tgl. 10–12, 15–18 Uhr
Eintritt 8 FF / 4 FF
Der größte Grabhügel Europas liegt am nordöstlichen Stadtrand von Carnac – er ist 125 m lang, 60 m breit und 12 m hoch. Den Namen erhielt das Fürstengrab, das vor 5500 Jahren erbaut wurde, von der auf ihm errichteten Kapelle.

Museum

Musée de la Préhistoire 🅼
10, pl. de la Chapelle (Carnac-Ville)
Tel. 97 52 22 04
Eintritt 25 FF / 12,50 FF
Das prähistorische Museum wurde bereits Ende des vorigen Jahrhunderts von dem schottischen Archäologen James Miln und dem Historiker Le Rouzic gegründet.

Schmuckstücke, Werkzeuge, rätselhafte Gegenstände – alles, was die Forscher in den Megalithfeldern von Carnac gefunden haben, ist hier ausgestellt. Das didaktisch sehr gut aufgebaute Museum besitzt die umfangreichste Sammlung megalithischer Funde in der Welt. Die Zeitspanne der ausgestellten Exponate reicht von 450 000 v. Chr. bis in 8. Jh. Ergänzt wird die Ausstellung von einer informativen Diashow (auch auf deutsch).

Essen und Trinken

Auberge de Kerank
3 km außerhalb Richtung Plouharnel
Tel. 97 52 35 36
1. Kategorie
Wer es folkloristisch mag, ist hier richtig: Das Essen wird in bretonischen Trachten serviert, der Speisesaal ist rustikal und üppig dekoriert. Man ißt an alten Eichentischen ungewöhnliche Gerichte vom Holzkohlengrill.

Auberge le Ratelier
4, chemin du Douet
Tel. 97 52 05 04
2. Kategorie
In einem weinbewachsenen Natursteinhaus ißt man köstliche Seezunge *à l'armoricaine* und warmen Ziegenkäse.

Crêperie Marie
3, pl. de l'Eglise
Tel. 97 52 83 05
3. Kategorie
Gemütliches Restaurant in einem alten Fachwerkhaus direkt an der Kirche. Immer voll, viele junge Leute, leckere Crêpes – z.B. Apfelcrêpe mit Karamelsauce – und Cidre aus dem Steinkrug.

Lann Roz
36, av. de la Poste
Tel. 97 52 10 48
2. Kategorie
Gehört zu dem gleichnamigen Hotel. Ausgezeichnete Meeresfrüchte und Fleischgerichte.

Allgemeine Informationen

Auskunft
Office de Tourisme
In Carnac-Ville
an der Kirche
und in Carnac-Plage
94, av. des Druides
56340 Carnac
Tel. 97 52 13 52, Fax 97 52 86 10

Fest / Pardon
Mitte September
Pardon zu Ehren von St-Cornely

Orte in der Umgebung

Abbaye Ste-Anne de Kergonan   C5
Tgl. 11 – 12.30, 14 – 18 Uhr
Die Benediktinerabtei von 1857 in Plouharnel bietet Stunden oder Tage der Besinnung. Die tägliche Messe (um 10 Uhr) wird von den Mönchen mit gregorianischen Gesängen gefeiert. Im Juli und August finden hier jeden Mittwoch (10 – 17 Uhr) Besinnungstage statt. Gruppen, Jugendliche und Männer können im Gästehaus der Abtei auch einige Tage verbringen. Nähere Auskünfte: Tel. 97 52 30 75.

Erdeven   C5
Direkt an der Straße (N 781) vorm Ortseingang von Erdeven liegt die Steinallee von Kerzérho. Zehn Reihen mit über 1100 Menhiren bis zu 5 m Höhe. Man kann (noch) zwischen den Steinen herumwandern und versuchen, etwas von der Mystik dieses Ortes zu erspüren.

C5 La Trinité-sur-Mer

Eine Topadresse unter Bootsfreunden. Im Hafenbecken liegen Hunderte von luxuriösen Yachten, schnellen Katamaranen und Motorbooten. Von März bis Juni finden Wochenendregatten statt. Trinité ist außerdem bekannt für seine Austernparks und hat einen schönen, 400 m langen Strand.

B4 Concarneau

Die kleine Schwester von St-Malo wird Concarneau manchmal genannt. Die schönste und trutzigste *ville close* neben dem großen Bruder oben im Norden schwimmt mitten im Becken des Fischereihafens und sieht heute noch genauso wehrhaft aus wie vor 600 Jahren, als diese Mauern feindlichen Angriffen trotzten. Die Bretonen tauften die ummauerte Stadt Konk-Kerné, was soviel heißt wie »Schutzhafen von Cornouaille«.

Bei einem kleinen Spaziergang durch Concarneau wird dem Besucher der wahrhafte Charakter der Stadt deutlich. Vorbei am Uhrturm (der übrigens längst nicht so alt ist, wie er aussieht – nämlich nur rund 90 Jahre) geht man über die schmale steinerne Brücke hinein in die Vergangenheit.

Im 14. Jh. begannen die Bauarbeiten zu dieser wehrhaften Stadt, im 17. Jh. bekam sie ihr heutiges Gesicht. Damals entstanden auch die beiden Wehr-

türme nahe dem Haupttor, die Tour du Major und die Tour du Gouverneur. Kleine Natursteinhäuser säumen die mit Kopfsteinen gepflasterten schmalen Straßen. Es ist ein bißchen schwierig, neben all den Restaurants, Andenken- und Schmuckläden, Galerien und Feinkostläden noch authentische Fassaden aus dem 16. Jh. und 17. Jh. zu entdecken. Und natürlich strömen die Besucher in Scharen durch die enge Hauptstraße Rue Vauban. Da ist es nur vernünftig, sich den Trubel erst einmal von oben anzusehen: Ein Rundgang auf der alten Stadtmauer bietet spannende Ausblicke auf trutzige Mauern und schmale Gassen. Für das Eintrittsgeld (10 FF) bekommt man sogar einen Walkman, der in allen Sprachen historische Informationen liefert. Aufstieg direkt am Haupttor, 10 bis 19.30 Uhr. Kostenlos ist der Blick von der Stadtmauer bei der Tour du Passage, am anderen Ende der Stadt.

Jenseits der befestigten Altstadt gibt es noch das moderne Concarneau, was allerdings von den meisten Touristen nur am Rand wahrgenommen wird. Eine Stadt mit 18 000 Einwohnern, zweitgrößter Fischereihafen Frankreichs. 250 Schiffe sind hier registriert, davon 70 Hochseetrawler und 40 Thunfischfänger, die bis zum Indischen Ozean fahren.

Fische und Krustentiere werden morgens (Montag bis Donnerstag) in der Auktionshalle am

134

Quai Carnot versteigert. Wer das Spektakel miterleben will, muß früh aufstehen: Die Versteigerungen finden zwischen Mitternacht und 7 Uhr morgens statt.

Wer in Concarneau eine Fischauktion miterleben will, muß früh aufstehen. Die Versteigerungen beginnen um Mitternacht und sind morgens um sieben zu Ende

Hotels

La Bonne Auberge
Plage du Cabellou
Tel. 98 97 04 30
16 Zimmer
3. Kategorie
Kleines, einfaches Hotel im Ostteil der Stadt, schlichte Zimmer, teils mit Meeresblick.

Grand Hôtel
1, av. Pierre-Guégin
Tel. 98 97 00 28, Fax 98 97 00 89
33 Zimmer
2./3. Kategorie
Direkt gegenüber der *ville close* an einer lebhaften Straße. Großes, älteres Gebäude.

Hôtel de l'Océan
Plage des Sables Blancs
Tel. 98 50 53 50, Fax 98 50 84 16
40 Zimmer
1. Kategorie
Eines der besten Hotels in der Region, direkt am Strand. In der Hauptsaison nur mit Halbpension, komfortable Zimmer, zum Teil mit Balkon und Meeresblick.

Museen

Musée de la Pêche
Juli/Aug. tgl. 9.30–20.30 Uhr; sonst 9.30–12.30, 14–18 Uhr
Eintritt 30 FF/20 FF

Im früheren Gefängnis der *ville close* (direkt am Haupttor) dreht sich heute alles um den Fisch. In diesem modernisierten Bau wird die Geschichte des Fischfangs anschaulich gemacht. 80 Schiffsmodelle und ein Aquarium mit 40 Becken warten auf den Besucher. Zwei originale Fischerboote aus den 60er Jahren können im Außenbereich des Museums besichtigt werden.
Squalus / Musée marin
Place St-Guénolé
Eintritt 12 FF
Für Kuriositätenfreunde: Der Besitzer verspricht »18 Fische, die länger als 1 m sind« – und die sind auch noch ausgestopft!

Essen und Trinken

In der *ville close* reihen sich die Restaurants dicht aneinander. Man sollte Preise und Angebote vergleichen und nie in ein leeres Lokal gehen, wenn nebenan die Tische gut besetzt sind. Ansonsten gilt: Die Konkurrenz ist groß, und mit etwas Glück kann man trotz Touristenandrang passabel zu günstigen Preisen essen.
Crêperie La Porte au Vin
Pl. St-Guénolé
Tel. 98 97 38 11
2./3. Kategorie
Leckere Crêpes und schöner Blick von der Terrasse auf historische Häuser.
Le Galion
15, rue St-Guénolé
Tel. 98 97 30 16
Mo geschl.
1. Kategorie

Hier speist man zwischen Möbeln im Stil Ludwig XIII. Ein Schlemmerlokal (mit Hotel) in einem typischen alten Haus der *ville close*. Phantasievolle, gute Menüs.

Einkaufen

In der Hauptstraße Rue Vauban gibt es mehrere Geschäfte mit bretonischen Eß- und anderen Spezialitäten, zum Beispiel Keramik- und Steingutwaren. Alles zwar touristisch aufbereitet, aber trotzdem verlockend. Am Ende der Straße das liebenswürdige Buch- und Antiquitätengeschäft Bretagne mit alten Postkarten und keltischen Musikkassetten und CDs. Bei Jolie Brise gibt es ebenfalls ausgefallene Postkarten und (teure) Accessoires für Seefahrer. Die Geschäfte haben auch sonntags geöffnet.

Allgemeine Informationen

Auskunft
Office de Tourisme
Quai d'Aiguillon
29900 Concarneau
Tel. 98 97 01 44, Fax 98 50 88 81

Fest
3. Augustwoche
La Fête des Filets Bleus
In der *ville close* und am Hafen: Tanz von Trachtengruppen, keltische Musik, folkloristische Umzüge und jede Menge gegrillte Sardinen. Ursprünglich war das Fest der blauen Netze

Solidaritätsfest für die Fischerfamilien, die nach dem Verschwinden der Sardinenbänke zu Beginn des Jahrhunderts vor dem Ruin standen.

In dem malerischen Fischerstädtchen Le Croisic hat man alles beisammen: urige Fischerhäuser und elegante Restaurants

Ort in der Umgebung

◀ **Auf dem Fluß nach Quimper Ⓜ**
Der Ausflug dauert etwa 4 Std. Karten (für 100 FF) gibt es bei Vedettes de l'Odet am Yachthafen (Tel. 98 57 00 58) oder im Tourismusbüro. Juli und Aug. tgl. 14 Uhr ab Yachthafen
Eine romantische Flußfahrt auf dem Odet von Concarneau bis nach Quimper ist ein besonderes Erlebnis. Die Fahrt führt durch eine hügelige, waldreiche Landschaft, vorbei an Schlössern, Herrensitzen und alten Mühlen.

Le Croisic   D6

Auf der Straße von La Baule nach Croisic läßt man die Hochhauskulisse des Retorten-Badeortes schnell hinter sich. An der

> Der gute Tip Ⓜ:
> **Flußfahrt auf dem Odet**
> Völlig neue Einblicke in die bretonische Landschaft. Vom Ufer grüßen prächtige alte Granitvillen und verfallene Kirchenruinen.

Côte Sauvage ist die Bretagnewelt wieder in Ordnung. Muschelbedeckte Klippen wachsen ins Meer hinaus, Hunderte von Möwen besorgen sich hier ihr

Mittagessen oder segeln kreischend im Wind. Die Straße führt so dicht am Wasser entlang wie kaum an einer anderen Stelle des Landes, fast berührt die Gischt die Wagentür. Côte d'Amour, die Küste der Liebe, heißt dieser südliche Teil der Bretagne, und tatsächlich ist es die Mischung von sanft und wild, die den Reiz dieser Landschaft ausmacht.

In Le Croisic ist schon morgens um sechs Hochbetrieb, dann nämlich werden die frischen Fische in der Halle am Hafen versteigert. Aber auch später herrscht Leben in dem malerischen Fischerstädtchen. An der Hafenpromenade mit den alten Fischer- und Kapitänshäusern aus dem 16. und 17. Jh. stehen die Caféstühle auf der Straße, locken Restaurants mit Meeresfrüchten und schicke Boutiquen mit Sonderangeboten.

Der gute Tip **M**:
Océarium in Le Croisic
Man kann auf dem Meeresboden wandern und Haie und Rochen einmal von unten angucken.

Eine Kuriosität in der Nähe des Bahnhofs ist der Mont Esprit: Unter dem reichen Blumenschmuck des imposanten Hügels verbirgt sich der Müll zahlreicher Salzschiffe, der hier im 19. Jh. geschickt versteckt wurde. Im Süden des Ortes: Der Parc de Peu Arel. Besonders für Ornithologen ein interessantes Wandergebiet.

Hotels

L'Estacade
4, quai Lénigo
Tel. 40 23 03 77, Fax 40 23 24 32
13 Zimmer
2. Kategorie
Zentrale Lage am Hafen, familiäre Atmosphäre, gemütliche Zimmer.

Le Nazairien
Pl. d'Aiguillon
Tel. 40 23 01 56
10 Zimmer
3. Kategorie
Kleines Hotel mit Hafenatmosphäre, schlicht eingerichtete Zimmer.

Les Vikings
Port-Lin
Tel. 40 62 90 03, Fax 40 23 28 03
24 Zimmer
1. Kategorie
Schöne Lage oberhalb des Strandes von Port-Lin mit Meeresblick. Modernes Gebäude, große Zimmer mit Balkon.

Sehenswertes

Océarium Le Croisic M
Av. de St-Goustan
Juli/Aug. tgl. 10–19 Uhr;
Sept.–Juni tgl. 10–12, 14 bis 19 Uhr
Eintritt 24 FF
Das moderne Aquarium liegt am Stadtrand von Le Croisic und beherbergt Meeresgetier von der Muschel bis zum Haifisch. Man kann durch einen Tunnel unterhalb des Wasserspiegels herumwandern und die Fische vom Meeresboden aus betrachten. Es

gibt auch einen Touch-Pool, in dem weniger gefährliche Meeresbewohner wie Seesterne und -gurken – allerdings nur unter Aufsicht – angefaßt werden können. Außerdem Videovorführungen, Wasserfälle und Verkaufsstände für typische Landesprodukte.

Essen und Trinken

Le Bretagne
11, quai de la Petite Chambre
Tel. 40 23 00 51
1. Kategorie
Mehrfach ausgezeichnetes Speiselokal am Hafen. Mit viel Liebe zum Detail eingerichtet. Meeresfrüchte in allen Variationen, exklusive Weinkarte.

L'Océan
Port-Lin
Tel. 40 62 90 03, Fax 40 23 28 03
Luxuskategorie
Küche direkt am Meer. Die Salzluft des Atlantiks und dazu der plat fruits de mer. Man hat in diesem feinen Restaurant das Gefühl, die Tiere seien gerade eben aus dem Atlantik geholt worden – und so ist es auch.

Allgemeine Informationen

Auskunft
Office de Tourisme
Pl. de la Gare
44490 Le Croisic
Tel. 40 23 00 70, Fax 40 62 96 60

Ort in der Umgebung

Marais Salants 🅼   D6

Sel steht mit großen, schiefen Buchstaben auf dem Pappschild, das an einem großen Plastiksack lehnt. Das Salz ist grobkörnig und grau, genau so, wie es aus dem Meer geerntet wurde. Über-

> Der gute Tip 🅼:
> **Fahrt durch die Marais Salants**
> Auf der Halbinsel Le Croisic kann man durch die Salinenlandschaft fahren und die Ernte erwerben.

all an der Straße stehen die Salzbauern und verkaufen die Ausbeute der letzten Tage. Die eigentliche Kostbarkeit dieser Region ist die *fleur du sel*, die weiße Salzblume. Feinschmecker schätzen diese oberste Salzschicht aus den flachen Salinebecken, von der jeden Tag nur bis zu 5 kg geerntet werden können.

Auf einer Fahrt durch die Marais Salants sieht man, wie die Bauern in diesen Salzgärten noch wie vor 1000 Jahren arbeiten: Das Salz wird mit langen Rechen aus den flachen Becken geholt und zu kleinen Türmen aufgehäuft. Immerhin, 10 000 t Salz werden so jedes Jahr gewonnen, rund 200 Familien leben von seinem Verkauf. Zwischen Batz-sur-Mer und Guérande fährt man an Hunderten von immer flacher werdenden Salzbecken vorbei,

Feinschmecker schätzen die obere
Salzschicht, von der aber höchstens fünf
Kilo am Tag geerntet werden können

durch die bei Flut das Meerwasser strömt. Seltene Vögel haben sich die stillen Wiesenstreifen zwischen den Becken als Nistplätze ausgesucht.

Das einmalige Naturreservat kann auch aus anderer Perspektive betrachtet werden: Vom Turm der Kirche St-Guénolé (1677) in Batz-sur-Mer hat man einen wunderbaren Ausblick auf die Marais Salants und die Stadt Guérande. Die einstige Salzmetropole ist heute eine ruhige Kreisstadt mit einer schönen Altstadt, die von einer wehrhaften Ringmauer umschlossen wird.

Alles Wissenswerte über die Salzgewinnung erfährt man im Musée des Marais Salants in Batz-sur-Mer, tgl. 10–12, 14 bis 18 Uhr, Eintritt 10 FF.

Fouesnant

Apfelbäume, Kiefern, Dünen und Strand – eine Kombination, die im Sommer viele Besucher anlockt. Die 5500 Einwohner zählende Gemeinde wirbt auch mit »Wald und Meer«. Sehenswert ist die uralte romanische Kirche St-Pierre aus dem 12. Jh. Schöne Spaziergänge führen durch Dünen und Kiefernwälder von Cap-Coz nach Beg-Meil. Hier findet man die schönsten und mit 15 und 17 km längsten Sandstrände. Der beste Cidre soll hier produziert werden, und manchen gefallen die Trachten besser als die von Pont-Aven.

Hotels und andere Unterkünfte

Hôtel / Restaurant de Bretagne
16, rue des Glénan
Tel. 98 94 98 04, Fax 98 94 90 58
28 Zimmer
2. Kategorie
Ruhiges Hotel im Grünen mit weit ins Land bekannter guter Küche, stilvoll möblierte Zimmer.

Camping
Camping La Roche Percée
Allée de la Roche-Percée
Tel. 98 94 94 15
145 Stellplätze, durch Hecken geschützt. Sehr gut ausgestatteter Campingplatz in einer ruhigen Seitenstraße am Ortseingang.

Allgemeine Informationen

Auskunft
Office de Tourisme
5, rue Armor
29170 Fouesnant
Tel. 98 56 00 93, Fax 98 56 64 02

Fest
Fêtes des Pommiers
3 Tage ab 3. Julisonntag wird hier das Apfelbaumfest mit guter Laune mit einem Cidre-Wettbewerb gefeiert.

Markt
Getümmel am Freitagvormittag um den Marktplatz von Fouesnant. Es werden hier Hunde, Katzen, Kaninchen, Keramik, Leder, Schmuck und Lebensmittel verkauft.

Ein Salzbauer aus Guérande mit den »Früchten des Meeres«: Das Salz ist grobkörnig und grau

La Grande Brière · D5 / E6

Früher stellte der Bauer seine Kuh in den flachen Kahn und stakte sie vorsichtig zur nächsten Weide. Heute werden die Touristen mit den Stocherkähnen (*blins*) durch ein Gewirr von Kanälen und schilfgesäumten Seen durch eine melancholische Sumpflandschaft gefahren. Der Parc Régional de Brière ist ein riesiges Torfmoorgebiet von 40 000 ha und seit 1970 Naturschutzgebiet. Die kleinen Dörfer der Brière mit ihren schilfgedeckten Häusern liegen auf 17 felsigen Inseln im Moor. Die Bewohner lebten jahrhundertelang von der Torf- und Schilfgewin-

Die schönen restaurierten Häuser im Dorf Kerhinet, das man nur zu Fuß erreichen kann, lassen ein bißchen an ein Freilichtmuseum denken

nung und vom Fischfang. Auch heute noch eine Spezialität ist der silberbäuchige Brière-Aal, über dem Torffeuer gegrillt.

Eine Ahnung vom einsamen und harten Leben in dieser Wildnis bekommt man auf einer Bootsfahrt durch die Sümpfe. Angeboten werden geführte Kahnfahrten, die ca. 2 Std. dauern (30 FF/ 15 FF). Man kann aber auch einen kleinen Holzkahn mieten und allein auf Entdeckungstour gehen (100 FF/Tag).

Das größte Angebot an Booten gibt es in St-Lyphard am Weiler La Pierre Fendue, auf der Ile de Fédrun und in Bréca. Eine Reise mit dem Auto durch die

Grande Brière ist nicht weniger spannend (→ Routen und Touren).

Josselin

Josselin an den Ufern des Oust lebt vom Château Rohan, einem der schönsten Schlösser der Bretagne. Entsprechend groß ist der Touristenandrang in den schmalen Gassen. Das stolze Château liegt malerisch am Fluß und zeigt dem Besucher zuerst seine wuchtige Wehrfassade mit den drei mächtigen Rundtürmen. Im Park dann bietet sich ein völlig anderes Bild: Die reichverzierte Prunkfassade (1490–1510) erinnert an den Reichtum derer von Rohan – die Herzöge gehörten zu den mächtigsten Geschlechtern Frankreichs.

Harte Zeiten erlebten Burg und Besitzer in den Jahren nach der Französischen Revolution. Die Herzöge wurden vertrieben, das Schloß verfiel. Im vorigen Jahrhundert kehrten die Rohans auf ihr Stammschloß zurück, renovierten und bewohnen es seitdem auch wieder. Besichtigt werden kann daher nur das Erdgeschoß. In den ehemaligen Stallungen ist ein Puppenmuseum untergebracht, das Kindern und Erwachsenen richtig Spaß macht. Über 500 Puppen aus allen Ländern dieser Welt und aus zwei Jahrhunderten bilden einen farbigen Kontrast zu all den grauen Mauern draußen vor dem Fenster. Für Puppenliebhaber ein Eldorado. Die erste Sammlerin war übrigens die Herzogin von Rohan, Großmutter des heutigen Schloßherrn.

Wenn das Schloß in Josselin besichtigt ist, bleibt Zeit für einen Café oder Crêpes in einer der Bars

Schloß und Puppenmuseum sind im Sommer täglich von 10 bis 12 und von 14–18 Uhr geöffnet.
Eintritt jeweils 21 FF / 16 FF

Hotels

Château
1, rue du Général de Gaulle
Tel. 97 22 20 11, Fax 97 22 34 09
36 Zimmer
2. Kategorie
Einfach, aber sehr stilvoll.
France
6, pl. Notre-Dame
Tel. 97 22 23 06, Fax 97 22 35 78
20 Zimmer
2. Kategorie
Sauberes, kleines Hotel.

Essen und Trinken

Commerce
9, rue Glatinier
Tel. 97 22 22 08, Fax 97 22 22 08
Di abend und Mi geschl.
2. Kategorie
Gutes Restaurant mit sehr guter
einheimischer Küche.

Allgemeine Informationen

Auskunft
Office de Tourisme
Pl. de la Congrégation
56120 Josselin
Tel. 97 22 36 43

C4 Lorient

Im 17. Jh. schrieb man Lorient
noch »L'Orient«. Damals war es
eine blühende Handelsstadt, das
Tor zum Orient. Kommt man
heute in die Stadt, sieht man die
Wunden der jüngsten Vergangenheit. Über 80 % der Gebäude
wurden von alliierten Bombern
im Zweiten Weltkrieg zerstört.
Die Angriffe galten vor allem der
großen U-Boot-Basis, die deutsche Truppen 1941 in der besetzten Stadt angelegt hatten.
900 000 Tonnen Beton machten
den Bootsbunker aber so stabil,
daß er den Angriffen standhielt,
während alles um ihn herum in
Schutt und Asche versank. Noch
heute wird er von der französischen Marine benutzt.
Der rasche Aufbau nach dem
Krieg geriet rein funktional. Nur
etwa 250 der Jugendstilhäuser

Beim Festival Interceltique de Lorient
jeder willkommen, der keltisc
Vorfahren hat und ein traditionelles I
strument spielen ka

aus der Vorkriegszeit in den
Stadtvierteln Marville und Ken-
rentrech blieben erhalten. Die
70 000 Einwohner der Stadt leben zum großen Teil vom Fisch,
von einem der größten Fischereihäfen Frankreichs, einer expan-
dierenden fischverarbeitenden
Industrie und zahlreichen Werften.
Einmal im Jahr, beim »Festival
Interceltique de Lorient« in den
ersten beiden Augustwochen,
zieht es Tausende von Musikern
und Zehntausende von Zuhö-
rern in die Stadt. 10 Tage und
Nächte dauert das größte Festival der Bretagne mit mehr als
250 verschiedenen Attraktionen:

Tänze, Kunstaustellungen, Rock und Jazzmusik und vor allem traditionelle Klänge. Ein Höhepunkt des Festivals ist das gigantische Fischessen für rund 3000 Hungrige in den (gesäuberten) Fischauktionshallen. Karten dazu gibt es während der Festwoche an verschiedenen Verkaufssständen in der Innenstadt. Das komplette Programm gibt es ab Ende Juni bei:
Festival Interceltique de Lorient
2, rue Paul-Bert
56100 Lorient
Tel. 97 21 24 29, Fax 97 63 34 13

Hotels

Mercure
31, pl. Jules Ferry
Tel. 97 21 35 73, Fax 97 64 48 62
58 Zimmer
2. Kategorie
Sehr modern, funktional, ohne Restaurant.
Novotel
Kerpont-Bellevue, 5 km außerhalb in Richtung Lanester
Tel. 97 76 02 16, Fax 97 76 00 24
88 Zimmer
2. Kategorie
Modern, Swimmingpool, schöne Gartenterrasse.

Essen und Trinken

L'Amphitryon
127, rue du Colonel Müller
Tel. 97 83 34 04, Fax 97 37 25 02
Sa mittag und So geschl.
1. Kategorie
Bestes Restaurant am Platz. Beste Seezunge weit und breit.

Le Poisson d'Or
1, rue Maître Esvelin
Tel. 97 21 57 06, Fax 97 64 65 42
Sa mittag und So geschl.
1. Kategorie
Ausgezeichnetes Restaurant: Fischspezialitäten der Bretagne.

Allgemeine Informationen

Auskunft
Office de Tourisme
6, quai de Rohan
56100 Lorient
Tel. 97 21 07 84, Fax 97 21 99 44

Orte in der Umgebung

Hennebont C4
Am Ufer des Blavet liegt diese mittelalterliche Handelsstadt. Im Krieg wurden große Teile der *ville close* zerstört. Heute kann man die immer noch imposanten Reste der Stadtbefestigung und die schöne Basilika Notre-Dame-du-Paradis im gotischen Flamboyantstil bewundern.

Hotel
Château de Locguénolé
Route de Port-Louis
Tel. 97 76 29 04, Fax 97 76 39 47
34 Zimmer
1. bis Luxuskategorie
Der Name sagt es schon: Hier kann man im Schloß übernachten, mit eigenem Park, Schwimmbad und Tennisplätzen, sehr komfortable Zimmer und Suiten.

C4 / **Larmor-Plage**

C5 Für die Einwohner Lorients ein beliebter Badeort, und im Sommer ist am Strand kein Plätzchen frei, aber Wassersportfreunde kommen zur Base Nautique, dem Stammquartier für Taucher. Das Meer ist hier voller Grotten, Riffs und versenkter Schlachtschiffe, die unter kundiger Führung erforscht werden können. Taucherausrüstungen kann man sich ausleihen.

Centre Nautique de Kerguelen
56260 Larmor-Plage
Anse de Kerguelen
Tel. 97 33 77 78

D5 **Golfe du Morbihan**

Wildgänse rauschen durch die Nacht, hier kann man sie hören und sehen. Am Golf von Morbihan machen Europas Zugvögel im Oktober und November Pause, bevor sie weiter gen Süden oder Norden fliegen. In einem der größten Vogelreservate Europas leben oder überwintern Tausende von Flugenten, Reihervögeln und verschiedenen Möwenarten. Die zahlreichen Inseln im flachen Wasser des Binnenmeeres, das nur durch eine schmale Öffnung mit dem Atlantik verbunden ist, bieten den Vögeln ideale Lebensbedingungen. Nur 40 der Inseln sind spärlich bewohnt, die größten sind die Ile aux Moines (»Mönchsinsel« mit südlichem Flair) und die Ile d'Arz.

Mor bihan, kleines Meer, heißt der Golf auf bretonisch und be-

weist dies jeden Tag zweimal. Bei Flut schwimmen die bewaldeten Inseln – Orangen-, Zitrusbäume und Palmen wachsen hier – auf dem spiegelnden Wasser, bei Ebbe zeigen sich Austernbänke und flache Priele im Wattenmeer. Das harmlos aussehende kleine Meer ist bei Einheimischen für seine tückischen, starken Strömungen bekannt. Gefahrlos sind dagegen die Schiffsexkursionen, die von Vannes und Auray aus angeboten werden.

Sehenswertes

Locmariaquer und Gavrinis

Zwei Ausflüge, die sich Kunst- und Geschichtsinteressierte auf keinen Fall entgehen lassen sollten: Zu den Megalithdenkmälern in Locmariaquer und auf Gavrinis, der Insel der Ziegen.

Am Ortseingang von Locmariaquer, am Eingang des Golfs von Morbihan, liegt auf dem Ausgrabungsgelände der größte Menhir (Grand Menhir) der Bretagne: Die vier mächtigen Brocken ragten einst 20 m in einem Stück in die Höhe. Warum der Menhir zerbrach, ist ungeklärt. Fest steht dagegen seine Herkunft, die ein Beweis für die Tatkraft seiner Hersteller ist: Das Gestein stammt von der Westküste der Halbinsel Quiberon, ca. 30 km entfernt. Daneben steht der »Tisch der Händler« (Table des Marchands), das größte Ganggrab der Bretagne mit mächtiger Abdeckplatte und Gravuren auf den Tragesteinen.

Fürstengrab auf Gavrinis M

Golf am Golf – eine große Auswahl
schönster Plätze erwartet den Urlauber
wie hier in St-Pierre. Den ältesten und
schönsten Golfplatz allerdings findet
man in St-Briac bei Dinard

Mindestens 4000 Jahre soll er alt sein, der runde Grabhügel, der mit über 50 m Durchmesser die Landschaft der Ile Gavrinis prägt. Das gewaltige Fürstengrab (Tumulus des Gavrinis) gehört zu den Höhepunkten der Steinzeitarchitektur: Ein 14 m langer Gang führt in eine düstere Grabkammer, der Deckstein darüber wiegt 17 t. Doch die eigentliche Sensation des 1835 entdeckten Grabes sind die Gravuren auf den 23 (von insgesamt 29) Tragsteinen. Nirgendwo sonst hat man so zahlreiche verschlungene Linien, Kreise und Muster gefunden. Und noch eine Entdeckung, die die Forscher in Aufregung versetzte: Die Gravuren der Deckplatte (ein Rind?) passen haargenau an die Platte der Table des Marchands in Loc-

mariaquer, beide müssen einmal zu einem einzigen, verzierten Menhir gehört haben.

Zum Kulturtrip startet man in Larmor-Baden mit dem Boot. In

> Der gute Tip M:
> **Das Fürstengrab auf Gavrinis**
> Der Tumulus des Gavrinis ist das beeindruckendste Beispiel eines Hügelgrabes. Bei der Entdeckung 1835 war das Grab leer. Plünderer hatten es schon vorher gefunden.

15 Min. ist man auf der Insel der Ziegen, im Sommer fahren die Schiffe alle halbe Stunde, sonst einmal täglich.

D4 **Pontivy**

Im Tal des Blavet liegt die kleine Stadt Pontivy (15000 Einwohner), im Herzen der Bretagne. Neben einem von Napoleon schachbrettartig angelegten Stadtteil entdeckt man beim Rundgang auch das ältere Pontivy: schöne alte Fachwerkhäuser und ein wuchtiges Schloß.

Den Namen erhielt die Stadt vom heiligen Yves – er soll im 6. Jh. eine Brücke über den Fluß gebaut haben. 1485 errichtete Jean de Rohan die Burg, ab 1600 machten die Herzöge von Rohan Pontivy zu ihrer Hauptstadt. Die strategisch interessante Lage der Stadt im Zentrum des Landes und am Blavet weckte Napoleons Interesse. Er ließ Kasernen, eine höhere Schule und neue Häuser bauen und machte Napoléonville (so hieß die Stadt dann bis 1814) zum militärischen Mittelpunkt der Bretagne.

Hotel

Hôtel/Restaurant Auberge Grand'Maison
1, rue Léon Le Cerf
22530 Mûr-de-Bretagne
Tel. 96 28 51 10, Fax 96 28 52 30
12 Zimmer
1. Kategorie
Das Spitzenrestaurant und gemütliche Hotel liegt 16 km nördlich von Pontivy in Mûr-de-Bretagne. In bretonisch-rustikalem Ambiente wird Steinbutt mit Pistazienpastete und flambierter Hummer à la Crème serviert.

Allgemeine Informationen

Auskunft
Office de Tourisme
61, rue Général-de-Gaulle
56300 Pontivy
Tel. 97 25 04 10, Fax 97 27 87 09

Quiberon

Ein schmaler Landstreifen – nur Straße und Bahngleise haben Platz – verbindet die Halbinsel Quiberon mit dem Festland. Vorbei am trutzigen Fort Penthièvre kommt man auf dieses 14 km lange Urlaubsparadies, wo sich im Sommer über 100000 Touristen vergnügen. Die windgeschützte Ostküste der schmalen Halbinsel mit ihren vielen sandigen Buchten und Stränden ist ideal für Schwimmer und Surfer. Die Westküste steht unter Naturschutz und trägt ihren Namen Côte Sauvage zu Recht: Hier knallt der Atlantik ungebrochen an die steil abfallenden Klippen, stürzen die Wellen meterhoch in die sandigen Buchten. Schilder weisen darauf hin, daß das Baden absolut verboten ist. Dafür kann man auf einem kleinen Wanderpfad oberhalb der Klippen die Aussicht auf das Felsentor von Port Blanc genießen oder mit dem Auto die spektakuläre Panoramastraße befahren. Durch typische Ginster- und Heidelandschaft windet sich eine holprige Straße, die rechts und links traumhafte Ausblicke bietet.

Dank Bauverbot ist die Côte Sauvage noch ein reines Stück Natur. Das Spiel der Gezeiten ist wunderbar zu beobachten. Muschelsammler werden fündig.

Hauptort der Halbinsel ist das lebhafte Städtchen Quiberon mit 5 000 Einwohnern. Schicke Geschäfte, Restaurants aller Preisklassen und ein Thalassotherapiezentrum prägen das Bild des eleganten Kurortes. Rummelig ist es in der Hauptsaison vor allem rund um die Häfen Port Maria (Fähren nach Belle-Ile) und Port Haliguen, dem Yacht- und Fischereihafen. Lebhafteste Straße ist die Rue de Verdun, die von der Place Hoche zum Bahnhof führt. Die Grande Plage säumt der Strandboulevard mit Hotels und Cafés. Auch bei Flut gibt es hier noch genug Platz zum Sonnen.

Wo sich, wie auf der Halbinsel Quiberon, im Sommer über 100 000 Touristen tummeln, da findet man auch ein solches ungewöhnliches Museum

Hotels und andere Unterkünfte

Ker Noyal
22, rue de Saint-Clément
Tel. 97 50 08 41, Fax 97 30 58 20
102 Zimmer
2. Kategorie
Ca. 100 m oberhalb der Grande Plage liegt dieses große komfortable Hotel in einem schönen Garten.

L'Océan
7, quai de l'Océan
Tel. 97 50 07 58
35 Zimmer
2./3. Kategorie
Hinter dem Hafen von Port Maria, stilvolles Hotel von 1897, Mitglied bei Logis de France.

Sofitel Thalassa
Pointe du Goulvars
Tel. 97 50 20 00, Fax 97 30 47 63
150 Zimmer / Appartements
Luxuskategorie
Zwei große, moderne Hotel-
komplexe, denen man ihr luxu-
riöses Innenleben nicht unbe-
dingt von außen ansieht. Mit
Meerwasserhallenbad, Tennis,
Thalassotherapiezentrum.

Camping
Camping du Conguel
Bd. de la Teignouse
Tel. 97 52 94 67
200 m vom Strand entfernt liegt
dieser schöne Platz mit 250 Stell-
plätzen unter Bäumen. Breites
Freizeitangebot.
Camping Do.Mi.Si.La.Mi.
Ortsteil St-Julien
Tel. 97 50 22 52
Gepflegter Platz mit 170 Stell-
plätzen zwischen Bäumen und
Hecken. Direkt am Strand. (Der
Name bezeichnet eine Ton-
folge!)

Essen und Trinken

L'Ancienne Forge
20, rue de Verdun
Tel. 97 50 18 64
2. Kategorie
In der Alten Schmiede gibt es
leckere Crêpes, Grill- und Fisch-
gerichte in rustikaler Umgebung.
Compagnie du Poisson
5, bd. d'Hoedic
Tel. 97 30 55 62
2. Kategorie
Wie der Name schon sagt, gibt's

hier alles, was frisch aus dem
Meer kommt.
Grill Oramix
Am Hafen, quai de l'Océan.
3. Kategorie
Witziger Imbiß mit Selbstbedie-
nung: Austern, Hamburger
»Menhir«, Musik von Wagner
im Hintergrund, Meeresblick.

Einkaufen

Spezialität von Quiberon sind
die Fischkonserven: Sardinen
mit Zitrone, Fischsuppe, Hum-
mer in Cognac.
Conserverie La belle-iloise
Zone d'activités Plein Ouest
Outre-Mer
Rue de Verdun
Geschmackvolle Mitbringsel
zum Thema »Meer« – von der
Hummerzange bis zum feinen
Eßgeschirr – gibt es hier.
Maison Riguidel
Port-Maria 38
Traditionelle bretonische Back-
waren in großer Auswahl.

Am Abend

Roulette, Boule und Diskothe-
ken, alles unter einem Dach im
Casino
Domaine de Ker Braz
Tel. 97 50 09 60

Allgemeine Informationen

Auskunft
Office de Tourisme
7, rue de Verdun
56170 Quiberon
Tel. 97 50 07 84, Fax 97 30 58 22

Orte in der Umgebung

Drei Inseln kann man vom Fährhafen aus mehrmals am Tag in ca. 1 Std. erreichen: Belle-Ile, Ile d'Houat und Ile de Hoedic.

5 / Belle-Ile-en-Mer

6 Die»Schöne Insel« ist mit 4500 Einwohnern und 17 km Länge und 9 km Breite die größte bretonische Insel. Wunderschöne Badebuchten (z.B. 5 km Sand im Nordosten der Insel) und steile Klippen, Heideland und liebliche Bachläufe machten die Insel schon zur Jahrhundertwende zu einem beliebten Reiseziel. Tophotels, Golfplatz, ein Dutzend Campingplätze und zahlreiche Ferienhäuser locken auch heute noch ca. 10000 Gäste im Sommer an (Hin- und Rückfahrt 85 FF/55 FF, PKW je nach Länge ab 360 FF).

Speziell Trekkingfreunde fühlen sich von den rund 100 km Wanderwegen der Insel angezogen. Das Eiland kann direkt an der Küste vollständig umrundet werden. Kleine Orte verteilen sich über das Land, der größte ist der Fährhafen Le Palais an der Nordostküste. Schon von weitem erkennt man die wuchtigen Befestigungsanlagen der Zitadelle, die im 17. Jh. von Vauban vervollständigt wurde, nachdem ungebetener Besuch aus Holland gekommen war. Von der Anlage hat man einen wunderbaren Blick über Stadt und Hafen. Historische Dokumente und Wrackteile kann man im sehens-

werten Musée historique, in einem ehemaligen Wohngebäude der Zitadelle, besichtigen. Hier erfährt man auch etwas über die berühmten Dauergäste der Insel: Sarah Bernhardt, Claude Monet und Albert Roussel.
Tgl. 9.30–12, 14–18 Uhr
Eintritt 28 FF/15 FF

Hotels
Le Bretagne
Le Palais
Tel. 97 31 80 14
29 Zimmer
2. Kategorie
Hotel im traditionellen Stil an der Hafenmole.
Castel Clara
Port-Goulphar
Tel. 97 31 84 21, Fax 97 31 51 69
43 Zimmer/Suiten
Luxuskategorie
Schloßähnliches Hotel der Spitzenklasse mit allem Komfort. Beheizter Meerwasser-Pool und Tennisplätze. Herrliche Lage mit Blick auf die Felsküste. Das Hotel ist dem Thalassotherapiezentrum angeschlossen, François Mitterrand ist Stammgast. Top-Restaurant. In der Saison wird nur Halbpension angeboten.
Manoir de Goulphar
Port-Goulphar
Tel. 97 31 80 10, Fax 97 31 51 69
55 Zimmer
1. Kategorie
Oberhalb des Hafens liegt dieses sehr komfortable Hotel, moderne Zimmer mit schöner Aussicht. Garten, Sonnenterrasse, Tennisplätze, sehr gutes Restaurant.

Sehenswertes

Le Grand Phare
Tgl. 10–18 Uhr
Eintritt 10 FF
Nach 256 Stufen ist endlich die Lampenetage erreicht: Der 50 m hohe Leuchtturm in Goulphar bietet seinen Besuchern eine beeindruckende Sicht bis nach Lorient. Nachts schickt er seine Blitze alle 10 Sekunden 40 km auf den Atlantik hinaus.
1835 wurden hier zum ersten Mal die von Fresnel entwickelten Linsen zur Konzentration des Lichts in Leuchttürmen erprobt.

Ile d'Hoëdic D5/D6
Die kleinste im Trio der südlichen Inseln ist die Ile d'Hoëdic mit 2,5 km Länge und 150 Einwohnern. In 3 Std. kann man das Inselchen locker umrunden und dabei in einer der feinsandigen Buchten Rast machen. Erst 1963 erwachte Hoëdic aus seinem Dornröschenschlaf, als es ans Strom- und Telefonnetz angeschlossen wurde. Für Sporttaucher ist das Mini-Eiland aber schon lange ein guter Tip: 20 gesunkene Kriegsschiffe aus der Schlacht zwischen der französischen Flotte und dem englischen Admiral Hawke im Jahr 1759 liegen hier auf dem Meeresgrund. Schon manche vom Seewasser angenagte Schiffskanone wurde aus den Wellen geborgen. Eine Fährverbindung besteht nur von Houat aus. Die Fahrt dauert 30 Min. und kostet hin und zurück 44 FF.

Ile d'Houat C5/D
Auf der Ile d'Houat, 5 km lang, spielt sich das Leben im kleinen Fischerhafen St-Gildas ab. Hier laufen die Boote der Krebs- und Hummerfischer ein. Es gibt elf Autos, viele wilde Lilien und ein paar weißgetünchte Häuser. Rund 300 Einwohner hat das kleine Eiland, das im Sommer von etwa 1000 Gästen, hauptsächlich Campern und Seglern, besucht wird. Diese zieht es vor allem zum feinsandigen, 2 km langen Traumstrand Treac'h er Goured an der Ostküste, wo wildes Zelten nicht verboten ist. Am nördlichen Ende der Bucht sieht man die Ruinen von Hafenanlagen. Hier lag bis 1954 der Haupthafen der Insel, den ein Wintersturm völlig zerstört hat. Die Personenfähren von Quiberon fahren in der Hauptsaison bis zu sechsmal täglich. Die etwa einstündige Fahrt kostet hin und zurück 90 FF/55 FF.

Küstenwanderweg C5/D
Der kurvenreiche Küstenwanderweg führt vom malerischen kleinen Fischerhafen Sauzon zur Nordspitze der Insel, der Pointe des Poulains (3 km). Oberhalb der Uferfelsen geht es auf einem schmalen Pfad durch Ginsterbüsche und Farngestrüpp. Am Westufer der Landspitze sieht man das von den deutschen Truppen im Zweiten Weltkrieg zerstörte Fort Sarah Bernhardt, wo die Schauspielerin über 30 Sommer verbrachte. Ein Teil des Grundstücks ist heute Golfplatz.

Orte in der Umgebung von Quiberon,
Belle-Ile-en-Mer, Ile d'Hoëdic,
Ile d'Houat, Küstenwanderweg
Quimperlé, La Roche-Bernard

4 Quimperlé

Die Kleinstadt mit ihren 12000 Einwohnern liegt reizvoll auf einer Landzunge zwischen den Flüssen Isole und Ellé. Das alte Zentrum der Stadt mit der Kirche Ste-Croix liegt im unteren Teil, das moderne Quimperlé hat sich auf dem Hügel darüber angesiedelt. Überragt wird der Ort von der Kirche Notre-Dame, die im 13.–15. Jh. gebaut wurde.

Quimperlé wuchs aus einer Missionsstätte, die der Mönch Guthiern im 6. Jh. gegründet hatte. Eine erste Kapelle entstand am Platz der heutigen Kirche Ste-Croix, die im 12. Jh. nach den Plänen der Heilig-Kreuz-Kirche in Jerusalem errichtet wurde. Obwohl ein Teil des Gotteshauses (u. a. der Glockenturm) im 19. Jh. erneuert werden mußte, bleibt der Rundbau einer der schönsten romanischen Bauwerke der Bretagne. Sehenswert ist auch die von romanischen Säulen begrenzte alte Krypta.

Im alten Stadtzentrum rund um die Kirche findet man noch zahlreiche Fachwerkhäuser aus dem 16. Jh, in der Rue Dom-Moric das älteste Haus der Stadt, die Maison des Archers von 1470. Hier wohnten einst die Bogenschützen (*archers*), die auch als Dorfpolizisten eingesetzt wurden.

Heute ist hier ein kleines Heimatmuseum untergebracht.

Hotel

Novalis
Rue Concarneau
Tel. 98 39 24 00, Fax 98 39 12 10
25 Zimmer
2. Kategorie
Funktionales Mittelklasse-Hotel. Sehr sauber.

Allgemeine Informationen

Auskunft
Office de Tourisme
Pont Bourgneuf
29300 Quimperlé
Tel. 98 96 04 32, Fax 98 96 16 12

La Roche-Bernard   D5/E5

Am nördlichen Rand des Naturparks der Brière liegt das hübsche Dorf La Roche-Bernard, hoch oben auf einem steilen Felsen über der Vilaine. Die Vergangenheit des Felsennestes ist bewegt und reicht bis zu den Wikingern zurück, die von hier aus einen guten Überblick über den Flußlauf der Vilaine hatten. Mehrere Werften und der florierende Salzhandel brachten später Reichtum in die Stadt. Heute kann man von der imposanten Hängebrücke (erbaut 1960) einen Blick in die Tiefe auf die vielen Segelyachten werfen, die vor historischer Kulisse sanft im Wasser dümpeln. Fachwerkhäuser mit windschiefen Dächern aus dem 16. und 17. Jh. säumen in der Oberstadt die Place du Bouffay.

Hotels

Auberge Bretonne
2, pl. du Guesclin
Tel. 99 90 60 28, Fax 99 90 85 00
11 Zimmer
Luxuskategorie
Eines der schönsten Restauranthotels in der Bretagne: nobel und stilvoll, liebevoll bis ins Detail ausgestattet. Der kürzlich etwas vergrößerte Speisesaal erinnert an einen Klosterinnenhof. Spezialität: Getrüffelte Jakobsmuscheln. Exzellenter Weinkeller.

Auberge des deux Magots
1, pl. du Bouffay
Tel. 99 90 60 75, Fax 99 90 87 87
15 Zimmer
1./2. Kategorie
Stilvolles Fachwerkhaus in zentraler Lage, komfortable Zimmer. Restaurant mit ausgezeichneter Küche.

Allgemeine Informationen

Auskunft
Office de Tourisme
Pl. du Pilori
56210 La Roche-Bernard
Tel. 99 90 67 98, Fax 99 90 67 98

D5 Rochefort-en-Terre

Nur noch Reste eines Schlosses bietet Rochefort-en-Terre seinen Besuchern. Das macht aber nichts, denn der kleine Ort (700 Einwohner) gehört zu den »Petites Cités de Caractère«. Malerisch liegt er auf einem hohen Felsen über zwei tiefen Flußtä-lern. Das Städtchen ist das älteste Blumendorf in Frankreich: Überall blühen leuchtend rot Geranien vor grauen Granit- und Schieferwänden.

Hotel

Château de Talhoët
5 km nordwestlich von Rochefort-en-Terre
Tel. 97 43 34 72, Fax 97 43 35 04
8 Zimmer
1. bis Luxuskategorie
Ein Bilderbuchschlößchen aus dem 16. Jh. in einem herrlichen Park, versteckt im Wald. Riesige Räume mit Kamin, stilvoll nostalgisch und gemütlich eingerichtet.

Essen und Trinken

Lion d'Or
Tel. 97 43 32 80, Fax 97 43 30 12
1. Kategorie
Essen im Ambiente des Mittelalters. In diesem Haus, original aus dem 16. Jh., beginnt eine Zeitreise in die kulinarische Welt unserer Vorfahren.

Allgemeine Informationen

Auskunft
Office de Tourisme
Pl. des Halles
56220 Rochefort-en-Terre
Tel. 97 43 33 57

Fest
3. Augustsonntag
Große Wallfahrt Notre-Dame-de-la-Tronchaye

5 Vannes

Vannes ist eine Stadt der Kunst,
Geschichte und Musik. Im Sommer kann
man das historische Flair genießen.

In Vannes kann man mit dem Schiff bis ins Mittelalter segeln. Direkt hinter dem Hafenbecken erhebt sich die mächtige alte Stadtmauer mit den runden wehrhaften Türmen. Sie umschließt eine malerische Altstadt mit einer gewaltigen Kathedrale. Unverkennbar ist Vannes eine »Ville d'Art et d'Histoire«.

In der Altstadt herrscht Autoverbot, und so kann man ungestört in den engen Gassen bummeln und schicke Geschäfte und Restaurants hinter sorgfältig restaurierten Fachwerkfassaden besuchen. Straßenmusikanten spielen auf historischen Instrumenten und beschwören so einen Hauch von Mittelalter herauf. Spannender als heute war es damals bestimmt: In Vannes wurde

851 das Königreich Bretagne gegründet, und – Ironie des Schicksals – 1532 ging die Krone an gleicher Stelle wieder verloren, als das Land eine Provinz Frankreichs wurde.

Vannes hat natürlich auch ein modernes Gesicht. Die am Golf von Morbihan gelegene Stadt hat sich in den vergangenen Jahren zu einer bedeutenden Industriestadt mit rund 45 000 Einwohnern entwickelt. Sie ist die Hauptstadt des Départements Morbihan und aufgrund ihrer günstigen Lage ein wichtiger Verkehrsknotenpunkt, an dem sich zahlreiche Industriebetriebe (u. a. Michelin) niedergelassen haben.

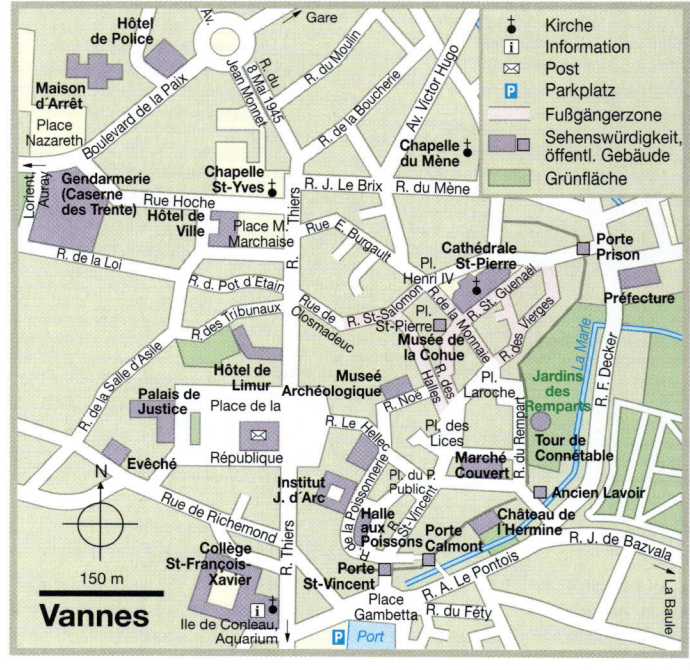

Vannes

Map legend:
- Kirche
- Information
- Post
- Parkplatz
- Fußgängerzone
- Sehenswürdigkeit, öffentl. Gebäude
- Grünfläche

150 m

Hotels

Aquarium Hôtel
Parc du Golfe
Tel. 97 40 44 52, Fax 97 63 03 20
48 Zimmer
1. Kategorie
Modernes, mehrstöckiges Hotel mit schöner Aussicht auf den Golf, komfortable Zimmer.

Manche Océan
31, rue Lieutenant-Colonel Maury
Tel. 97 47 26 46, Fax 97 47 30 86
42 Zimmer
2. Kategorie
Komfortables Hotel nördlich von der Altstadt mit Garage, schön möblierte Zimmer.

Au Relais du Golfe
Pl. du Général-de-Gaulle
Tel. 97 47 14 74
14 Zimmer
3. Kategorie
Kleines Hotel mit uriger Atmosphäre am Fuß der Stadtmauer.

Sehenswertes

Aquarium
Parc du Golfe
Juli/Aug. 9–18 Uhr; Sept.–Juni tgl. 9–12, 13.30–18.30 Uhr
Eintritt 30 FF

Das Aquarium mit der futuristischen Architektur gilt als eines der größten in Europa. Auf drei Ebenen verteilen sich 50 Bassins, in denen sich über 600 Arten von Meeresfauna bestaunen lassen. Eine Unterwasserwelt im geheimnisvollen Halbdunkel. Interessant: ein Korallenriff und das Haifischbecken.

Cathédrale St-Pierre

600 Jahre lang wurde an dieser Kathedrale gebaut, angefangen im 12. Jh. Aus dieser Zeit ist noch der Turm erhalten. Die neugotische Fassade ist aus dem 19. Jh. Die runde Seitenkapelle entstand im 16. Jh. in italienischer Renaissancearchitektur. Hier liegen die Reliquien des heiligen Vinzenz, der als Mönch in dieser Gegend Wunder vollbrachte und 1419 in Vannes starb. Zum Kirchenschatz gehören Kelche, Hostienteller und Sakramentshäuschen.

Maisons à pans de bois

Die schönsten und ältesten Fachwerkhäuser stehen in der Rue St-Salomon (Nr. 10 und 13 mit geschnitzten Figuren) und in der Rue Burgault (Nr. 2 und 4). Die bekannten Figuren »Vannes et sa femme«, zwei bäuerliche Holzbüsten, sind an der Fassade von Haus Nr. 3 in der Rue René Rogue zu sehen.

Museen

Musée Archéologique

2, rue Noë
Mo–Sa 9.30–12, 14–18 Uhr
Eintritt 15 FF

Im Museum im Château Gaillard (15. Jh.) erfährt man Wissenswertes über die Steinreihen in Carnac, über Dolmen und Megalithen, hauptsächlich aus der südlichen Bretagne. Außerdem eine umfangreiche Sammlung von Steinzeitschmuck und Arbeitsgeräten aus mehreren Epochen.

Musée de la Cohue

Pl. St-Pierre
Tgl. 9.30–12, 14–18 Uhr
Eintritt 15 FF

Die ehemalige Markthalle hinter der Kathedrale entstand im 12. bis 16. Jh. Zur Zeit der Jakobiner wurden an diesem Ort blutige Urteile gefällt. Heute ist hier im Musée des Beaux-Arts Malerei aus dem 19. Jh. zu sehen, in einem anderen Saal die Geschichte des Golfs von Morbihan, der Austern- und Fischzucht und historische Schiffsmodelle.

Essen und Trinken

La Ferme des Marais

24, av. du Maréchal Juin
Tel. 97 63 04 52
3. Kategorie

Am Hafen liegt dieses hübsche Restaurant mit deftiger, regionaler Küche.

Le Pressoir

7, rue de l'Hôpital
Saint-Avé, 5 km nördlich von Vannes
Tel. 97 60 87 63
1. Kategorie

Die beste Speiseadresse in Vannes und Umgebung. In elegantblumiger Atmosphäre werden vom Spitzenkoch Bernard Rambaud Menüs serviert, die sich nach der Saison und nach dem regionalen Angebot richten.

Restaurant de la Tour Trompette
Rue St-Vincent
Tel. 97 47 58 40
2./3. Kategorie
Originelles Lokal in einem mittelalterlichen Turm der Stadtmauer. Spezialität: Grillgerichte.

Le Richemont-Régis Mahé
Pl. de la Gare
Tel. 97 42 61 41
1. Kategorie
Der junge Chef Régis Mahé hat seine Kochkünste in Paris gelernt und verwöhnt seine Gäste jetzt in dem alten, traditionsreichen Haus am Bahnhofsplatz. Spezialität: Seebarbensalat und Langusten mit Estragon.

Einkaufen

Es gibt jede Menge Antiquitäten- und Souvenirgeschäfte. Zwei Adressen, wo die Suche lohnt:
Les Aristos Brocs
7, rue des Closmadeuc
Amélie
21, rue des Halles

Kinder

Auf Goldsuche
Im Hinterland von Vannes gibt es ein Stück Wildwest zu entdekken: Hier schürft ein echter Goldsucher nach dem teuren Metall – mit Erfolg, wie er beteuert. Jacques Le Quéré hat sein Hobby zum Beruf gemacht und zieht jeden Tag mit speziellen Waschschüsseln an die klaren Flüsse der Bretagne. Er nimmt gerne Begleiter mit, die sich von ihm in die Goldsuche einweihen lassen wollen. Besonders bei Kindern sind die abenteuerlichen Touren beliebt. 100 FF pro Person/Tag. Informationen bei Jacques Le Quéré, 56400 Tréguévir/Pluheret, Tel. 97 56 20 05 oder im Office de Tourisme in Vannes.

Papillons Tropicaux
Parc du Golfe
Juli/Aug. tgl. 10 – 18 Uhr;
Sept. – Juni tgl. 10 – 12, 14 bis 18 Uhr
Eintritt 23 FF
Die Schmetterlingsfarm ist besonders für Kinder ein Spaß: Bunte Falter und exotische Vögel flattern durch einen künstlichen Dschungel und landen gerne auf der Schulter des Besuchers.

Am Abend

L'Atlantide
Route de Ste-Anne-d'Auray
In dieser Disko trifft sich die Jugend.
Le Master
Parc du Golfe
Billard und Bowling bis zum frühen Morgen.

Allgemeine Informationen

Auskunft
Office de Tourisme
1, rue Thiers
56000 Vannes
(Fachwerkhaus in Hafennähe)
Tel. 97 47 24 34, Fax 97 47 29 49

Feste

Juli

Journées Historiques
Fast jeden Tag ein Spektakel zur
Geschichte von Vannes.

Orte in der Umgebung

Auray

Das Prädikat »Ville d'Art et
d'Histoire« hat Auray, das mittelalterliche Handelszentrum
mit seinem idyllischen Flußhafen
und einem sehr gut erhaltenen
Ortskern, verdient. Einen wunderschönen Blick auf das historische Hafenviertel St-Goustan
hat man von der Höhenprome-
nade (Promenade du Loch). Man
erreicht sie über die Steinbrücke.
Kurz vor der 1925 erbauten
Brücke liegt der gut restaurierte
Topsegelschoner »Saint Saveur«.
Er wurde zum Museumsschiff

Über die Steinbrücke, die Unter- und
Oberstadt miteinander verbindet, erreicht man das Hafenviertel von Auray

umfunktioniert und bietet heute
Einblicke in den Seehandel zur
Jahrhundertwende.

Geöffnet 10.30 – 12.30, 14.30
bis 19 Uhr

Eintritt 15 FF/10 FF

In der Oberstadt wohnen die
meisten der 10000 Einwohner.
Hier ist das moderne Zentrum
der Stadt mit Verwaltungsgebäu-
den aus dem 19. Jh. und der Kirche St-Gildas, einer stilistischen
Mischung aus mehreren Jahrhunderten und einer schönen Al-
tartafel aus dem 17. Jh.

Essen und Trinken

Le Donégal
Pl. du Général Leclerc
Tel. 97 24 81 10

Zehntausende von Pilgern kommen im Juli nach Ste-Anne d'Auray, um die Heilige Anna zu verehren. Im Sockel der Holzstatue sind ihre Reliquien eingeschlossen

Urige Kneipe und Treffpunkt von Skippern der Oldtimerboote im Hafen. Folksmusik.

Der gute Tip M:
Der größte bretonische Pardon
Zehntausende von Pilgern kommen am 25./26. Juli nach Ste-Anne d'Auray, oft noch in den regionalen Landestrachten.

Allgemeine Informationen
Auskunft
Office de Tourisme
20, rue du Lait
56400 Auray
Tel. 97 24 09 75, Fax 97 50 80 75

Sainte-Anne d'Auray M   D4/I

»Tot oder lebendig« sollte jeder Bretone wenigstens einmal hier gewesen sein, so jedenfalls will es ein Sprichwort. Und viele Bretonen scheinen sich zumindest an den zweiten Teil des Spruchs zu halten: Der kleine Ort nördlich von Auray ist die bekannteste Wallfahrtsstätte des Landes. Über 70 000 Pilger strömen jedes Jahr am 25. und 26. Juli hierher, um die Heilige Anna zu verehren.

Besonders ins Auge fällt die monumentale Wallfahrtstreppe Scala Sancta. Sie wurde 1872 errichtet und wird seitdem in jedem Jahr von den Pilgern während der Prozession überquert – von vielen Gläubigen auf den Knien. Das imposante Monument aux Morts stammt aus dem Jahr 1932 und wurde im Andenken an die im Ersten Weltkrieg gefallenen Bretonen erbaut.

Im Jahr 1624 erschien die Heilige einem gläubigen Bauern des Dorfes und zeigte ihm genau die Stelle, an der eine Kirche gebaut werden sollte. Man fand bei Grabungen eine Holzfigur, die als Annenstatue erkannt wurde. Welch ein Zeichen. Der Bau einer Kapelle begann. 1865 entstand die heutige Basilika im Renaissancestil. Die Gläubigen zünden ihre Kerzen vor der – inzwischen vergoldeten – Holzstatue an, in deren Sockel die Reliquien der Heiligen eingeschlossen sind. Jedes Jahr Ende Juli beginnt um 21.30 Uhr eine grandiose Lichterprozession.

Unterwegs in der Westbretagne

Finis terrae nannten die Römer diesen westlichsten Teil des Landes, das »Ende der Welt«. Tatsächlich ist die Landschaft der Bretagne nirgendwo rauher und einsamer als im Finistère.

Wie Finger einer Hand ragen die Halbinseln Sizun und Crozon in den wilden Atlantik hinaus. Am westlichsten Punkt des französischen Festlandes, der Pointe du Raz, widersteht das Land seit Millionen von Jahren den anrollenden Wogen des Meeres. Leuchttürme ragen auf Klippen und vorgeschobenen Felsen empor, um die Seeleute vor den gefährlichsten Schiffspassagen der Atlantikküste zu warnen.

Auch im Argoat, im Landesinneren, zeigt sich die Landschaft von extremer Seite: Der Parc Naturel Régional d'Armorique (→ Routen und Touren) ist das größte Naturschutzgebiet der Bretagne. Fast unbewohnte, stille und wilde Landschaften können noch entdeckt und durchwandert werden: Von den kahlen Höhenzügen der Monts d'Arrée (→ Routen und Touren), einem der ältesten Steinmassive in Europa, bis zum Wald von Huelgoat mit seinen grün überwucherten, bizarren Felsen im Osten des Naturparks.

Im nördlichen Umkreis dieser einsamen, verlassenen Gegend haben die frommen Bretonen vor rund 500 Jahren ihren Glauben in Stein gehauen und damit einmalige religiöse Monumente geschaffen: die *calvaires*. Künstlerisch und naiv zugleich zeigen die Figuren der Kalvarienberge – der berühmteste steht in Guimiliau – die Leidensgeschichte Christi, für die Ewigkeit aus grauem Granit geschlagen.

Muschelsammler und Naturliebhaber finden im nördlichen Finistère eine rauhe, unberührte Landschaft. Die überfluteten Flußtäler (*abers*) gaben dem Pays des Abers seinen Namen. Hier hat sich das Meer in Jahrtausenden immer weiter ins Land geschoben.

Kulinarisch ist das Finistère allerdings alles andere als das Ende der Welt. Seine Spezialitäten: *maquereau au cidre ou à la moutarde* (Makrele in Cidre oder mit Senf) in Quimper, *boudin à la crème et aux oignons* (Wurst mit Sahne und Zwiebeln) in Brest, und zum Dessert *galette du Goyen* (hauchdünne Butterpfannkuchen) aus Audierne und frische Erdbeeren von der Halbinsel Plougastel.

Audierne

Kleine, weißgetünchte Häuser säumen die Mündung des Goyen und gruppieren sich rund um den weitläufigen Hafen. Audierne ist eine alte Hafenstadt, die auch heute noch hauptsächlich vom Fischfang und von der Fischkonservenindustrie lebt. Das 3 000 Einwohner zählende Örtchen bemüht sich, seinen Besuchern im Sommer ein abwechslungsreiches Veranstal-

Grün überwucherte, bizarre Felsen
ziehen sich im Osten des Parc Naturel
Régional d'Armorique bis zum Wald
von Huelgoat

tungsprogramm zu bieten – wohl
wissend, daß es hier an Sehenswürdigkeiten und anderen touristischen Attraktionen mangelt.
2 km westlich gibt es den recht
guten, 1 km langen Strand, die
Plage de Ste-Evette.

Hotels und andere Unterkünfte

Hôtel / Restaurant le Goyen
Pl. Jules Simon
Tel. 98 70 00 88, Fax 98 78 18 77
27 Zimmer
1. / 2. Kategorie
Ein stilvolles älteres Gebäude,
direkt an der Uferstraße mit
Blick auf den Hafen. Die beste
Adresse in Audierne.

Das Haus gehört zur Gruppe Relais & Châteaux.
Horizon
40, rue J.-J. Rousseau
Tel. 98 70 09 91, Fax 98 70 01 49
50 Zimmer
3. Kategorie
Größtes Hotel der Stadt, Speisesaal mit Meeresblick.
Roi Gradlon
Sur la Plage
Tel. 96 70 04 51, Fax 96 70 14 73
19 Zimmer
2. Kategorie
Modernes Haus zwischen Strand
und Straße. Restaurant.

Camping
Camping Le Moténo
Plouhinec
Tel. 97 36 76 63
Ca. 4 km östlich von Audierne
liegt dieser sehr gut ausgestattete
Platz mitten im Grünen.

Auskunft
Office de Tourísme
Pl. de la Liberté
29770 Audierne
Tel. 98 70 12 20

Weißgetünchte Häuser gruppieren sich
um den Fischereihafen von Audierne

Orte in der Umgebung

Pont-Croix

Vom Flußufer des Goyen führen
steile Gassen ins Zentrum von
Pont-Croix, zur Kirche Notre-
Dame-de-Roscudon, zwischen
dem 13. und 16. Jh. gebaut. Wegen ihres reich verzierten Gotik-
portals ist sie die Touristenattraktion des kleinen Dorfes geworden. Das Kirchenschiff mit
seiner alten Holzdecke zeigt romanischen Stil, durch gotische
und moderne Fenster fällt rotes
und violettes Licht in den dunklen Innenraum. Rund um die

Kirche gibt es ein paar kleine Geschäfte und einen Skulpteur, der
in seinem Schaufenster sitzt und
Heiligenfiguren oder zur Abwechslung wenig bekleidete
Frauen schnitzt.

Ile de Sein   A4
Ab Plage Ste-Evette
Hin- und Rückfahrt 110 FF /
55 FF
Sehr beliebt sind Bootsausflüge
zur Ile de Sein. Bis zu 6mal täglich fahren die kleinen Schiffe in
etwas mehr als einer Stunde zu
dem wind- und wellengepeitsch-
ten Eiland, vorbei an der berühmten Pointe du Raz.
Einen nicht allzu nervösen Magen sollte man schon haben,
wenn das Boot sich durch die

Wellen kämpft. Die rauhe See rund um die Insel wurde schon Hunderten von Segelschiffen zum Verhängnis. Hier herrschen die stärksten Strömungen in Europa, und auch die Nebel sind häufer als anderswo.

Die 1 qkm große Insel sieht erwartungsgemäß öde und leer aus. Ein paar Häuschen, ein Leuchtturm, eine kleine Kirche, das ist schon alles. Viermal wurde das Eiland in den letzten 100 Jahren völlig überflutet – in der Nähe des Leuchtturms sieht man noch die Grundmauern der 1924 zerstörten Häuser.

Immerhin sollen aber 400 Menschen hier wohnen, die heute vom Hummerfang leben, keine Steuern zahlen (wegen behördlich anerkannter Armut) und früher, so hört man, allesamt Piraten waren. Die Wahrheit ist: Die Einwohner betätigten sich fleißig als Wrackplünderer, was zwar verboten, aber bis ins 19. Jh. hinein durchaus üblich war.

A3 Brest

Kriegsschiffe, riesige Tanker, Hochhäuser, schnurgerade gesichtslose Straßen – kein Wunder, daß die meisten Besucher des Finistère einen Bogen um Brest machen. Die zweitgrößte Stadt der Bretagne (160 000 Einwohner) hat es schwer, sich ein liebenswertes Image zu geben.

Das heutige nüchterne Stadtbild verdankt Brest allerdings dem Zweiten Weltkrieg. Sechs Wochen lang bombardierten die Alliierten 1944 die Stadt, in der die deutsche Wehrmacht 1940 einen stark befestigten U-Boothafen angelegt hatte. Nach dem Bombenhagel waren das Hafengebiet und die Innenstadt vom Erdboden verschwunden. Der Wiederaufbauplan sah ein geometrisches Stadtbild mit einförmigen, funktionalen Häusern vor und wurde auch dementsprechend ausgeführt. Die heutigen Architekten versuchen, mit hypermodernen Bauten einen futuristischen Touch in die Stadt zu bringen. So sticht das Kultur- und Kongreßzentrum Le Quartz mit seiner verspiegelten Fassade aus dem Betoneinerlei hervor. Der Museumsbau Océanopolis erinnert an eine überdimensionierte Krake, was auf den Inhalt hinweisen soll.

Schön ist sie also nicht, diese Stadt, aber sie trägt's mit Fassung. Hat sie doch mindestens einen Vorzug, der ihr und in ihr das Leben angenehm macht: ihre einmalige Lage an der Rade de Brest, die zu den größten und schönsten Naturhäfen der Welt zählt. Durch eine 2 km breite Einfahrt können die Schiffe den windgeschützten Hafen erreichen. Schon die Römer erkannten die günstige Lage und bauten hier ein bedeutendes Militärlager. Die Minister Richelieu und Colbert erweiterten die Schiffsanlagen im 17. Jh. zum größten Kriegshafen Frankreichs. Traurige Berühmtheit erlangte der

Hafen als Bagne von Brest. Das Arbeitslager entstand 1750 und blieb 100 Jahre lang abschrekkendes Beispiel des französischen Strafvollzugs. Die Gefangenen mußten in den Werften schuften, viele von ihnen überlebten das gefürchtete Bagne nicht. Heute kann man sich auf einer 1 1/2stündigen Hafenrundfahrt die Schrecken von damals erzählen lassen.

Brest ist immer noch ein wichtiger militärischer Stützpunkt, rund 80000 Menschen hängen existentiell von der zweitgrößten Marinebasis – unter anderem auch für Atom-U-Boote – in Frankreich ab. Wirtschaftlich bedeutsam sind auch der Handelshafen, das Ozeanographische Forschungszentrum und die zweitgrößte bretonische Universität.

Hotels

Altéa Continental
24, rue de Lyon
Tel. 98 80 50 40, Fax 98 43 17 47
75 Zimmer
2. Kategorie
Ein großes Hotel in zentraler Lage, moderne, komfortable Zimmer.
Holiday Inn Garden Court
41, rue Branda
Tel. 98 80 84 00, Fax 98 80 84 84
84 Zimmer
1. Kategorie
Busineß-Hotel, am Wochenende Sondertarife.
Hotel Astoria
9, rue Traverse

Tel. 98 80 19 10, Fax 98 80 52 41
26 Zimmer
3. Kategorie
Ein ruhiges Haus mit familiärer Atmosphäre in der Nähe des Château, hübsch möblierte Zimmer.
Hôtel le Belvédère
Ste-Anne-du-Portzic
Tel. 98 31 86 00, Fax 98 31 86 39
30 Zimmer
2. Kategorie
Etwa 7 km außerhalb von Brest liegt dieses ruhige Hotel mit einem schönen Blick über die Reede von Brest. Sehr gutes Restaurant im Haus.
Hôtel de la Corniche
1, rue Amiral Nicol
Tel. 98 45 12 42, Fax 98 49 01 53
17 Zimmer
1./2. Kategorie
Ein Dreisternehotel in ruhiger Lage und mit rustikalem Ambiente.

Sehenswertes

Château / Musée de la Marine
Museum Mi–Mo 9.15–12,
14–18 Uhr
Eintritt 24 FF / 12 FF
Das Schloß thront über der Mündung des Flusses Penfeld und ist das einzige historische Monument in Brest. Die mittelalterliche Festung aus dem 12. Jh. galt lange Zeit als uneinnehmbar. 1923 wurde das trapezförmige Gebäude mit den mächtigen Türmen zum »Monument historique« erklärt. Die Zerstörungen aus dem Zweiten Weltkrieg sind noch heute sicht-

Die touristische Hauptattraktion von Brest ist das futuristische Gebäude Océanopolis, Ort für Computer-Fans. Im Erdgeschoß gibt es aber auch ein Aquarium

bar. In einigen Türmen des Schlosses ist seit 1985 das Marinemuseum untergebracht. Man sieht historische Schiffsmodelle, Dokumente zur Geschichte von Brest und Navigationsinstrumente.

Kriegshafen

Abfahrt Port de Commerce beim Schloß oder Port de Plaisance im Yachthafen beim Océanopolis

Eine Barkassenfahrt zum Kriegshafen und durch die Reede von Brest dauert ungefähr $1^1/_2$ Stunden. Die Kriegsschiffe sind allerdings nur aus der Ferne zu besichtigen.

Museen

Musée des Beaux-Arts
22, rue de Traverse
Mi–Mo 10–11.45, 14 bis 18.45 Uhr
Eintritt frei

Gemäldesammlung mit Werken ab dem 17. Jh. vor allem aus Italien, Holland und Frankreich. Einige Bilder aus der Schule von Pont-Aven.

Océanopolis
Port de Plaisance
Mai–Sept. 9.30–18 Uhr; Okt.–März Mo 14–17, Di bis Fr 9.30–17, Sa, So und Feiertage 9.30–18 Uhr
Eintritt 50 FF / 30 FF

Das futuristische Gebäude, 1990 eröffnet, das etwas isoliert außerhalb des Zentrums zwischen Parkplätzen und Yachthafen liegt, ist die touristische Hauptattraktion der Stadt. Auf ihre Kosten kommen sicher diejenigen, die Videopräsentationen und Computersimulationen schätzen. Statistiken, Berechnungen der Einflüsse von Gestirnen auf das Meer und Wettervorhersagen werden veranschaulicht und erklärt – auf französisch. Es gibt allerdings eine kleine Broschüre in deutscher Sprache. Interessant auch für Kinder ist das im Halbdunkel liegende Aquarium im Erdgeschoß des Gebäudes. Das Ökosystem der bretonischen Meeresküste wird hier in mehreren Schaubekken – mit Robben, Heringsschwärmen und Tangwäldern – gezeigt.

Wer selber aktiv werden möchte, kann kleine Modellboote durch ein großes Wasserbecken fernsteuern, oder – unter Aufsicht – im Touch-Pool ausprobieren, wie sich Seegurken und -igel anfühlen.

Essen und Trinken

L'Espérance
6, pl. de la Liberté
Tel. 98 44 25 29
So abend, Mo geschl.
2. Kategorie
Ein modernes Lokal mit traditioneller Küche, großer Auswahl an Fischgerichten und gut sortierter Weinkarte.
Frère Jacques
15, rue Lyon
Tel. 98 44 38 65
So geschl.
1. Kategorie

Französische Haute Cuisine in eleganter Umgebung. Mit einem Michelin-Stern ausgezeichnet. Besonders raffiniert sind die köstlichen Desserts.
Ma Petite Folie
Port de Plaisance
Tel. 98 42 44 42
So abend geschl.
1./2. Kategorie
Passende Umgebung für ein Meeresfrüchtegericht: Das Restaurant ist ein umgebautes Boot von Langustenfischern.
Ruffé
1 bis, rue Yves-Collet
Tel. 98 46 07 70, Fax 98 44 31 46
2. Kategorie
Gutes Restaurant mit einheimischer Küche und reellen Preisen.
Le Vatel
23, rue Fautras
Tel. 98 44 51 02
Luxuskategorie
Die Adresse, die in Brest als »in« gilt. Ein Treffpunkt der goldenen Kreditkarten. Übrigens: Der Fisch hier ist auch frisch.

Einkaufen

Zwei Adressen, die den Geldbeutel nicht strapazieren und wo das Stöbern nach originellen Mitbringseln Spaß macht:
Eurodif
Die Kaufhauskette bietet eine riesige Auswahl schönster Druckstoffe – zum Teil mit typisch bretonischen Mustern – in allen Preisklassen an.
Leon
76, rue Jean-Jaurès
Hier gibt es jede Menge witzige

und kitschige Kleinigkeiten, aber auch solide Tontöpfe und dicke Kaffeetassen. Wer für 100 FF noch Geschenke für 10 Leute braucht, ist hier richtig.
Beide Geschäfte gibt es auch in anderen größeren Städten (z. B. in St-Brieuc).

Am Abend

Le Café de la Plage
32, rue Massillon
Hier im St-Martin-Viertel treffen sich alle Alters- und Gesellschaftsschichten. Gelegentlich Di abend Kabarett.

Allgemeine Informationen

Auskunft
Office de Tourisme
Pl. de la Liberté
29200 Brest
Tel. 98 44 24 96, Fax 98 44 53 73

Fest
Anfang August
Internationales Dudelsacktreffen.

Orte in der Umgebung

Ile d'Ouessant
Fähre vormittags vom Port de Commerce
Rückfahrkarte ab Brest 150 FF, ab Le Conquet 100 FF
Diese Insel westlich von Brest ist ein Eiland der Superlative. Hier ist die See am wildesten, der Wind am stürmischsten, die Seefahrt am gefährlichsten. Am

westlichsten Punkt Frankreichs erscheint der Gedanke, am Ende der Welt zu sein, am wahrscheinlichsten. An der Nordwestküste hat das Meer die Klippen zu schroffen Felszacken zernagt, tobend rennen die Wellen gegen den grauen Granit an. Zahllose Schiffe sind in früheren Zeiten auf den vorgelagerten Riffen gekentert. Heute fordert das Meer hier – dank eines äußerst aufwendigen und hochmodernen Alarmsystems – keine Opfer mehr.
Von oben betrachtet erinnert die 8 km lange Insel an eine Krabbenschere mit dem Hauptort Lampaul in der Mitte. 1000 Menschen wohnen auf dem kahlen Eiland.
Alle Wege der Insel führen nach Lampaul, wo es auch ein paar kleine, einfache Hotels und Restaurants gibt. Sehenswert ist hier der Friedhof neben der Kirche: Dutzende von schwarzen Granitkreuzen mit weißen Christusfiguren recken sich in einen grauen Himmel, auf dem die Wolken vorbeijagen.
Im alten Maschinenhaus des Phare de Créac'h kann man die Geschichte der Leuchttürme in einem kleinen Museum studieren, im Sommer von 10.30 bis 18.30 Uhr.
Von den fünf Leuchttürmen der Insel ist der Phare de Créac'h mit einer Reichweite von über 100 km der stärkste – und gehört damit sogar zur Weltspitze.
Wie das alltägliche Leben früher aussah, zeigt das Heimatmu-

seum (Maison du Niou) erstaunlich farbenfreudig: Die Möbel aus den historischen Fischerstuben sind bunt bemalt, und die Einrichtungen erinnern an die Kajüte eines Schiffes.
Im Sommer 10.30–18.30 Uhr geöffnet.

3 Landerneau

Landerneau ist die einstige Hauptstadt der Region Léon. Aber wirtschaftlich und politisch stand und steht es im Schatten von Brest. Die Nähe zur Großstadt machte Landerneau zum Zulieferer für Milch und Fleisch, es besitzt einige Schlachthöfe, eine Brauerei und ist wichtiger Umschlagplatz für die landwirtschaftlichen Produkte der Umgebung.

Mittelpunkt der Kleinstadt mit ihren 15 000 Einwohnern ist der von alten Bürgerhäusern umgebene Pont de Rohan. Mit sechs Bögen überspannt die alte Steinbrücke von 1510 den Fluß Elorn, der sich mitten durchs Zentrum von Landerneau schlängelt.

Der Pont de Rohan ist eine der letzten bewohnten Brücken in Europa. Aber man muß schon genau hinsehen, um zwischen den Granit- und Schieferhäusern die Rundbögen über dem Wasser zu entdecken.

Schieferverkleidete Häuser aus dem 16. und 17. Jh. findet man rund um die Place du Général-de-Gaulle und an der Kirche St-Thomas auf der anderen Flußseite.

Beliebteste Beschäftigung der Urlauber in Camaret-sur-Mer, der Hochburg des Langustenfangs: Hummer aussuchen

Camaret-sur-Mer　　　　A3

Die kleine Hafenstadt mit ihren ca. 3 000 Einwohnern erstreckt sich um eine Bucht, die im Nordwesten von einer Sandbarriere, Le Sillon, geschützt wird. Camaret war früher ein bedeutender Hafen für Langustenfang. Seit die Erträge nicht mehr so üppig ausfallen, hat die Stadt mit wirtschaftlichen Problemen zu kämpfen. Einen gewissen Ausgleich schaffen jedoch die Touristen, die am liebsten in den Restaurants und Cafés am malerischen Hafen sitzen. An der Mole steht der ehemalige Verteidigungsturm, 1689 von Vauban errichtet.

Hotels

France
Am Hafen
Tel. 98 27 93 06, Fax 98 27 88 14
1. April–31. Okt.
20 Zimmer
2. Kategorie
Funktionales Sommer-Hotel.
Thalassa
Quai Styvel
Tel. 98 27 86 44, Fax 98 27 88 14
46 Zimmer
2. Kategorie
Komfortables Dreisternehotel, sehr modern eingerichtet, mit Angeboten für Thalassothera- pie, Swimmingpool, Fitneßräu- men.

Allgemeine Informationen

Auskunft
Office de Tourisme
Quai Klibér
29570 Camaret-sur-Mer
Tel. 98 27 93 60, Fax 98 27 87 22

Ausflüge
Von Camaret aus kann man mehrere spektakuläre Aussichts- punkte der Halbinsel anfahren, per Auto oder auch per Boot. Die Pointe des Espagnols bietet einen ungewöhnlichen Blick auf die Großstadt Brest und ihre Hafen- anlagen. Die Pointe de Penhir be- eindruckt mit ihren 70 m hohen hellen Granitfelsen, dem ko- chenden Meer und den drei dik- ken Felsbrocken – Tas de Pois (Erbsenhaufen) –, die wie hinge- schleudert im Meer zu schwim- men scheinen. Ein großes Kreuz

erinnert an die im Zweiten Welt- krieg gefallenen französischen Soldaten.
Die Schiffahrtsgesellschaft Ve- dettes Sirènes bietet einstündige Ausflüge zu den Aussichtspunk- ten an. Tickets und Abfahrt im Hafen.
Alignement de Lagatjar
Am westlichen Stadtrand von Camaret stehen 143 Menhire aus weißem Quarzit. Die in drei Reihen aufgestellten Steine sind der Rest eines großen Megalith- feldes, das einmal über 800 Menhire gezählt haben soll.

Fest
1. Sonntag im September
Pardon Notre-Dame-de-Roca- madour und Segnung des Mee- res.

Le Conquet

An einem kurzen *aber* (Le Croaé) liegt dieses malerische ehemalige Korsarennest. Das Zentrum des kleinen Ortes be- findet sich oberhalb der weiten Flußmündung, von hier aus füh- ren steile Straßen hinab zum Ha- fen. Hier legen die Fähren ab zur Ile d'Ouessant, in der Hauptsai- son viermal täglich. Wer länger bleibt, findet nach einer Wande- rung durch die sanfte Dünen- landschaft im Norden des Ortes die vier schönen Sandstrände Plages des Blancs Sablons. Am Wochenende sehr beliebt bei den sonnenhungrigen Großstädtern aus Brest.

Hotel

Pointe Ste-Barbe
Tel. 98 89 00 26, Fax 98 89 14 81
49 Zimmer
2. Kategorie
Das Schönste an diesem Hotel ist
der wunderbare Blick auf das
Meer und die Inseln. Die Zimmer mit Meeresblick sind dop-
pelt so teuer wie die ohne.

Essen und Trinken

Corontel Point St-Mathieu
4 km außerhalb Richtung
Pointe St-Mathieu
Tel. 98 89 00 19, Fax 98 89 15 68
So abend, Di geschl., in der Ferienzeit durchgehend geöffnet
Luxuskategorie
Sehr modernes Restaurant mit
exquisiter Auswahl frischer Fische. Bemerkenswerte Fischsuppe.

Allgemeine Informationen

Auskunft
Office de Tourisme
29217 Le Conquet
Tel. 98 89 11 31

Ort in der Umgebung

Pointe de St-Mathieu
Besichtigung des Leuchtturms
im Sommer tgl. 10.30–12,
15–19 Uhr
Ein ungewöhnlicher Gebäude-
mix erwartet den Besucher an
der Spitze der Landzunge St-Mathieu, 20 km westlich von Brest.

Zwei Leuchttürme und eine verfallene Abtei, gegründet im 6. Jh.
von Benediktinermönchen, stehen hoch oben auf der Steilküste.
Ein Turm war ursprünglich
Glockenturm der Abteikirche
aus dem 12. Jh. und diente ab
1740 als Leuchtturm. Der andere rot-weiße Turm wurde
1865 gebaut, ist 37 m hoch und
hat eine Reichweite von 32 km.
167 Stufen führen hinauf zur
Lampenetage. Der Turmwärter
informiert gerne über die Geschichte und freut sich über ein
Trinkgeld.

Crozon–Morgat   A3

Schöne alte Häuser rund um eine
moderne Kirche, schmale Gassen und jede Menge Geschäfte
bestimmen das Stadtbild von
Crozon, dem Hauptort der
gleichnamigen Halbinsel. Die
Kleinstadt mit ihren 8 000 Einwohnern ist das Einkaufszen-
trum der Region.
Sehenswert ist in der Kirche ein
großer Altaraufsatz aus dem
Jahr 1602. Mit 400 bunt bemalten Holzfiguren wird die Leidensgeschichte der zum christlichen Glauben konvertierten Le-
gion von Theben dargestellt.
10 000 Soldaten wurden damals
im 2. Jh. auf Befehl von Kaiser
Hadrian gekreuzigt.
Zum Baden fährt man am besten
in das Fischerdörfchen Morgat,
das südlich an die Stadt grenzt.
Ein langer Sandstrand und ein
Yachthafen verbreiten Urlaubs-

Vor wenigen Jahrzehnten noch begab sich kein Bretone nur zum Vergnügen aufs Meer. Segelschulen, wie hier in Crozon-Morgat, zeigen, daß sich das gründlich geändert hat

atmosphäre. Von hier aus starten auch Boote zu den Grottes Marines de Morgat. Die Rundfahrt zu den vier Grotten dauert eine knappe Stunde. Am schönsten ist die Grotte de l'Autel (Altar) mit 15 m Höhe und 90 m Tiefe. Die Fahrt kostet 30 FF/26 FF.

Hotels und andere Unterkünfte

Hôtel le Julia
Morgat, 43, rue de Tréflez
Tel. 98 27 05 89, Fax 98 27 23 10
25 Zimmer
2./3. Kategorie
Ein rustikales Haus der Kette Logis de France mit Garten.

La Mer
5,5 km auf der D 155 und D 55 Richtung Fret
Tel. 98 27 61 90, Fax 98 27 65 89
24 Zimmer
3. Kategorie
Abseits gelegenes Hotel der einfachen Art.

Moderne
61, rue Alsace-Lorraine
Tel. 98 27 00 10, Fax 98 26 19 21
37 Zimmer
2. Kategorie
Das Haus gehört zur Logis-de-France-Kette und liegt zentral in der Nähe der Post, schön möblierte Zimmer. Im Sommer nur mit Halbpension.

Camping
Camping la Plage de Goulien
Im Ortsteil Goulien, 3 km westlich von Crozon
Tel. 98 27 17 10

90 Stellplätze
Ab Juni
Schöne Lage an einer Bucht mit Sandstrand.

Essen und Trinken

La Pergola
25, rue Poulpatré
Tel. 98 27 04 01
So abend, Mo geschl., Juli, Aug. durchgehend geöffnet
2. Kategorie
Gastronomie mit bretonischem Ambiente.

Allgemeine Informationen

Auskunft
Office de Tourisme
Bd. de Pralognan
29160 Crozon-Morgat
Tel. 98 27 07 92, Fax 98 27 24 89

Zum Urlaub gehört eben doch mehr als Meer und Kunst und Kirchen. Nicht nur in Douarnenez gibt es schönen und nützlichen – auch unnützen – Schnickschnack

Tauchen
Centre de Plongée
Port de Plaisance
Tel. 98 27 05 00
Erkundung von Unterwasserflora und -fauna.

Douarnenez — A3/A4

Die Kleinstadt mit fast 20 000 Einwohnern zeigt dem Besucher zwei verschiedene Gesichter, einmal das Badeleben im Stadtteil Tréboul mit der Plage des Sables Blancs und zum anderen die historische und inzwischen industriell geprägte Ansicht einer betriebsamen Fischereistadt.

25 000 Tonnen Fisch, Krustentiere und Jakobsmuscheln werden hier jährlich verarbeitet. Douarnenez ist die Nummer eins bei der Konservierung von Meeresfrüchten in Frankreich. Trotzdem bedeutet dies einen wirtschaftlichen Abstieg verglichen mit der Bedeutung der Stadt im vorigen Jahrhundert: Damals war Douarnenez der größte Sardinenhafen Europas, die ganze Stadt eine einzige Hafenzone. Alle Einwohner waren irgendwie im Fischgeschäft tätig – *Pennsardins* wurden sie genannt, Sardinenköpfe.

Technische Umstrukturierungen und der Rückgang des Sardinenfischfangs beendeten diese Epoche jedoch nach dem Zweiten Weltkrieg.

Das touristische Leben findet rund um die Plage des Sables Blancs in Tréboul statt. Hotels und Ferienhäuser mit hauptsächlich französischen Urlaubern säumen den weißen Sandstrand. Der große Yachthafen hat Platz für 700 Boote und beherbergt ein olympisches Trainingszentrum für Jollensegler.

Die größte Touristenattraktion liegt allerdings an der Mündung des Flusses Rhu, der 1993 eröffnete Museumshafen (Le Port-Musée). Schöne Spaziergänge führen durch die Gassen der Altstadt hinunter zum alten Hafen Rosmeur mit seinen kleinen, weißgetünchten Häusern und von hier aus weiter über den Küstenpfad Sentier des Plomarc'h entlang der Küste zur Plage du

Ris, einer großzügig geschwungenen, wunderschönen und nicht überlaufenen Bucht. Manchmal gibt es jedoch Probleme mit zu starker Algenanschwemmung und dem damit verbundenen strengen Geruch.

Ein spektakuläres Fest (Fête des Vieux Gréements) findet jedes 2. Jahr Mitte August statt. Dann laufen drei Tage lang internationale Oldtimerschiffe, vom Viermaster bis zum Gaffelschoner, in den Hafen ein.

Einige Verlagshäuser für bretonische Ethnographie haben ihren Sitz in Douarnenez, zum Beispiel ArMen, das gut gestaltete und informative Magazine (nur auf französisch) über die Bretagne herausgibt.

Hier gibt es auch Lektüre zur legendären Stadt Ys, einem bretonischen Atlantis, das vor der Küste von Douarnenez einst in den Fluten des Meeres versank. Vorangegangen war ein lasterhaftes Treiben in der Stadt, bei dem auch die leichtsinnige Tochter des edlen Königs Gradlon eine Rolle spielte. Sie öffnete mit einem verbotenen Schlüssel das Tor zum Meer.

Hotels und andere Unterkünfte

Bretagne
23, rue Duguay-Trouin
Tel. 98 92 30 44
27 Zimmer
3. Kategorie
Im Zentrum von Douarnenez, Zimmer mit unterschiedlicher sanitärer Ausstattung.

Le Clos de Vallombreuse
7, rue d'Orves
Tel. 98 92 63 64, Fax 98 92 13 12
20 Zimmer
1. Kategorie
Eines der besten Hotels am Ort in ruhiger Lage und mit Schwimmbad und edel eingerichteten Zimmern.
Grand Hôtel de la Plage des Sables Blancs
Plage des Sables Blancs
Tel. 98 74 00 21
95 Zimmer
2. Kategorie
Das größte Hotel direkt am Hauptstrand von Tréboul. Mit Sonnenterrassen und großer Bar und komfortablen Zimmern.
Le Kériolet
29, rue du Croas Talud
Tel. 98 92 16 89, Fax 98 92 62 94
8 Zimmer
3. Kategorie
Ordentliches, preiswertes Stadthotel.

Camping
Camping Le Pil Koad
Bei Poullan-sur-Mer
Tel. 98 74 26 39
Sehr gut ausgestatter Platz in ruhiger Lage: Restaurant, Pool, Fahrradverleih und Kinderbetreuung. Ausgezeichnete sanitäre Anlagen.

Museum

Le Port-Musée
Quai du Port-Rhu
Tel. 98 92 34 90
Tgl. 9–19 Uhr
Eintritt 50 FF/20 FF

Eine in Europa einmalige Anlage: Im alten Küstenhafen Port-Rhu liegen 50 historische Schiffe vor Anker, sechs von ihnen können auch während einer (französischen) Führung von innen besichtigt werden. Rund um den Hafen wurden einige traditionelle Werkstätten – Mastenbau, Segelherstellung, Räuchereien – wieder aufgebaut. Innerhalb der weitläufigen Anlage liegt das Schiffsmuseum (Musée du Bateau) in einer rosafarbenen ehemaligen Konservenfabrik. Anschaulich werden Geschichte und Technik des Schiffbaus präsentiert. Daneben ragt ein Holzgerippe in die Luft. Hier wird in jahrelanger Arbeit ein Dreimaster aus dem 19. Jh. rekonstruiert.

Essen und Trinken

Auberge de Kervéoc'h
Route de Kervéoc'h
5 km Richtung Quimper
Tel. 98 92 07 58
Ostern–Sept.
1./2. Kategorie
Seezunge mit Jakobsmuschelsauce wird auf einem alten Bauernhof stilvoll serviert. Weitere Spezialitäten sind Hummer und *foie gras*.
Pub Le Pourquoi-Pas?
15, quai de Port-Rhu
Tel. 96 92 76 13
2. Kategorie
Rustikales Hafenlokal. Wenn man Glück hat, hört man abends live bretonische und irische Lieder.

Restaurant la Ville d'Ys
39, rue des Sables Blancs
Tel. 98 74 00 87
2. Kategorie
Ein familiäres Restaurant mit einem reichhaltigen Fischangebot. Spezialität: Paella mit Meeresfrüchten.

Einkaufen

Cobreco
Zone Industrielle de Lannugat
Fischkonserven raffiniert und preiswert direkt ab Fabrik.
Coopérative Maritime
Port de Pêche
Eine sehr große Auswahl an Angelgeräten und Fischereibedarf.
Maison du Kouign Amann
5, rue Jean-Jaurès
Für Kuchenfreunde: Die besten *Kouign Amann* der Sizun-Halbinsel.

Allgemeine Informationen

Auskunft
Office de Tourisme
2, rue Docteur-Mevel
29100 Douarnenez
Tel. 98 92 13 35, Fax 98 74 46 09

Feste
Februar
Carnaval des Gras
Fasching wird hier sehr ausgiebig gefeiert.

August
Großes Fest der Schiffe, alle 2 Jahre mit Hunderten von Wasserfahrzeugen, Ausstellungen und Konzerten.

Ende Aug./Sept.
Festival Cinéma des Minorités Nationales
Filmfestival der Nationalen Minderheiten

Ausflüge
Die Bucht von Douarnenez und die wilde Küste mit ihren Grotten kann man per Boot erforschen oder mit der Angel unter der Anleitung erfahrener Fischer sein Glück versuchen. Auskünfte bei Vedettes Rosmeur, Tel. 98 92 83 83.

Landévennec

Kommt man von Norden, ist die Anreise spektakulär: Hinter einer 270 m langen Hängebrücke über den Fluß Aulne beginnt das Dorf Landévennec. Wenige Häuserreihen gruppieren sich um eine sanfte Bucht, das Wasser plätschert sacht gegen die Ufersteine. Im milden Kleinklima gedeihen Palmen und Feigen. Von den 400 Einwohnern ist niemand zu sehen, aber einige Touristenbusse haben den Weg hierher gefunden. Der verschlafene Ort ist die Heimat von Mönchen, die sich schon im 5. Jh. hier niederließen. Die historische Abtei von Landévennec ist heute eine eindrucksvolle Ruine. Oberhalb des Dorfes haben Benediktinermönche 1958 eine neue Abtei gegründet, in der zur Zeit 33 Mönche leben. Sehens- und hörenswert: die Messen in der großen, modernen Kirchenhalle mit gregorianischen Gesängen (11 und 16 Uhr, Zeiten können sich aber ändern). Im Verkaufsraum der Abtei gibt es auch empfehlenswerte Käsespezialitäten des Klosters und Früchtekuchen.

Hotels

Hotel/Restaurant Le Beau Séjour
Rue St-Guénolé
Tel. 98 27 35 36
12 Zimmer
3. Kategorie
Großes älteres Gebäude in zentraler Lage Richtung Kirche, Zimmer mit unterschiedlicher sanitärer Austattung.

Hotel/Restaurant Le St-Patrick
Rue St-Guénolé
Tel. 98 27 70 83
6 Zimmer
2./3. Kategorie
Familiär geführtes Hotel mit einfachem, aber gutem Restaurant. Nette Atmosphäre mit Kindern und Katzen, geschmack- und liebevoll eingerichtete Zimmer.

Sehenswertes

Abbaye de Landévennec ▣
Von der ersten Abtei, die 485 vom keltischen Mönch Gwennolé (oder Guénolé) nah an der Küste errichtet wurde, sind nur noch die Mauerreste einer kleinen Kapelle gefunden worden. Die Reste der Klosterkirche, die man besichtigen kann, stammen aus dem 11. Jh. Die immer noch imposanten Ruinen lassen ahnen, daß hier einmal ein drei-

schiffiger, über 50 m langer Kirchenbau gestanden hat. In einem Anbau neben der Apsis sollen König Gradlon und sein Berater St-Guénolé begraben sein.
Jahrhundertelang mußten sich die Mönche gegen englische Plünderer zur Wehr setzen, bis schließlich während der Französischen Revolution die Klosteranlage endgültig zerstört wurde. Seit 1978 bemühen sich Archäologen und Architekten um ihre Wiederherstellung. Ihre Bemühungen wurden 1988 mit einem europäischen Preis für den Erhalt eines wichtigen kulturellen Erbes ausgezeichnet.

Museum

Musée de l'Ancienne Abbaye
Mai–Sept. 10–19 Uhr; Okt. bis April Mi–Mo 14–18 Uhr
Eintritt 25 FF/15 FF
Ausgrabungsfunde, Dokumentationen über die archäologischen Arbeiten und über die Ge-

> Der gute Tip ▣:
> **Abbaye de Landévennec**
> Eindrucksvolle Ruinen eines der ältesten Klöster Frankreichs. In der Hallenkirche der modernen Abtei: eine Messe mit gregorianischen Gesängen der Mönche.

schichte der Benediktinermönche. In modern ausgestatteten Räumen (1990 eröffnet) läuft außerdem eine Diashow über die bewegte Vergangenheit des Klosters.

B3/B4 / **Locronan**

Wie eine Theaterkulisse wirkt das Renaissancestädtchen, in dem sich seit dem 17. Jh. kein Stein, einschließlich des Kopfsteinpflasters, mehr von seinem Platz bewegt hat. Belebt wird die perfekte Szenerie von Touristenströmen, die busweise auf dem Parkplatz vor der Stadt ausgeladen werden. Trotzdem kann man sich nicht der Faszination entziehen, die von den alten Granithäusern rund um den Kirchplatz mit dem Dorfbrunnen ausgeht. Kein modernes Element – sieht man von einigen Ladenschildern und Verkehrszeichen ab – stört die Idylle. Das mittelalterliche Ambiente haben Filmemacher als authentische Kulisse entdeckt – auch Roman Polanski, der hier »Tess« mit Nastassja Kinski drehte.

Alle sechs Jahre, das nächste Mal im Jahr 2001, lockt die Stadt noch größere Besucherströme an. Dann feiern die Einwohner die Grande Troménie zu Ehren ihres Heiligen St-Ronan. Tausende von Pilgern umrunden bei dieser Wallfahrt, die zu den größten der Bretagne zählt, den Ort und die Kirche, so wie es einst Ronan getan haben soll. Im 6. Jh. kam der fromme Eremit aus Irland und ließ sich in dieser Gegend nieder. Der Name der Stadt weist auf das Ereignis hin: *Loc* (der Ort) von Ronan.

Außer der großen Wallfahrt gibt es noch die kleine Troménie, die zu Ehren St-Ronans jedes Jahr am 2. Sonntag im Juli gefeiert wird.

Wirtschaftlich ging es der Stadt jahrhundertelang gut. Über 400 Webstühle ratterten hier und produzierten die besten Leinentücher und Segelstoffe für die Schiffsflotten des nahen Meeres. Mit dem Ende der Segelschifffahrt versank auch Locronan in einen langen Dornröschenschlaf, aus dem es erst in den letzten Jahrzehnten langsam wieder erwachte. Vor allem Kunsthandwerker, Glasbläser, Töpfer und Weber haben sich hier wieder niedergelassen. In einigen der alten Herrenhäuser wurden Galerien eröffnet. Zwei besonders schöne Manoirs liegen an der steilen Straße, die rechts vom Kirchplatz den Berg hinaufführt. Vom Conservatoire de L'Affiche en Bretagne (wechselnde Kunstausstellungen) hat man außerdem einen wunderbaren Blick über Stadt und Land bis zum fernen Meer.

Hotels

Hôtel Bois du Névet
Route du Bois du Névet
Tel. 98 91 70 67
33 Zimmer
2. Kategorie
Etwas außerhalb gelegen mit großem, schönem Garten. Die Zimmer haben eine gute Ausstattung.

Hotel de Prieure
(zentral im Ort)
Tel. 98 91 70 89

14 Zimmer
2. Kategorie
Mit Garten und nettem Restaurant.

Über 400 Webstühle ratterten in guten Zeiten in Locronan für die Schiffsflotten des nahen Meeres

Sehenswertes

Saint Ronan
Die Kirche St-Ronan entstand im 15. Jh. In der etwas später angebauten Chapelle Pénity fand der heilige Ronan seine letzte Ruhestätte. Hier das Relief des Heiligen, der mit der einen Hand ein Ungeheuer tötet, während die andere einen Pilger segnet. Am Predigtstuhl (1707) werden auf Medaillons Stationen aus dem Leben des Eremiten dargestellt.

Essen und Trinken

Au Fer à Cheval
Pl. de l'Eglise
Tel. 98 91 70 74
3. Kategorie
Immer gut gefüllt – und nicht nur mit Touristen – ist dieses urige Lokal direkt am Kirchplatz. An langen Holztischen wird serviert.
Crêperie Ty Coz
Gegenüber der Kirche St-Ronan
Tel. 98 91 70 79
3. Kategorie
Leckere Crêpes in einer stilechten Umgebung. Meistens sehr voll.

Allgemeine Informationen

Auskunft
Office de Tourisme
Pl. de la Mairie
29180 Locronan
Tel. 98 91 70 14; Fax 98 51 81 20

Von Mäusen und Möwen Wie wir alle wissen, verzehrte Obelix bereits zum Frühstück mindestens ein Wildschwein, das er in den Wäldern Galliens erlegt hatte. Heute müßte der dicke Kelte wahrscheinlich auf seine Leibspeise verzichten: Die wilden Schweine sind knapp geworden im ehemaligen Gallien. Wo früher dichte Wälder das Land bedeckten, wird heute Gemüse angebaut. Mit den Bäumen verschwanden auch die Tiere, von Wildschweinen und Hirschen gibt es nur noch wenige Exemplare. Geblieben sind die kleinen Säugetiere: Mäuse, Marder, Igel und Hermelin, das Wappentier der Bretagne. Mit viel Glück kann man im Naturpark Brière noch einen Fischotter entdecken. In den Sumpfgebieten, vor allem in der Südbretagne, findet man zahlreiche Reptilien und Amphibien. Frösche und Kröten quaken um die Wette, auf den Steinen sonnen sich Mauer- und Smaragdeidechsen.
Die Herrscher im Tierreich der Bretagne kommen aus der Luft. Millionen von Vögeln finden im Land am Meer ideale Lebensbedingungen. Milde Winter, ein reiches Nahrungsangebot und gute Nistplätze machen die Bretagne zum Vogelparadies. Zu den vielen heimischen Arten kommen noch zahllose Zugvögel hinzu, die hier überwintern oder auf ihrem Flug eine Pause einlegen. Unter den Seevögeln sind die verschiedenen Möwenarten am häufigsten vertreten: die Dreizehen-, Mantel- und Silbermöwen. In den Uferklippen und auf vorgelagerten Inseln tummeln sich Baßtölpel, Trottellummen, Papageientaucher,

Orte in der Umgebung

A4 **Kastel Koz** Ⓜ
Auf der Küstenstraße zwischen Douarnenez und der Pointe du Raz gibt es einige landschaftliche Höhepunkte, die man sich nicht entgehen lassen sollte. Zum Beispiel einen traumhaften Spazierweg zum Kastel Koz (keltisch

Der gute Tip Ⓜ:
Musik am Kastel Koz
Musik- und Folkfestival direkt an der Küste, vor romantischer Kulisse am 2. Sonntag im August.

»Alte Burg«). Er beginnt auf einem Parkplatz beim Ort Beuzec und führt zur Küste hinunter durch typisch bretonische Landschaft: Heidekraut und Ginster vor dem Hintergrund des türkisblauen Meeres und der darüber hinjagenden Wolkenberge. Hohe Farnkrautbüsche versperren fast den schmalen Weg hinunter auf die schmale Landzunge, von der man einen Rundumblick auf die gischtbesprühte Klippenlandschaft hat. Vom alten Kastell ist allerdings kaum noch etwas zu sehen. Stürme, Menschen und die Zeit haben nur noch ein paar verfallene Mauern übriggelas-

Kormorane, Seeschwalben und Tordalken. Hier leben auch Eissturmvögel und Brandgänse. Im Feuchtgebiet des Naturschutzparks Brière sind zahllose Enten und Graureiher zu Hause, außerdem Rohrdommeln, Grasmücken, Kuckucke, Sumpf- und Teichhühner. Auch den seltenen Purpurreiher kann man hier beobachten. Im Landesinnern leben seltene Greifvögel wie Wanderfalken, Rohrweihen und Waldkäuze.

Die Vogelschutzgebiete der Bretagne gehören zu den ältesten und größten Frankreichs. Zur Beobachtung von Vögeln eignen sich besonders die Region am Golf von Morbihan, das Feuchtgebiet Brière und die Vogelschutzinseln Ile Grande und Les Sept Iles.

Eine spezielle Beobachtungsstation ist die »Réserve Naturelle de Goulien« am Cap Sizun. Hier kann man mit dem Fernglas die Nistplätze der Seevögel in den Klippen entdecken. Das Gros der Nestbauer (über 700 Paare) stellen die Dreizehenmöwen. Sie kommen ab Januar zurück auf die Felsen und beginnen im März mit dem Nestbau. Auch die Eissturmvögel (etwa 20 Paare) legen dann ihre Eier. Die ersten Jungtiere schlüpfen im Mai. Bei den Trottellummen und Tordalken kommt der Nachwuchs einen Monat später. Auch einige Exemplare der seltenen Landvögel Kolkrabe und Alpenkrähe haben sich in die Einsamkeit der Klippen zurückgezogen. Wer die Nistplätze beobachten will, kommt am besten zwischen April und Mitte Juli in das Vogelreservat.

sen. Auch hier windet sich ein schmaler Pfad durch Farn- und Heidekraut die Klippen entlang. Lebhaft wird es am Kastel Koz alljährlich am 2. Sonntag im August: Zur Fête des Bruyères, einem internationalen Musikfestival, strömen bis zu 10 000 Besucher zur alten Burg.

Réserve du Cap Sizun (Réserve Naturelle de Goulien)
Chemin de Kérisit
Tel. 98 70 13 53
März – Aug. 10 – 12, 14 – 18 Uhr; Juli / Aug. einstündige Führungen
Eintritt 20 FF / 10 FF

Das gefällt auch Kindern: ein Reservat, in dem man freilebende Vögel beobachten kann. Die Schilder bei Goulien führen an die Steilküste und zu einer Schutzzone, in der viele verschiedene Arten von Seevögeln leben und nisten, die man am besten mit einem Fernglas beobachten kann.

Pointe de Penharn A4
Im kleinen Straßendorf Trouérenec an der Küstenstraße weist ein unauffälliges Holzschild auf die Pointe du Penharn hin. Ein paar Meter noch mit dem Auto, dann geht man am besten zu Fuß

weiter. Der Aussichtspunkt liegt ca. 20 Wanderminuten entfernt auf einer vorspringenden Landzunge.

Sehr schöner Blick auf die gegenüberliegende Steilküste. Auf dem Weg zurück kann man sich mit Brombeeren stärken.

A4 Pointe du Raz M

Immer spitzer wird der weit ins Meer geschobene Finger der Halbinsel Sizun, bis er schließlich an der Pointe du Raz sein spektakuläres Ende findet. Der westlichste Punkt Frankreichs – sieht man einmal von der Ile d'Ouessant ab – bietet Naturgewalten pur. Der Atlantik rennt unaufhörlich gegen die zerfransten Felsen an, die Gischt schäumt meterhoch, tosende Fluten bahnen sich gurgelnd ihren Weg durch die schroffen Steinmassen. In den vollen Genuß dieses Schauspiels kommt

Der gute Tip M:
Pointe du Raz und Pointe du Van
Am frühen Morgen, wenn man den westlichsten Punkt Frankreichs noch für sich allein hat, kann man die Natur genießen.

man am besten in der Nebensaison oder sehr früh am Morgen, dann muß man ihn nämlich nicht mit Hunderten von Besuchern teilen, die auch auf der Suche nach den Urgewalten sind. Riesige Parkplätze kündigen in der einsamen Heidelandschaft

die Nähe des berühmten Aussichtspunktes an, Snackbars und Andenkenläden lassen das Gefühl, hier am Ende der Welt zu sein, kaum aufkommen. Aber die Gemeinden auf der Halbinsel Sizun sind entschlossen, um den Erhalt ihrer Naturschönheiten zu kämpfen. Schon 1989 gründeten sie eine Gesellschaft zur Rettung der Natur, allmählich sieht man erste Ansätze zur Verwirklichung des Projekts. Die strapazierten Landstriche sollen renaturiert und zum Teil für Besucher gesperrt werden.

Vorbei am wuchtigen Leuchtturm kommt man zum einsam stehenden Denkmal für die Schiffbrüchigen. Maria blickt tröstend aufs Meer hinaus. Wellenumtost steht weit draußen ein kleinerer Leuchtturm auf einem winzigen Felsen. La Vieille heißt er, die Alte, und sein Licht ist eine Warnung für die Seeleute, die hier in früheren Zeiten immer wieder den Kampf gegen das Meer und die Felsen verloren haben. Mutige mit festen Schuhen können über einen ziemlich abenteuerlichen Klippenpfad in ca. ½ Std. bis zum allerwestlichsten Punkt vordringen.

Pointe du Van M

Eine stille Heidelandschaft, ein Spaziergang hoch über dem Meer zur Pointe du Van (15 Min. ab Parkplatz), mit immer neuen Ausblicken auf die zerfurchte Küstenlandschaft. Ein Abstecher zu diesem Aussichtspunkt lohnt sich auf jeden Fall und ist sicher

Einsam gelegen an der Pointe du Raz: Das Hotel del'Iroise liegt am »Ende der Welt«

stimmungsvoller als der Besuch der überlaufenen Pointe du Raz. Ein kleiner Pfad führt zur alten Kapelle St-They hinunter, links blickt man über die Baie des Trépassés auf die vorgeschobene Landzunge mit der Pointe du Raz. Wer sich weiter zwischen den Klippen auf schmalen Wegen vorwagen will, sollte feste Schuhe tragen und schwindelfrei sein.

Baie des Trépassés

Vom Schicksal der Schiffer erzählt der Name der Bucht zwischen der Pointe du Raz und der Pointe du Van: La Baie des Trépassés, die Bucht der Verschiedenen, heißt dieser legendäre Ort, der sich wunderschön und einsam dem heutigen Besucher präsentiert. Hier fanden die Bewohner die Körper der ertrunkenen

Seeleute, die von der See angespült wurden. Sie fanden aber auch die Ladung der im Sturm gekenterten Schiffe, und daran waren die armen Küstenbewohner weit mehr interessiert.

Die Legende weiß noch anderes zu erzählen: In dieser Bucht warteten die Seelen der Verstorbenen auf die Totenbarke, und in keltischer Zeit wurden die Körper der toten Druiden von hier aus mit Booten zur Ile de Sein hinübergebracht.

Heute hat die idyllische Bucht, von der man einen wunderbaren Blick auf die Pointe du Raz hat, nichts Unheimliches. In der sanften Dünenlandschaft liegen zwei Hotels, in denen man die Natur-

183

gewalten vom sicheren Platz aus genießen.

Hotels

Hôtel/Restaurant de la Baie des Trépassés
Plogoff, Baie des Trépassés
Tel. 98 70 61 34, Fax 98 70 35 20
27 Zimmer
2. Kategorie
Ein Logis-de-France-Hotel direkt an der Bucht mit wunderbarem Panoramablick aufs Meer und auf die Landzunge der Pointe du Raz.

Hotel de l'Iroise
Pointe du Raz
29770 Plogoff
Tel. 98 70 64 65
10 Zimmer
2./3. Kategorie
Kleines Hotel an der Pointe du Raz gelegen.

Hôtel/Restaurant le Relais de la Pointe du Van
Baie des Trépassés
Tel. 98 70 62 79
25 Zimmer
Im Winter geschl.
2. Kategorie
Einsam an der idyllischen Bucht gelegen, Zimmer mit unterschiedlicher Ausstattung.

A3 Plougastel-Daoulas

Der Hauptort der gleichnamigen Halbinsel ist eine verschlafene Kleinstadt mit 9000 Einwohnern. Im Sommer lockt sie jedoch mit ihrer einzigen Sehenswürdigkeit, dem großen Kalvarienberg mit 180 Figuren, die

Touristen an. Ansonsten ist es ruhig auf der Halbinsel im Westen. Hinter hohen Hecken liegen Ackerflächen und Gewächshäuser, in denen besonders Tomaten und Erdbeeren gedeihen. Erdbeer-Halbinsel heißt diese Agrarregion daher auch in Frankreich. Dank des nahen Welthafens Brest konnten die süßen Früchte ab Mitte des 18. Jh. tonnenweise in alle Länder verschickt werden. Heute ist der Anbau von Erdbeeren zurückgegangen, dafür gibt es jetzt auch Tomaten, Melonen und Gemüse.

Hotels

Kastel Roc'h
Roc'h Kerezen
Tel. 98 40 32 00, Fax 98 04 25 40
45 Zimmer
2. Kategorie
Liegt in einem Weiler außerhalb der Stadt, mit schönem Garten.

Les Voyageurs
2, rue Mathurin-Thomas
Tel. 98 40 37 56
14 Zimmer
3. Kategorie
Einfaches Stadthotel mit preisgünstigem Restaurant.

Sehenswertes

Calvaire
180 Granitfiguren stellen in 20 Szenen den Leidensweg Christi dar. Nach einer Pestepidemie wurde der größte Kalvarienberg der Bretagne 1602 erbaut, aber seine künstlerische Gestaltung ist nicht so gelungen wie die sei-

nes Vorbilds in Guimiliau. Die Figuren in Plougastel-Daoulas wirken naiver und gröber. Gustave Flaubert entdeckte in ihnen 1847 »ein Bild bodenständigster Erfindung ... dem etwas Kindliches und zugleich etwas sehr Erhabenes anhaftet«. Der Teufel will auch die ewige Sünderin Katel Gollet in die Hölle stoßen, aber die Dramatik des Geschehens leidet ein wenig unter der einfältigen Darstellung der Teufelsgeliebten.

Ein *calvaire* mit 180 Figuren, das ist das Einzigartige in Plougastel-Daoulas, das jeden Sommer viele Touristen anlockt. Flaubert fand sie kindlich und erhaben zugleich

Essen und Trinken

Le Chevalier de l'Auberlac'h
Tel. 98 40 54 56
So abend und Mo außerhalb der Ferienzeit geschl.
2. Kategorie
Klassische bretonische Küche in stilvollem Ambiente.

Allgemeine Informationen

Auskunft
Office de Tourisme
16, rue de l'Eglise
29470 Plougastel-Daoulas
Tel. 98 40 34 98

Ausflüge
Rund um Plougastel-Daoulas gibt es mehrere alte Kapellen, die einen Umweg lohnen.
Am Ufer des Elron in Le Passage steht die Kapelle St-Languy aus dem Jahr 1603. In ihrem Brunnen wusch man früher die Kleidung kranker Kinder – das Wasser galt als heilkräftig.

Südlich, an der Straße zur Bucht von l'Auberlac'h, kann man in St-Adrien eine Kapelle von 1619 mit Altarbildern der Heiligen Nikolaus und Martin besichtigen. Auf der anderen Seite der Bucht liegt St-Guénolé: Die Kapelle war ein bekannter Wallfahrtsort.

Fest
Erdbeerfest mit Folkloregruppen am 3. Junisonntag.

Orte in der Umgebung

A3 **Halbinsel Crozon**
Einen guten Überblick über die 30 km ins Meer hineinragende Halbinsel hat man vom Ménez-Hom, dem mit 330 m zweithöchsten Berg der Bretagne. Vom kahlen Gipfel blickt man über typisch bretonische Landschaft mit heckengesäumten Feldern und Flüssen, mit strohgedeckten Granithäusern im Heideland. Die Halbinsel Crozon ist

Der gute Tip Ⓜ:
Nächtlicher Ausflug zur wilden Pointe de Penhir
Allein sein mit Wind und Wellen und den Blitzen der Leuchttürme. Voraussetzung: Der Mond scheint.

Teil des Parc naturel d'Armorique (→ Routen und Touren) und mit ihrem milden Klima, der südlichen Vegetation und den schönen Sandstränden eine beliebte Ferienregion. Vor allem

Wanderer und Radfahrer wissen die zurückhaltende Bebauung in diesem Naturschutzgebiet zu schätzen.
Die vielen Aussichtspunkte an der Küste eröffnen immer wieder neue grandiose Ausblicke auf die gegenüberliegende Küstenlandschaft.
Zu den wildesten Kaps zählt die Pointe de Penhir Ⓜ: Zerklüftete kleine Felseninseln lagern vor der Küste, von den Bretonen Tas de Pois (Erbsenhaufen) genannt. Bei guter Sicht – die leider im Juli und August oft durch Nebel getrübt ist – sieht man im Südwesten die 26 km weit entfernte Pointe du Raz. Die Pointe de Penhir ist ein viel besuchtes Ausflugsziel.
Wer mit der Natur allein sein möchte, muß auf die Nacht warten. In klaren Mondscheinnächten zeigt sich der ganze Zauber dieser wilden Küste. Das Mondlicht auf den Wellen und die Leuchtfeuer blitzen um die Wette.

Daoulas E1
Etwas oberhalb des Ortes liegt die alte Abtei, die bis zur Revolution eines der bedeutendsten bretonischen Klöster war.
Das Augustinerkloster, im 12. Jh. gegründet, vergrößerte sich in den folgenden Jahrhunderten ständig. Im 16. Jh. entstand ein geschlossener Pfarrbezirk (enclos) rund um die romanische Kirche. 1790 wurden die Mönche von Revolutionären vertrieben. Der Verfall des Klosters konnte erst 1880 gestoppt

Enge Straßen mit alten Fachwerkhäusern – Quimper ist die älteste Stadt der Bretagne, malerisch und lebendig und mit alter Keramiktradition

werden. Einzelne Teile der Anlage wurden wieder aufgebaut. Architektonischer Höhepunkt der Klosteranlage ist der im 12. Jh. erbaute romanische Kreuzgang. 32 Bögen werden von einzelnen und doppelten Säulen getragen, deren Kapitelle kunstvoll verziert sind. In der Mitte des Kreuzganges steht eine steinerne, mit dämonischen Steinköpfen geschmückte Schale (1352).

Die ehemalige Abtei wird heute für Ausstellungen genutzt. Tgl. 9–19 Uhr, Eintritt 20 FF/10 FF

4 Quimper

Wenn man Glück hat und es ist außerdem Sonntag, findet man direkt vor der Kathedrale einen kostenlosen Parkplatz. Hier ist man gleich mitten im Zentrum von Quimper, der charmanten Hauptstadt des Finistère. Die mächtige Kathedrale überragt enge Straßen mit alten Fachwerkhäusern. Museen, Cafés und feine Geschäfte laden zum Gucken und Bummeln ein. In dieser Stadt, die nicht nur Verwaltungssitz und Mittelpunkt von Kunst und Kultur des Départements ist, sondern auch Industrie- und Handelsmetropole, herrscht eine angenehme und lebhafte Atmosphäre.

Quimper, die älteste Stadt der Bretagne und lange Zeit Bischofssitz, zählt heute 62 000

187

Einwohner und liegt im Zentrum der Region Cornouaille (französische Übersetzung von Cornwall). Der Name erinnert an die Kelten, die vor 1500 Jahren aus Großbritanien kamen und sich hier niederließen.

Die Bewohner erzählen gerne vom legendären König Gradlon: Er gründete die Stadt, nachdem die Wellen des Atlantiks das sagenhafte Ys vor der Westküste verschlungen hatten und er eine neue Heimat suchte. Damals hieß die Stadt Kemper, was auf bretonisch Zusammenfluß bedeutet. Hier vereinigen sich die Flüsse Odet und Steir. Gradlon machte den irischen Mönch Corentinus zum ersten Bischof der Stadt, der heute als Schutzpatron hoch verehrt wird. St-Corentin hatte der Sage nach ganz spezielle Eßgewohnheiten: Er ernährte sich sein Leben lang von einem einzigen Fisch, der sich praktischerweise jeden Tag aus seinen Resten regenerierte und aufs neue verspeist werden konnte.

Die heute noch sehr gut erhaltene mittelalterliche Stadt entstand im 14.–17. Jh. Damals schützte eine Ringmauer, die heute jedoch bis auf einen kleinen Rest nicht mehr zu sehen ist, die Bürger. Zu den am besten erhaltenen Straßenzügen zählt die Rue Kéréon, eine lebhafte Fußgängerzone. Der Blick durch die malerische Straße auf die mächtige Kathedrale gehört zu den beliebtesten Fotomotiven der Bretagne.

Ein neuer Industriezweig machte Quimper am Ende des 17. Jh. über die Grenzen Frankreichs hinaus bekannt: Die Fayencen, die aus der Tonerde vom Ufer des Odet entstanden, wurden zum absoluten Exportschlager. Die Teller und Schüsseln mit den bunten Ornamenten und Motiven aus dem bäuerlichen Leben eroberten die herrschaftlichen Eßtische in aller Welt. Auch heute noch werden hier in Quimper die berühmten Keramiken produziert, bekanntester Hersteller ist der traditionsreiche HB-Henriot.

Und noch ein Name machte Quimper – zumindest in Fachkreisen – bekannt: Der Arzt René Laënnec (1781–1826) erfand hier das Stethoskop.

Hotels und andere Unterkünfte

Dupleix
34, bd. Dupleix
Tel. 98 90 53 35
29 Zimmer
2. Kategorie
Zentrale Lage am Flußufer unterhalb der Kathedrale, komfortable Zimmer.

Gradlon
23, rue de Brest
Tel. 98 95 04 39, Fax 98 95 61 25
24 Zimmer
2. Kategorie
Älteres Haus mit altmodischem Ambiente. Schöner Innenhof, gemütliche Zimmer.

Le Griffon
Route de Bénodet, Ortsteil Locmaria
Tel. 98 90 33 33, Fax 98 53 06 67

50 Zimmer
2. Kategorie
Großes komfortables Haus mit schönem Garten, gediegen möblierte Zimmer.
Novotel
Bd. le Guennec, in der Nähe des Geschäftszentrums commercial Kerdrezec
Tel. 98 90 46 26, Fax 98 53 01 96
92 Zimmer
1. Kategorie
Sehr modernes Hotel mit Swimmingpool und schönem Terrassenrestaurant.
Pascal
17, av. de la Gare
Tel. 98 90 00 81
20 Zimmer
3. Kategorie
Kleines, einfaches Hotel am Bahnhof.

Camping
Camping Orangerie de Lanniron
Route de Bénodet
Schloßgelände Lanniron
Tel. 98 90 62 02, Fax 98 90 84 31
Ein luxuriöser Campingplatz bei einem Schloß aus dem 18. Jh. Unbedingt reservieren.

Sehenswertes

Cathédrale St-Corentin
Die mächtige gotische Kathedrale, mit deren Bau im 13. Jh. begonnen wurde, ist dem Schutzpatron der Stadt, dem heiligen Corentin, geweiht, dem im 6. Jh. der erste Bischof von Quimper war. Auch dieser Dom ist ein Stilgemisch vieler Epo-

chen, was aber seiner majestätischen Wirkung keinen Abbruch tut. So wurden die eleganten spitzen Türme erst 1856 gebaut, dank der jahrelangen Spendenfreudigkeit der Gemeindemitglieder. Zwischen den beiden Türmen schaut von der Außenfassade König Gradlon hoch zu Roß auf seine Untertanen herab. Im Innern beeindrucken die gotische Leichtigkeit des Kirchenschiffs und die Glasfenster aus dem 15. Jh. in der Galerie.
Les Halles
Ultramoderne Markthallen in der Innenstadt, sehenswert für Feinschmecker und Architekten.

Museen

Musée des Beaux-Arts Ⓜ
40, pl. St-Corentin
Juli/August tgl. 10–19 Uhr; sonst Mi–Mo 10–12, 14 bis 18 Uhr
Eintritt 25 FF/10 FF
Direkt gegenüber der Kathedrale liegt das – nach Rennes – bedeutendste Museum der Bretagne.

Der gute Tip Ⓜ:
Musée des Beaux-Arts
Architektonisch und inhaltlich ein kultureller Leckerbissen. 300 Jahre in Gemälden.

Das schönste ist es auf jeden Fall: Hinter der historischen Fassade von 1872 verbergen sich helle, hohe Ausstellungsräume, 1994 nach dem neuesten Stand der Museumsarchitektur gestaltet.

Schwerpunkte der Gemälde-Sammlung sind Werke aus den letzten 300 Jahren aus Holland, Italien und Frankreich, in zwei Sälen sind bretonische Maler ausgestellt. Im Lemordant-Saal ist die Wandbemalung eines historischen Hotels in Quimper mit bretonischen Motiven um die Jahrhundertwende geschickt in den Neubau integriert. Bilder und Originalmanuskripte von Max Jakob aus Quimper sind im Erdgeschoß ausgestellt.

Musée Départemental Breton
Rue du Roi-Gradlon
Juli/Aug. tgl. 9–18 Uhr; sonst
Mi–So 9–12, 14–17 Uhr
Eintritt 20 FF/10 FF

Bretonische Volkskunst und Geschichte, Fayencen und Darstellungen vom Alltagsleben in der Bretagne, prähistorischer Schmuck. Die Ausstellungen sind didaktisch gut aufbereitet.

Musée de la Faïence
14, rue Jean-Baptiste Bousquet, Locmaria
Mo–Sa 10–18 Uhr
Eintritt 25 FF/20 FF

Geschichte und Herstellung der Fayencen werden anschaulich dargestellt. Es gibt über 500 Exponate zu sehen.

Fayencewerkstätten
HB-Henriot
Rue Haute in Locmaria
Kéraluc
Rue du Pt. Sadate, Créach
Gwen
Mo–Fr 9.30–11.30, 13.30 bis
16.30 Uhr
Eintritt 12 FF/10 FF
Die älteste Werkstatt ist HB-Henriot, die seit 1984 von einem US-Management geführt wird. Fabrikation und kleines Museum, Verkaufsräume.

Essen und Trinken

Les Acacias
Creac'h Gwen am bd. La Guennec
Tel. 98 52 15 20, Fax 98 52 15 20
Sa mittag und So abend geschl.
1. Kategorie
Hochdekoriertes Restaurant mit schöner Gartenterrasse.
Le Capucin Gourmand
29, rue des Réguaires
Tel. 98 95 43 12
1. Kategorie
Hier gibt es preisgekrönte Menus in angenehmer Atmosphäre. Eine gute Adresse für verwöhnte Gaumen.
Au Casse-Marée
10, rue du Guéodet
Tel. 98 95 57 36
2. Kategorie
In der Nähe der Kathedrale liegt dieses gemütliche Restaurant mit traditioneller Küche.
Le Styvel
4, rue du Styvel
Tel. 98 90 73 89
2./3. Kategorie

Bretonische Spezialitäten, u. a. *Kig-ha-Fars* (Fleisch- und Gemüseeintopf) und Crêpes.

Einkaufen

Art de Cornouaille
Direkt gegenüber der Kathedrale steht dieses Einkaufsparadies für Fayencen und alles, was typisch bretonisch ist, vom T-Shirt über das bretonische Kochbuch bis zum antiken Keramikteller.
Keltia Musique
1, pl. au beurre
Ein sehr großes Angebot von CDs und Kassetten mit keltischer Musik.
Menage-Cadeaux
8, rue Elie Fréron (Nähe Kathedrale)
In diesem Laden findet selbst der Profikoch das richtige Gerät.

Allgemeine Informationen

Auskunft
Office de Tourisme
Place de la Résistance (Odet-Ufer)
29000 Quimper
Tel. 98 53 04 05, Fax 98 53 31 33

Feste
Juli
1. Sonntag große Wallfahrt von Ty Mann Doué
Letzte Juliwoche
Beim großen Festival de Cornouaille gibt es eine Woche lang Folklore, Theater, Konzerte, Musik, Feuerwerke, *fest-noz*.

Routen
und
Touren

Routen und Touren

Spaziergänge und Wanderungen gehören in der Bretagne unbedingt ins Urlaubsprogramm. Die spektakulärsten Wanderwege führen natürlich an der Küste entlang: Der bekannteste und schönste ist die *Grande Randonneé (GR) 34*. Sie führt vom Mont St-Michel nach Morlaix – oder umgekehrt.

Natürlich sind die großen Wanderwege (rot-weiß markiert) auch in kleinen Etappen begehbar und reizvoll. In jedem Touristikbüro gibt es Informationsmaterial über Spazierwege in der Umgebung. Die kurzen Strecken sind meist gut markiert und reichen vom einstündigen Spazierweg bis zur Tageswanderung (*Petites Randonnées*).

Besonders malerisch, aber oft auch ziemlich überlaufen, sind die *Sentiers des Douaniers*. Wo früher die Zöllner ihre Patrouillengänge machten, um Schmuggler zu erwischen, erfreuen sich heute Urlauber am Anblick von Klippen, Ginster und schäumenden Wellen. Der bekannteste Zöllnerpfad führt an der rosa Granitküste entlang von Perros-Guirec nach Ploumanach (→ Unterwegs im Norden).

Die schmalen Küstenpfade an unbekannteren Strecken sind nicht ganz ungefährlich. Festes Schuhwerk ist unbedingt notwendig, sonst besteht Rutschgefahr. Ansonsten kann überall problemlos gewandert werden, es gibt keine größeren Hindernisse zu bewältigen. Auch die nächste Crêperie ist im Höchstfall nur einen Tagesmarsch entfernt! Übernachtungsprobleme lösen die *Gîtes d'Etape*, in denen speziell Wanderer für eine oder zwei Nächte Unterkunft finden.

Wer komfortabler wandern möchte und sichergehen will, auch die schönsten Strecken zu entdecken, kann sich auch einer geführten Tour anschließen. Die beliebtesten Wandertouren der Bretagne werden als zwei- bis achttägige Arrangements angeboten: Übernachtet wird in kleinen Hotels oder in *Gîtes d'Etape*, das Gepäck wird mit dem Auto transportiert.

Prospekte verschickt: Formules Bretagne, 17 rue de l'Arrivée, 75737 Paris Cedex 15, Tel. (1) 42 79 07 07. Dieser Veranstalter bietet auch geführte Touren per Rad und Pferd an.

Informationen: In Buchhandlungen gibt es die französischen Topo-guides-Führer, in denen Wanderrouten ausführlich beschrieben werden. Unverzichtbar für Wanderer und Radfahrer sind die Cartes IGN vom Institut Géographique National im Maßstab von 1:25 000 bis 1:100 000, die auch überall im Buchhandel und an Tankstellen

rherige Seite: Wenn die Boote bei be trockengefallen sind, ziehen die cher hinaus. Jetzt kann man ürmer, Schnecken und Muscheln mmeln

ks: So ein Hund gehört immer zum ag der Bretonen

angeboten werden. Ansonsten beantwortet alle Fragen zum Thema Wandern:

ABRI-Maison de la Randonnée
9, rue des Portes Mordelaises
35000 Rennes
Tel. 99 31 59 44, Fax 99 30 02 96

Auf dem Zöllnerpfad die Küste entlang Ⓜ

Einer der schönsten Küstenspazierwege der Bretagne ist der Zöllnerpfad vom Strand Trésstraou in Perros-Guirec (→Unterwegs im Norden) bis zum Felsenpark im Ortsteil Ploumanac'h. Zur rund 2 $^1/_2$stündigen Wanderung startet man oberhalb des Strandes (extrem steile Straße) hinter einer prächtigen alten Granitvilla. Dicht am Meer entlang führt der Weg – nach einer anfänglichen Durststrecke, auf der man vergeblich nach rosa Felsen sucht – mitten hinein ins Granitchaos. Vor dem Hintergrund des türkisgrünen und

Der gute Tipp Ⓜ:
Zöllnerpfad
entlang der Küste. Der Wanderweg nach Ploumanac'h gehört mit herrlichen Ausblicken auf bizarre rosa Felsen und die wilde Küstenlandschaft zu den schönsten der Strecke.

blauen Meeres türmen sich rosa, grau und ocker schimmernde dicke Granitbrocken am Ufersaum. Die spektakulärsten tragen Namen, die man mit reich-

lich Phantasie versteht, z. B. das *Château du Diable* (Teufelsschloß), das man nach etwa 2,5 km erreicht. Danach geht es durch Heideland an immer neuen Felsformationen vorbei. Weiter zum *Leuchtturm von Meen Ruz* und dann hinunter zur Bucht von Ploumanach. Hier liegt als krönender Abschluß auf einer kleinen Insel, wieder umrahmt von rosa Granit, das pittoreske *Schloß Costaérès*, wahrscheinlich das meistfotografierte in der Bretagne. Eine interessante Geschichte verbindet sich mit dem 1892 erbauten dekorativen Gebäude: Hierher soll der Schriftsteller Henry Sienkiewicz einer Einladung des polnischen Bauherren Bruno Abakanowicz gefolgt sein und dann seinen Weltbestseller »Quo vadis?« geschrieben haben.

Tour de Brocéliande

Die Tour durch den Zauberwald Brocéliande bewältigt man am besten teils mit dem Auto und teils zu Fuß in ein bis zwei Tagen. Der Rundweg ist ca. 60 km lang und führt über schmale Straßen, stille Waldwege, durch kleine Dörfer und an Schlössern vorbei.

Der Wald von Paimpont bedeckte früher fast die gesamte innere Bretagne. Auch heute ist er mit seinen fast 7 000 ha immer noch das größte Waldgebiet des Landes. Lichtungen, auf denen Heide wächst oder ein Acker an-

Auf dem Zöllner-
pfad die Küste
entlang, Tour de
Brocéliande

gelegt wurde, unterbrechen den
dichten Bewuchs mit Eichen, Bu-
chen, Kastanien und Kiefern.
Zur Rundreise startet man am
besten in Plélan-le-Grand oder in
Paimpont (→ Unterwegs im
Osten, Paimpont). In beiden
Städten gibt es im Office de Tou-
risme Kartenmaterial zum Cir-
cuit de Brocéliande, das bei der
Tour sehr hilfreich ist. Ansons-
ten kann man auch den braunen
Hinweisschildern folgen, die den
Rundweg begleiten.
Auf den Spuren von Artus' Rit-
tern stößt man zunächst auf
Merlins Grab (*Tombeau de Mer-*

lin) nördlich von Paimpont. Allerdings muß man schon ganz
genau hinsehen: Ein paar Schieferplatten in der Nähe einer
Stechpalme, das ist alles, was uns
der berühmte Zauberer hinterlassen hat. Das heißt, tot ist er ja
eigentlich nicht. Lediglich für
ewig gefangen durch neun magi-
sche Kreise, die seine geliebte Fee
Viviane hier um ihn gezogen hat.
Weiter geht's zum *Château de
Comper*, das sich lieblich in einem Weiher spiegelt. Hier soll
die Fee Viviane das Licht der
Welt erblickt haben. Auf dem
Grund des Sees hatte sie ein

Schloß, in dem sie ein Kind aufzog, das später als Ritter Lancelot berühmt wurde. Heute ist das Schloß in Privatbesitz und kann nur gegen Entgelt (30 FF) besichtigt werden. Im Innern gibt es eine Ausstellung mit Dia-Show über die Ritter der Tafelrunde.

Die Quelle von Barenton (*fontaine de Barenton*) kann man zu Fuß vom Dörfchen Folle Pensée aus erreichen (den weißen Markierungspunkten folgen). An dieser einsamen Quelle begegneten sich Viviane und Merlin zum ersten Mal. Seit dieser Zeit hat das Wasser wundersame Wirkung – gießt man etwas davon über einen bestimmten Stein, gibt es Sturm oder Regen. Ausprobieren, es klappt erstaunlich oft!

Im Örtchen *Tréhorenteuc* ist in der Dorfkiche eine einmalige Verbindung von Mystik und Christentum zu sehen: Die Kirchenfenster erzählen eindrucksvoll und bunt die Geschichte der Tafelrunde von König Artus. Zwei deutsche Kriegsgefangene, der Maler Karl Rezabek und der Tischler Peter Wisdorf, mußten bei den Restaurierungsarbeiten helfen und schufen diese Bilder 1945 für den damaligen Ortspfarrer Gillard, der eine ziemlich unchristliche Schwäche für heidnische Legenden hatte.

Im Tal ohne Wiederkehr (*val sans retour*) hielt die Fee Morgane ihre untreuen Liebhaber gefangen. Erst Lancelot gelang es, den Zauberbann zu brechen und den Gefangenen zu befreien.

Man muß schon ein bißchen Glüc haben oder sehr aufmerksam suche wenn man das Grab des Zaubere Merlin finden w

Heute kämpft hier die Natur ums Überleben – beim großen Waldbrand 1989 wurden die meisten Bäume zerstört und müssen nun mühsam wieder aufgeforstet werden.

Am Ende der Tour noch ein Highlight: das wunderschöne Wasserschloß *Château de Trécesson* aus dem 15. Jh. Die purpurfarbenen Schiefer spiegeln sich im Schloßgraben, uralte Eichen bilden einen dekorativen Rahmen. Leider nur von außen zu besichtigen.

198

Zu den Kalvarienbergen in der Nordbretagne

Es ist fast unmöglich, in der Bretagne nicht auf einen Kalvarienberg zu stoßen – überall in den kleinen Dörfern stehen Kirchen und Kapellen, die zumindest die Andeutung eines *enclos paroissial*, eines »umfriedeten Pfarrbezirks«, besitzen.

Die schönsten und größten dieser *enclos* findet man zwischen Morlaix und Landerneau, nördlich des Höhenzuges der Mont d'Arrée. Die beschriebenen Pfarrbezirke können in einer Tagestour besucht werden.

Routentip: Ab Landivisiau (20 km westlich von Morlaix) nach Lampaul-Guimiliau, weiter nach Guimiliau, dann nach St-Thégonnec. Über Pleyber-Christ und Commana nach Sizun.

Hinter hohen, grauen Mauern verbirgt sich in der Kirche von Lampaul-Guimiliau eine wunderschöne farbenfrohe Innenausstattung

Dann über Locmelar und Ploudiry nach La Martyre. Wieder nach Norden Richtung La Roche-Maurice, nach Landerneau, nach Bodilis und zurück nach Landivisiau.

Enclos von Lampaul-Guimiliau

Der *enclos* von Lampaul-Guimiliau ist klein und schlicht, aber vollständig erhalten. Seine Attraktion ist nicht der einfache *calvaire* aus dem 17. Jh., sondern die *Kirche (1533–1680)* mit ihrer wunderschönen farbenfrohen Innenausstattung. Links neben dem Eingang steht ein achteckiges Taufbecken aus Granit, darüber ein Baldachin aus be-

Der umfriedete Pfarrbezirk (enclos paroissial) **und die Calvaires**
Ein typisch bretonischer Enclos besteht aus mehreren Elementen: der Kirche, dem Beinhaus (ossuaire), dem Kalvarienberg, dem Triumphtor, dem Friedhof und der Einfriedungsmauer (enclos). Nicht immer sind alle Teile des Pfarrbezirks vorhanden, der Triumphbogen und das Beinhaus können fehlen, auch der Friedhof liegt nicht immer innerhalb der Einfriedung. Aber die Kirche, ein oft unscheinbarer calvaire und eine Umgrenzungsmauer gehören immer zum bretonischen enclos.
Man betritt den Pfarrbezirk durch das Triumphtor, meist ein monumentales Bauwerk, das dem Gläubigen deutlich zeigen soll, daß er nun geweihten Boden betritt. Der Alltag bleibt dahinter zurück. Symbolhaft ist der Triumphbogen auch das Tor zur Ewigkeit.
Das Beinhaus entstand aus der Notwendigkeit, die Gebeine der Toten aufzunehmen. Da die Friedhöfe nur klein waren, wurden die sterblichen Überreste der lange Verstorbenen ausgegraben, um Platz zu schaffen. Früher waren die oft sehr prunkvollen Beinhäuser auch Gedenk- und Gebetsstätten. Heute dienen sie, jedenfalls in den großen enclos, weltlichen Zwecken wie dem Verkauf von Ansichtskarten und Büchern.
Die berühmten calvaires der Bretagne sind wuchtige Monumente aus grauem Granit. Die deutsche Bezeichnung »Kalvarienberg« ist eigentlich irreführend, denn einen Berg wird man bei diesen christlichen

maltem Holz (1650). Auf dem Triumphbalken (16. Jh., zwischen Chor und Mittelschiff) der gekreuzigte Christus, umrahmt von Maria und Johannes, darunter ein Fries geschnitzter Figürchen, die die Passionsgeschichte darstellen. Künstlerischer Höhepunkt sind die beiden Altaraufsätze an der Ostwand: Das Passionsretabel zeigt mit 80 geschnitzten Figuren die Leidensgeschichte Christi, das Retabel im südlichen Querschiff ist Johannes dem Täufer gewidmet. Das Zentrum ist viergeteilt. Man erkennt die Taufe Jesu, die Enthauptung des Johannes, die Hei-

lige Familie und Johannes mit seinen Jüngern.
Der beeindruckende *enclos* wird vom Triumphtor von 1669 und vom *Beinhaus* (1667) mit der Inschrift »Memento mori« vervollständigt.

Enclos von Guimiliau

Nur 4 km entfernt liegt der bekannteste *calvaire* der Bretagne im Pfarrbezirk von Guimiliau. Seine künstlerische Darstellung und seine Größe stellen alle anderen Kalvarienberge in den Schatten. Daß dieses Meisterwerk der Volkskunst ausgerechnet in einem winzigen Dorf mit

Denkmälern nicht finden. Auf einem oft kreuzförmigen Steinsockel reihen sich die Figuren aneinander und erzählen die Passionsgeschichte auf ihre eigene Art: derb und direkt, bäuerlich und fromm, anrührend und naiv. Es ist ein Gewimmel von Gestalten, jede mit anderem Gesicht und ausdrucksvollen Gesten. Die Figuren tragen die Kleidung des Mittelalters – auch ein Hinweis auf die Gegenwart des Glaubens und seine Verknüpfung mit dem Alltag in der damaligen Zeit.

Den Mittelpunkt des calvaire bildet immer das hoch aufragende Kreuz Christi, oft flankiert von den zwei Kreuzen der Schächer.

Die meisten Pfarrbezirke wurden zwischen 1500 und 1600 errichtet. Damals herrschte Wohlstand in der Bretagne: Die Webereien für Segeltuche hatten Hochkonjunktur. Die bretonischen Böden waren ideal für Flachs- und Hanfanbau, und immer mehr Schiffe lichteten die Anker zur großen Fahrt, ausgerüstet mit Leinensegeln aus der Bretagne.

Landesherren, reiche Bürger und Geistliche wetteiferten bald darum, wer den prächtigsten calvaire vorzeigen konnte. Dazu kam eine tiefe Frömmigkeit, die alle verband. Die Angst vor dem Tod war allgegenwärtig, aber auch der Trost durch die Wiederauferstehung Christi. Dieser vom Glauben an Himmel und Hölle geprägten Lebenseinstellung haben die unbekannt gebliebenen Schöpfer der Kalvarienberge eine oft ergreifende Gestalt gegeben.

800 Einwohnern (damals wie heute) steht, wird wohl immer ein Rätsel bleiben. 200 Figuren stellen in bewegenden Szenen die Lebensgeschichte Christi dar. Dabei hat der unbekannte Künstler seine Phantasie spielen lassen, die chronologische Abfolge verändert und historische Figuren eingefügt, z. B. Mary Stuart, die 1588 hingerichtet wurde, all dies ein Jahr vor Fertigstellung des Kalvarienberges. Die Höllenszene findet bei allen Besuchern große Beachtung: Hier wird die ewige Sünderin und Teufelsgeliebte Katel Gollet in leichtbekleidetem Zustand in den schrecklichen Ort der Verdammnis gestoßen.

Auch in der Ausstattung der *Kirche* zeigt sich in den Statuen der Apostel und Adam und Eva die unbekümmerte Darstellungsfreude der damaligen Kunsthandwerker. Aufwendige Schnitzarbeiten verzieren die Altäre, das Taufbecken und die Kanzel. Das schlichte Beinhaus wurde 1648 im Renaissancestil erbaut.

Enclos von Saint-Thégonnec
Den berümten Pfarrbezirk von *St-Thégonnec* sieht man schon von weitem an der hohen Kirch-

turmspitze. Der Turm aus dem Jahr 1626 gilt als besonders gelungenes Beispiel bretonischer Baukunst der Renaissance. Im Innern überrascht die barocke Ausstattung, die im Gegensatz zu der steinernen Strenge des übrigen *enclos* steht.

Der *calvaire* zeigt deutlich ausgearbeitete Figuren – zwei Soldaten setzen zur Ohrfeige gegen Jesus an, dem die Augen verbunden wurden. Drei Kreuze erheben sich von einem niedrigen Sockel, in einer kleinen Nische steht der heilige Thégonnec mit seiner hohen Bischofsmütze.

Das *Triumphtor* von 1587 macht seinem Namen alle Ehre, es spannt sich mit prächtigem Giebel effektvoll über den Eingang. Ende des 17. Jh. wurde das Beinhaus eingefügt. Es ist mit seiner harmonischen Fassade und dem kunstvollen gerundeten Portal ein imposantes Beispiel bretonischer Baukunst.

Enclos von Pleyben

Etwas abseits der Tour de Calvaire (50 km südlich von Morlaix) liegt der *enclos von Pleyben*, aber die lange Anfahrt lohnt sich, der Pfarrbezirk ist einer der berühmtesten des Landes. Das *Beinhaus* (1550) gehört zu den ältesten in der Bretagne und hat eine kunstvoll gestaltete Zwillingsbogenfassade. Daneben der jüngste Teil der Anlage, der Triumphbogen von 1725 mit einer Kreuzigungsgruppe und einer Pietà.

Dem *calvaire*, der 1555 begonnen wurde, sagt man nach, der eleganteste von allen zu sein. Erst in der Mitte des 18. Jh. wurde er vollendet. Er hat die Form eines offenen Triumphbogens, und die 28 Figurengruppen sind äußerst detailgetreu gearbeitet.

Der Grundstein zur Kirche *St-Germain* wurde 1564 gelegt. Ein vielkopiertes Meisterwerk der Renaissance ist ihr viereckiger Turm von 1642, mit der von vier Türmchen flankierten Kuppel. Im Innenraum faszinieren die geschnitzten und bemalten Tragebalken aus dem Jahr 1571. Weltliche und kirchliche Darstellungen sind hier bunt durcheinandergemischt – die Themen reichen vom totenkopftragenden Engel bis zum Dudelsackspieler. Figuren in bretonischer Tracht sieht man auf dem Hochaltarretabel von 1667.

In *Sizun* steht der *enclos* mit der größten und prächtigsten Triumphpforte. Neben den drei Arkadenbögen wirkt der Kalvarienberg eher unscheinbar. Apostelstatuen schmücken das Beinhaus, in der Kirche herrscht Stilgemisch, inklusive eines massigen Barockaltars.

In einem kleinen Weiler bei Landerneau steht die Kirche *La Martyre* in einem großen, prächtigen *enclos*. Bemerkenswert ist hier die Kombination von Triumphpforte und *calvaire*, die eine bauliche Einheit bilden. An der Fassade des Beinhauses (1619) tragen zwei Engel ein Spruchband mit bretonischem

Text: »Der Tod, das Jüngste Gericht, die kalte Hölle: Wenn der Mensch daran denkt, wird er zittern. Ein Narr ist jener, der solches nicht überlegt, da er doch weiß, daß er sterben muß.«

Enclos abseits der Straße

Wer ein paar Stunden der Besinnung in einem nicht ganz so spektakulären, aber darum ruhigeren Pfarrbezirk verbringen möchte, sollte sich ein bißchen abseits der üblichen Route bewegen. Zum Beispiel in *Bodilis*, wo die Kirche (1510) viele der typischen grotesken Darstellungen von Mensch und Tier zeigt – als Fries, Skulptur und auf den geschnitzten Querbalken.

In *La Roche-Maurice* liegt der *enclos* in einer idyllischen Landschaft auf einem Felsplateau. In der Kirche gibt es außer viel Schnitzwerk und einem seltenen Holzlettner ein schönes Glasfenster hinter dem Altar aus dem Jahr 1539. Der bretonische Tod *Ankou* droht als abschreckendes Skelett von der Fassade des 1640 erbauten Beinhauses.

Zu Fuß durch den Parc Naturel Régional d'Armorique Ⓜ

Im Landesinnern sind nicht nur die berühmten *calvaires* zu finden, sondern auch die einsame Landschaft ist es wert, näher erkundet zu werden. Das größte Naturschutzgebiet der Bretagne, der *Parc Naturel Régional d'Armorique,* erstreckt sich von der Insel Ouessant im Westen bis zum kleinen Ort Huelgoat, tief im Herzen des Finistère. Hier erheben sich die kahlen Gebirgszüge der *Monts d'Arrée*, wo sich die Bretagne von einer ungewohnten Seite zeigt: Statt lieblicher Wald- und Heidelandschaft plötzlich schroffe Felsen in einer unwirtlichen, öden Landschaft. Im Herzen des kahlen Höhenzuges liegt das Moorgebiet von *Yeun Elez*, was beziehungsreich Höllentür heißt. Hier weht das ganze Jahr ein kühler, feuchter Wind. Menhire und Dolmen zeugen von prähistorischen Aktivitäten, und noch heute zieht es die Druiden der Region immer wieder hierher zu geheimen Treffen ihrer Zunft.

Der gute Tipp Ⓜ:
**Parc Naturel Régional
d'Armorique**
Natur pur verbunden mit dem Besuch der Calvaires von Guimiliau und St-Thégonnec. Kunst und Natur von beeindruckender Intensität.

Wer keine Angst vor nassen Füßen hat, der stößt im flußreichen Gebiet rund um den St-Michel-Stausee auf unberührte Natur und entdeckt vielleicht einen der hier noch lebenden Biber oder Fischotter.

Natürlich kann man das Naturschutzgebiet auch nur zu Fuß erkunden. Für eine Halbtagestour (ca. 40 km) braucht man allerdings das Auto.

Die Entfernungen zwischen den

kleinen Ortschaften oder Sehenswürdigkeiten betragen zwischen 5 und 10 km. Für kürzere Wanderungen und Spaziergänge bieten sich besonders die Gegenden um Huelgoat und Brasparts an.

Tour Monts d'Arrée
20 km südlich von St-Thégonnec stößt man auf den *Roc Trévézel*, mit seinen 384 m der höchste Berg in der Bretagne und Ausgangspunkt der Tour. Bereits von weitem kann man den zackigen Felsgipfel erkennen. Vom Parkplatz aus führt ein kurzer Wanderweg zur höchsten Erhebung hinauf.
Der Mont St-Michel de Brasparts ist die nächste Station, 9 km südlich gelegen. In der Kapelle auf dem Gipfel wird an die Seelen der im Moor Verschollenen gedacht.
Kurz hinter dem Gipfel steht die *maison des artisans*. Hier stellen über 200 Künstler der Bretagne ihre Werke – z. B. Web- und Töpferarbeiten – aus (Di und Mi geschl.).
Im Dörfchen *St-Rivoal* (4 km westlich) kann man die *maison cornec* besichtigen, eines der Ökomuseen in den Monts d'Arrée. Das kleine Bauernhaus wurde 1702 ganz aus Schieferplatten gebaut (geöffnet 13 bis 18 Uhr, Eintritt 12 FF / 8 FF).
Einen umfriedeten Pfarrbezirk aus dem 16. Jh. besitzt der 8 km entfernte Ort *Brasparts*. Sehenswert ist auch die Renaissancekirche mit einem schönen Fenster

aus dem 17. Jh. Informationen bekommt man im Sommer in dem zum Tourismusbüro umfunktionierten Pfarrhaus an der Kirche.
Über eine kleine Nebenstrecke erreicht man das östlich liegende *Lannédern*. Auch hier gibt es einen *enclos* mit einem Kalvarienberg von 1620 zu besichtigen.
Die Straße führt weiter nach *Loqueffret*. Außer einem umfriedeten Pfarrbezirk und einer Kirche aus dem 16. Jh. bietet das Dorf seinen Besuchern ein kleines Ökomuseum: In der *maison du recteur* (Haus des Priesters) kann man Gegenstände und Dokumente aus dem kargen Alltagsleben eines Priesters betrachten (geöffnet von 13.30 bis 18 Uhr, Mo geschl.).
Der nächste Ort, *St-Herbot*, liegt inmitten einer wilden Landschaft, aus der einsam der viereckige Turm der Kirche St-Herbot aufragt. Sie wurde zu Ehren des heiligen Herbot gebaut, Schutzpatron des gehörnten Viehs, der hier auf seinem Pilgerweg nach Santiago de Compostela Rast machte.
Die letzte Station der Tour ist das 6 km entfernte *Huelgoat*, eine kleine Gemeinde, deren Name »Hochwald« bedeutet. Die stille grüne Landschaft zieht viele Wanderer an, die hier idyllische Pfade durch Wälder und Steinparks finden. Auch ein 15 ha großer See lockt mit romantischen Uferwegen. Hauptattraktion von Huelgoat ist das *Chaos du Moulin*: Massige, grün über-

wucherte Granitblöcke, unter denen sich der Fluß Argent hindurchschlängelt. Ein ausgeschilderter kleiner Weg führt weiter zur *Roche Tremblante*, dem über 100 Tonnen schweren sogenannten Zitterfelsen. Sogar Kinder sollen ihn schon ins Wanken gebracht haben! Über Felsenstufen gelangt man hinunter zum Ufer des Flusses. Hier stößt man auf die *Ménage de la Vierge*, eine imposante Ansammlung von Felsbrocken. Von Huelgoat sind es 15 km in nördlicher Richtung bis zurück zum Roc'h Trévézel.

Hotel
Gîte d'Etape Mme Raoulas
29530 Loqueffret
Tel. 98 81 99 27

Allgemeine Informationen
Auskunft
Office de Tourisme
29190 Brasparts
Tel. 98 81 47 06
Parc Naturel Régional d'Armorique
Menez Meur
B.P. 35,
29460 Daoulas
Tel. 98 21 90 69, Fax 98 21 92 85

Mit dem Auto durch die Grande Brière

Im Herzen des zweitgrößten Naturschutzgebietes der Bretagne liegt das Sumpfgebiet Grande Brière. Die Einwohner nennen ihre melancholische Heimat im Süden des Landes auch *pays noir*. Hier, im schwarzen Land, wird seit Jahrhunderten der dunkle Torf gestochen. Auch heute noch beschäftigen sich die Bewohner mit der Torfgewinnung und decken die typischen Brièrehäuser mit selbstgeschnittenem Riedgras; allerdings hat der Tourismus diese Tätigkeiten als Erwerbsquelle fast verdrängt. Die Naturschützer machen sich schon Sorgen, weil die weiten Schilfflächen nicht mehr wie früher regelmäßig von den Bauern geschnitten werden.

Eine Tour rund um die Grande Brière ist etwa 70 km lang, die Entfernungen zwischen den einzelnen Orten betragen 3 bis 10 km.

Die Rundreise beginnt man am besten in *Montoir* an der Grenze des Naturparks. Nach 3 km erreicht man *St-Malo-de-Guersaec*. Das stille Dorf mit seinen schiefergedeckten Häusern liegt auf der größten Insel des Gebiets. Die Straße geht weiter nach *Rosé*, einem kleinen Hafen am Fluß Brivet. Hier fuhren früher die Lastkähne von Nantes nach Vannes, heute ist im winzigen Haus des Schleusenwärters (*maison de l'éclusier*) ein Museum untergebracht. Zu sehen sind Exponate aus dem Leben im Moor und der heimischen Tierwelt (Eintritt 8 FF). Draußen liegt der dickbauchige Torfkahn »Théotiste« vor Anker. Seine Hebevorrichtungen für die Torfladungen ragen wie Krakenarme in die Luft. Auf der anderen Seite

205

des Flusses wird es für Naturfreunde interessant. Im *Parc Animalier* können auf 26 ha Fläche die Tiere der Brière – hauptsächlich Vögel – von einem botanischen Lehrpfad aus beobachtet werden. Den Tierpark erreicht man zu Fuß oder per Boot, der Eintritt kostet 12 FF. Die Fahrt geht weiter Richtung Norden.

Nach wenigen Kilometern erreicht man die *Ile de Fédrun*, Verwaltungssitz des Parks und hübschestes Dorf in der Brière. Über zwei Brücken gelangt man in den Ortskern, wo sich strohgedeckte Häuser an schmalen Straßen und Kanälen entlangziehen. In der *maison de la mariée* (Haus der Braut) können Geschenke bewundert werden, die um die Jahrhundertwende französische Bräute schmückten. Vor allem wächserne Orangenblüten, das einzige »Industrieprodukt«, das jemals in der Brière gefertigt wurde (Eintritt ist frei). Sehenswert ist die *chaumière briéronne*, die typische Strohhütte der Brière. In dem riedgedeckten kleinen Bauernhaus sind Mobiliar und typische Handwerksgeräte der Gegend ausgestellt. Eintritt 5 FF.

Über die kleinen Ortschaften Camerun und Camer geht es weiter Richtung Norden durch einsame Sumpflandschaft. In *La-Chapelle-des-Marais* kann man haltmachen, um einen Blick in die *maison du sabotier* zu werfen. Im Haus des Schuhmachers erfährt der Besucher Interessantes über dieses alte Handwerk.

Der letzte Schuster starb 1979 und vererbte sein Haus der Gemeinde (der Eintritt ist frei).

Im Rathaus der »Kapelle der Sümpfe« kann man eine Morta betrachten – einen 7 m langen Baumstamm, der 5000 Jahre lang im Moor konserviert wurde. Die typischen strohgedeckten Häuser der Brière findet man auch im nächsten Ort der Rundfahrt, in *Mayun*. Der kleine Ort war einst Zentrum der Korbflechtkunst. Auch heute werden hier noch Weidenkörbe hergestellt.

In westlicher Richtung führt die Reise dann nach *Les Fossés-Blancs*. Interessant ist hier der Naturlehrpfad, der mitten ins Sumpfgebiet hineinführt.

Nach wenigen Kilometern erreicht man *St-Lyphard*. Hier hat man vom Kirchturm (135 Stufen) einen schönen Blick über die Brièrelandschaft. Etwas außerhalb des Ortes liegt der Weiler *La Pierre Fendue*, der auch mit dem Boot erkundet werden kann.

Die letzte Station der Rundfahrt, das Dörfchen *Kerhinet*, 5 km entfernt, wurde zu einem Freilichtmuseum umgebaut. In den 18 restaurierten Häusern gibt es Werkstätten und Ausstellungen, die einen Eindruck vom Leben in der Brière vermitteln.

Küstenrundreise

Eine Alternative – oder besser noch eine Ergänzung – zum Badeurlaub und für Leute, die ganz

Rosa Granitküste: Blaues Meer und
graue Mauern und ein Himmel,
in dem die Wolken verfliegen

viel in ganz kurzer Zeit sehen wollen: Eine Küstenrundfahrt in fünf Tagen zu den schönsten und interessantesten Orten des Landes. Ein volles Programm für ausgeschlafene Frühaufsteher.

1. Tag: Start in *St-Malo* (→ Unterwegs im Norden). Besichtigung der *ville close*. Vorbei am Gezeitenkraftwerk der Rance nach *Dinard*. Landeinwärts ins mittelalterliche Dinan zum Mittagessen in eine der Gaststuben einkehren. Zurück an die Küste über Saint-Cast zum *Cap Fréhel*. Auf der traumhaft schönen Uferstraße geht es ins Fischerstädtchen *Erquy*. Am Hafen kann man noch einen Kaffee trinken, bevor es zum Einkaufen nach *Saint-Brieuc* geht. Abendessen und Übernachten in *Perros-Guirec* an der Rosa Granitküste.

2. Tag: *Ploumanac'h* und die Côte de Granit Rose auf Zöllnerpfaden entdecken, in *Tréguier* die Kirche besuchen, einen Abstecher zum romantisch über dem Fluß gelegenen *Schloß La Roche-Jagu* machen. Am Hafen von *Paimpol* dem Schicksal der Islandfischer nachspüren. Schiffsausflug auf die *Ile de Bréhat* (Mittagessen), Abfahrt von der *Pointe de l'Arcouest*. Rückkehr ins Hotel in Perros-Guirec.

3. Tag: Von Perros-Guirec nach *Morlaix* (→ Unterwegs im Norden) und weiter durch Artischockenfelder nach *Roscoff*. Bummel durch die Altstadt und Mittagessen am Hafen. Dann ins Landesinnere zu den *enclos paroissiaux* von *St-Thégonnec*,

207

Guimiliau und weiter südlich in *Pleyben*. Nächste Station ist das Bilderbuchstädtchen *Locronan* (→ Unterwegs im Westen). Im schönen Quimper, Hauptstadt des Finistère, wird diniert und übernachtet.

4. Tag: Stadtbummel und Besichtigung der Kathedrale in *Quimper*. In *Concarneau* (→ Unterwegs im Süden) Besuch der *ville close*. Weiter zum Künstlerstädtchen *Pont-Aven* (Paul Gauguin was here!), Mittagessen an einer rauschenden Wassermühle. Über Le Pouldu und Lorient nach *Auray*. Endstation ist Carnac, Zentrum der prähistorischen Megalithkultur (→ Geschichte und Gegenwart; Unterwegs im Süden).

5. Tag: Wanderung zu Menhiren und Dolmen der Steinzeit rund um *Carnac*. Am Golfe du Morbihan vorbei zur historischen Stadt *Vannes*. Weiterfahrt ins Landesinnere nach *Josselin* mit seiner berühmten Burg. Dann östlich in Richtung Rennes und zum Abschluß komfortabel in einem alten Herrenhaus im Zauberwald *Brocéliande* (→ Unterwegs im Norden) übernachten.

Auf dem Weg der Maler

Etwas Besonderes für Kunstfreunde haben sich die Touristikmanager an der Côte d'Emeraude ausgedacht: eine ca. 40 km lange Museumspromenade im Freien zwischen *Dinard* und *Cap Fréhel*. Auf dem *chemin des peintres* (Weg der Maler) trifft man auf

30 Werke bekannter Maler – von Renoir bis Picasso –, die in irgendeiner Weise mit ihrem Standort in Beziehung stehen, sei es durch das Bildmotiv oder dadurch, daß die Künstler in der Nähe dieses Ortes gelebt und gearbeitet haben. Die Reproduktionen, die wetterfest und großformatig im Freien installiert wurden, sollen den Blick auf die Landschaft schärfen. Der Künstler eröffnet dem Betrachter eine neue Sichtweise auf Landschaft und Menschen. So findet man zum Beispiel in Dinard einige Bilder von Picasso, der die »Famille au bord de la mer« und die »Baigneuses sur la plage« hier vor rund 70 Jahren gemalt hat. Oder ein Werk von Emile Bernard in der Bucht von *St-Briac*, das die Nachmittagsstimmung an dieser Stelle im Jahr 1887 festgehalten hat. Oder an exponierter Stelle in den Klippen gegenüber vom *Cap Fréhel* die »Pointe du Jas au cap Fréhel« vom bretonischen Künstler Loiseau, dessen Originalgemälde im Musée des Beaux-Arts in *Rennes* ausgestellt ist.

Weitere Informationen zum *chemin des peintres* gibt es beim **Comité Départemental du Tourisme d'Ille-et-Vilaine** 4, rue Jean-Jaurès 35000 Rennes Tel. 99 78 47 47.

Auch im Süden der Bretagne gibt es ein ähnliches Projekt, die *Malerstraße der Cornouaille*, dem sich zahlreiche Hotels, Restaurants und Galerien angeschlos-

Auf dem Weg der Maler

D2 Durchgangsstraßen
St-Malo Sehenswerter Ort
M Der gute Tip
Burg, Schloß
Flughafen

5 km
N

Golfe de St-Malo
Cap Fréhel M
Côte d'Emeraude
Anse des Sévignés
D 16
Fort M La Latte
Plévenon
Pointe de St-Cast
Ile Agot
Pointe du Décollé
St-Malo
Dinard
B. de la Frênaye
Ile des Hébihens
Ile du Perron
St-Lunaire D 786
St-Cast-le-Guildo
St-Briac-sur-Mer
Erquy
Le Port-à-la-Duc
Pointe du Chevet
Lancieux
Bois de Ponthual
D 266
D 13
B. de l'Arguenon
D 786
Matignon
St-Jacut-de-la-Mer
Pleurtuit
Pont Barré
N.-D. du Guildo
Ploubalay
Ruca
D 794
Le Guildo
Trégon
Trémereuc
St-Pôtan
D 786
Guébriand
Le Gray
D 2
Pluduno
Plessix-Balisson
Lamballe
Landébia
Plancoet
Château du Bois de la Motte
Montafilan
Languenan
Frênel
Trélat
Dinan, Rennes

sen haben. Die Mitglieder sind
verpflichtet, einen bestimmten
Qualitätsmaßstab einzuhalten.
Informationen bei
**Groupement Touristique de
Cornouaille**
B.P. 410
29330 Quimper Cedex
Tel. 98 90 75 05

Zu den Leuchttürmen im rauhen Nordwesten

Eine besondere Faszination geht
von diesen trutzigen Türmen
aus, die hier vor der wilden
Westküste der Bretagne so zahlreich sind wie kaum in einem anderen Land. Oft sind sie alt und

wuchtig, diese Bollwerke gegen die Naturgewalten, zernagt von Wind und Wellen – keine Schönheiten, aber standhafte Bauwerke mit Charakter.

Diese Tour – sie beginnt am Cap Fréhel an der Nordküste und führt entlang der Nord- und Westküste bis nach Penmarc'h im südwestlichen Zipfel des Finistère – wird sicher niemand allein wegen der Leuchttürme unternehmen. Wer aber ohnehin diese Strecke fährt, sollte sich Zeit nehmen für einen kleinen Umweg – schon einige sind so zum Leuchtturm-Fan geworden! Die Bretonen mögen ihre *phares* und behandeln sie liebevoll. Schließlich sind sie nicht nur nützliche Zweckbauten, sondern auch weithin sichtbare Statussymbole für Inseln und Hafenstädte.

So werden auch die alten und verwitterten Türme nicht abgerissen, sondern gehegt und gepflegt und ab und zu ein bißchen modernisiert. Die altmodischen Petroleumbrenner wurden schon längst gegen stärkere Jodlampen ausgetauscht.

Durch ein ausgeklügeltes Prismensystem entsteht ein starker Lichtstrahl, der alle paar Sekunden aufs Meer hinausgeschickt wird. Er kann bis zu 70 km weit reichen, der Blitzeffekt wird durch Drehung hervorgerufen.

An der Nordwestküste gibt es insgesamt 23 Leuchttürme, 63 Leuchtfeuer, 14 Radarstationen und 258 Bojen, die die Schiffe sicher um die gefährlichen Klippen

Phare St-Mathieu bei Le Conq 37 Meter hoch, Nachfolger des al Leuchtturms neben der verfallenen A tei, der sogar als Glockenturm die

leiten. Allerdings haben sie gegenüber früheren Zeiten an Bedeutung verloren. Heute verlassen sich die Kapitäne vor allem auf ihr Radarsystem und die Satellitennavigation.

Einige *phares* öffnen ihre Türen auch für Besucher und bieten interessante Einblicke in ihr Innenleben. Das Erklettern von einigen hundert Stufen erfordert allerdings eine gute Kondition! Die Türme sind zu den üblichen Öffnungszeiten zu besichtigen. Am spektakulären *Cap Fréhel* blinkt es schon seit Jahrhunderten: Bereits 1687 wurde hier ein erster einfacher Turm von Korsaren aus St-Malo gebaut. Der berühmte Baumeister Vauban legte 1702 den Grundstein zum alten Leuchtturm, der 1821 mit den neuesten technischen Raffinessen (drehbare Parabollinsen) modernisiert wurde. 1944 sprengten deutsche Soldaten den Turm, der heute noch als Mahnmal existiert. Direkt daneben steht seit 1948 der neue Phare du Cap Fréhel (telefonische Vereinbarung für Besichtigungen: Tel. 96 41 40 03), von dessen Aussichtsplattform man eine wunderbare Fernsicht genießen kann.

Vor der Rosa Granitküste liegt das Vogelschutzreservat der Sieben Inseln. Der *Phare des Sept-Iles* kann in der Hauptsaison täglich besichtigt werden (9–12 und 14–17 Uhr), Schiffe fahren ab Perros-Guirec, Plage du Tréstraou.

An der Côte du Léon: Auf das Blinkfeuer des wuchtigen *Leuchtturms von Roscoff* (Tel. 98 69 70 06) und auf die Signale vom *Phare de l'Ile de Batz* (Tel. 98 61 77 87) auf der vorgelagerten Insel können sich die Seefahrer zu allen Zeiten verlassen.

Westlich von Roscoff an der rauhen, einsamen Côte du Léon steht auf einer kleinen Insel der imposanteste der starken Türme: Der *Phare de l'Ile Vierge* ist mit seinen 82 Metern der höchste gemauerte Leuchtturm der Welt. 1902 wurde der schlanke *phare* in Betrieb genommen. Seit dieser Zeit schickt er seinen weißen Blitz alle 5 Sekunden je nach Wetterlage bis zu 50 km in die

Dunkelheit hinaus. Im Schatten des Giganten steht der weiße, alte, ausgediente Turm, der heute noch die Antenne des Funkfeuers tragen darf. Die Jungfraueninsel liegt etwa 2 km vor der Küste (mit Fischerbooten zu erreichen), in der Nähe von Plougerneau (Informationen Tel. 98 04 79 35).

An der Aber-Küste, ein Stück nordwestlich von Brest steht an der Pointe de Corsen der beeindruckende *Phare du Trézien* (Tel. 98 89 67 25).

Der *Phare St-Mathieu* bei Le Conquet ist der Nachfolger des neben der verfallenen Abtei stehenden alten Leuchtturms, der einst als Glockenturm diente. Er ist 37 m hoch, ein Wärter erklärt ausführlich sein technisches Innenleben (Tel. 98 89 00 17).

Der *Phare du Stiff* auf der *Ile d'Ouessant* begrüßt schon von weitem die Schiffe aus Brest. Auf zwei kegelförmigen Wachttürmen, errichtet von Baumeister Vauban im Jahr 1695, wurde 1895 der 32 m hohe Leuchtturm gebaut (Tel. 98 48 80 93).

Ebenfalls auf der westlichsten Insel Frankreichs: ein Leuchtturmmuseum im *Phare de Créac'h*, der seine roten Blitze ununterbrochen nach Westen aufs Meer hinausschickt.

Ganz unten im Bigoudenland, an der Pointe de Penmarc'h, steht mächtig und düster der *Phare d'Eckmühl*. Er ist mit 66 m einer der höchsten Leuchttürme in Frankreich. Seinen interessanten Namen verdankt er der Spenderfamilie – Fürst von Eckmühl war General in der Armee Napoleons (Tel. 98 58 61 17).

Mit dem Schiff über Kanäle und Flüsse

Mindestens eine Woche Zeit braucht man schon, um gemütlich mit dem Hausboot die Rance hinaufzutuckern und dann über den Canal d'Ile et Rance und die Vilaine den Atlantik (Golf von Morbihan) zu erreichen.

Die Tour auf der 250 km langen Wasserstraße startet bei *St-Malo*. Die Fahrt geht die Rance hinauf, die hier breit und träge dahinströmt. Nach 23 km erreicht man das mittelalterliche *Dinan*,

Der gute Tip M:
Schippern und Schnuppern
Normalerweise muß man das Boot wieder in den Heimathafen zurückschippern.
Einige Verleiher lassen aber mit sich handeln – dann kann das Schiff auch an einem anderen Ort zurückgegeben werden. Ebenfalls erfragen: Ein Mietboot nur fürs Wochenende – für manche Crew schon mehr als genug.

das oben auf einem Bergrücken über dem Flußlauf thront. Hier beginnt der Canal d'Ile, der sich schleusenreich und damit arbeitsintensiv 85 km lang durch eine sanfte Landschaft mit Korn-

feldern, Hecken und Dörfern schlängelt. Die Höhenunterschiede werden mit Hilfe von 48 Schleusen überwunden, bis der Canal die Verbindungsstelle mit der Vilaine erreicht. In *Rennes* (→ Unterwegs im Osten) kann man sich erst einmal von den Strapazen erholen: In der Hauptstadt liegt die Anlegestelle mitten im Zentrum der Stadt, nicht weit von der quirligen Altstadt entfernt. Der Weg vom bretonischen Nachtleben zurück an Bord ist also nicht allzuweit.

Die Strecke von Rennes nach Redon ist 94 km lang und führt durch eine waldreiche, stille Uferlandschaft. Wasservögel nisten im Gebüsch, graue Fischreiher stehen stumm und warten auf Beute. Nur acht Schleusen unterbrechen die friedliche Fahrt. Der Canal de Nantes à Brest wird bei Redon gekreuzt. Das Ziel liegt aber noch 42 km entfernt, beim mittelalterlichen Städtchen La Roche-Bernard. Fünf Schleusen müssen noch überwunden werden, dann geht die romantische Fahrt unter der großen Hängebrücke hindurch und in die breite Vilaine-Mündung hinein. Ein großer Yachthafen und eine Anzahl guter Restaurants oben in der Altstadt warten auf die hungrige Besatzung.

Anlegestellen und Versorgungseinrichtungen sind in: Dinan, Evran, Tréverien, Hédé, Montreuil-sur-Ille, St-Médard, Betton, La Levée, St-Grégoire, Rennes, La Bruyère, Messac, Beslé,

Redon, Foleux und La Roche-Bernard.

Die Fahrräder wird man brauchen auf der Kanalfahrt, zum Brötchenholen, zum Kirchenbesichtigen, zum Badenfahren ...

Schippern und Schnuppern Ⓜ
Schnurgerade Treidelpfade säumen die Kanäle, eine ständige Verlockung für Radfahrer. (Tip: Fahrräder mit an Bord nehmen – auch zum Einkaufen sind sie unentbehrlich. Einige Hausboot-Verleiher bieten auch Fahrräder an.)

Wenn die Bordküche kalt bleiben soll, braucht man die Navicarte Nr. 12, auf der alle Gasthäuser und Sehenswürdigkeiten entlang der Wasserstraßen beschrieben sind.

Wem ein oder zwei Wochen Langsamkeit zuviel sind, der kann sein Kapitänstalent auch erst mal an einem Schnupperwochenende – z. B. von Redon über die Vilaine nach La Roche-Ber-

nard – ausprobieren – ein Spaß auch für Kinder.

Die Boote bieten Platz für 2 bis 12 Personen. Die Preise zwischen Nach- und Hauptsaison unterscheiden sich beträchtlich. Ein Beispiel: Ein durchschnittliches Hausboot für 4 bis 6 Personen kostet im Mai 3 500 und im August 8 000 FF pro Woche.

Bootsanbieter gibt es in mehreren Städten entlang der Flüsse.
Comptoir Nautique de Redon
2, quai Surcouf, B.P. 155
35605 Redon Cedex
Tel. 99 71 46 03, Fax 99 72 27 91
Rohan Plaisance
Location Fluviale – Ecluse de Rohan, B.P. 19
56580 Rohan

ANQUETIN·PAUL GAUGUIN·E. BERNARD·SCHUFF·HENRI·DE·CHAMAILLARD·HENRI·MORET·LOUIS·ROY

MEYER DE HAN ✳ SÉRUSIER ✳ CHARLES

PONT-AVEN

Allgemeine Informationen

Anreise

Mit dem Auto
Der schnellste und kürzeste Weg in die Bretagne führt über die Autobahn nach Paris, von dort weiter nach Rennes. Der Pariser Ring ist oft voll und kann zu einer ziemlichen Quälerei werden. Den späten Nachmittag meiden. Ab Paris führt die Autobahn A 11/A 81 nach Rennes (340 km). Auf der vierspurigen Schnellstraße geht es weiter über St-Brieuc und Morlaix nach Brest. In den Süden führt die A 11 (L'Océane) über Le Mans, Angers und Nantes, dann weiter auf Nationalstraßen bis nach Vannes.

Wer ein bißchen Zeit hat, sollte die weitaus interessantere Route über das Loiretal wählen und einen Blick auf die berühmten Schlösser werfen. Man erreicht die Bretagne dann von Süden über Nantes. Von Norden bietet sich ein Umweg über die Normandie mit ihren bekannten Badeorten an.

Mit der Bahn
Auch hier führen alle Wege zunächst nach Paris. Von der Gare Montparnasse fährt der TGV (*Train à Grande Vitesse*) in etwa 2 Std. nach Rennes. Von hier geht es entweder in den Norden oder Süden: Über St-Brieuc nach Brest – oder über Redon, Vannes und Lorient nach Quimper.

Autoreisezüge: Von April bis Oktober von Hamburg, Hannover, Düsseldorf und Neu-Isenburg bei Frankfurt, in der Schweiz von Lausanne und Zürich. Ein Informationsblatt »Autoreisezug« gibt es an Bahnschaltern.

Informationen (auch zu Fahrpreisermäßigungen) bei
SNCF
Westendstr. 24
60325 Frankfurt
Tel. 069/728445, Fax 727468

Mit dem Bus
Ein Euro-Fahrradbus verkehrt von Osnabrück, Köln und Dortmund nach Morlaix. Informationen dazu beim
ADFC-Velomobil
Postfach 107747
28077 Bremen
Tel. 0421/3462902,
Fax 3462950

Mit dem Flugzeug
Kein Flug geht an Paris vorbei. Mehrmals täglich Verbindungen von den meisten europäischen Flughäfen nach Roissy-Charles de Gaulle (mit Lufthansa, Air France, Swissair, Austrian Airlines).

Dann Flugplatzwechsel nach Paris-Orly Ouest. Verschiedene Fluglinien bieten täglich Flüge nach Rennes, Lorient, Brest,

rherige Seite: Die hohen Spitzen-
uben waren immer nur für den beson-
ren Feiertag gedacht, und so
es geblieben
ks: Künstler wie Paul Gauguin
terließen in Pont-Aven Erinnerungen
sonderer Art

Quimper und St-Brieuc an, im Hochsommer auch nach Vannes.

Auskunft

In jedem touristisch interessanten Ort der Bretagne gibt es ein *Office de Tourisme* oder *Syndicat d'Initiative* (Verkehrsverein). (Adressen → bei den jeweiligen Orten)

Fremdenverkehrsämter
Staatliches französisches Fremdenverkehrsbüro
Maison de la France
Westendstr. 47
60325 Frankfurt
Tel. 069/7560830,
Fax 752187
Büro Berlin
Keithstr. 2–4
10787 Berlin
Tel. 030/2182064,
Fax 2141238
In Österreich:
Landstrasser Hauptstraße 2
A-1033 Wien
Tel. 01/7157062,
Fax 71570610
In der Schweiz:
2, rue Thalberg
CH-1201 Genève
Tel. 022/7328610
Hauptbüro in der Bretagne
Comité Régional de Tourisme
74 B, rue de Paris
35069 Rennes Cedex
Tel. 9936 1515, Fax 99 28 44 40
Außerdem haben auch Regionen und Départements eigene Verkehrsbüros. Adressen beim staatlichen Verkehrsbüro *Maison de la France* oder von der Zentrale in Rennes.

Auto

Die gebührenpflichtigen französischen Autobahnen kosten pro 100 km etwa 30 FF. Man kann auch mit Kreditkarte bezahlen. Höchstgeschwindigkeit 130 km/h, bei Regen 110 km/h. Es gibt in der Bretagne gut ausgebaute vierspurige Schnellstraßen (Höchstgeschwindigkeit 110 km/h, bei Regen 100 km/h). Außerdem Nationalstraßen (N) und Départementstraßen (D). Höchstgeschwindigkeit: 50 km/h innerhalb von Ortschaften, 90 km/h außerhalb von Orten. Promillegrenze 0,5.
Polizeikontrollen sind selten, aber wer straffällig geworden ist, wird sofort und gründlich zur Kasse gebeten.
Benzin und Diesel sind etwas teurer als in Deutschland. Bei Pannen: Wer ein französisches Fabrikat fährt, kann sich freuen: Werkstätten gibt es überall. Alle anderen müssen nach Rennes, St-Malo, St-Brieuc, Brest, Quimper oder Lorient. Der ADAC-Auslandnotruf hilft auch Nichtmitgliedern, Tel. 19/4989/222222. Der deutsche ACE arbeitet mit dem französischen zusammen, die Notrufzentrale ist über Tel. 19/49/1802/343536 zu erreichen. Wer Französisch spricht, kann unterwegs auch den Polizeinotruf Tel. 17 anrufen.

Camping

Offiziell gibt es in der Bretagne 850 Campingplätze. In der Hochsaison dürften noch einige dazukommen, wenn jedes Fleckchen Erde ausgenutzt wird.

Wer seinen Urlaub für die Monate Juli/August plant, sollte den Stellplatz auf jeden Fall reservieren.

Luxusplätze auf dem Gelände eines alten Herrenhauses oder Schlosses bietet in ganz Frankreich der Zusammenschluß *Castel & Camping* an. Sieben Plätze liegen in der Bretagne, z.B. in Carnac, Quimper, Guérande und Dol-de-Bretagne.

30 besonders schöne bretonische Plätze haben sich in der Organisation »Camping+« zusammengeschlossen.

Camping+/Castel & Camping
B.P. 301
56008 Vannes Cedex
Tel. 97 42 55 83

Beliebt ist auch das Camping auf dem Bauernhof (*à la ferme*), im ländlichen Gebiet und meist sehr ruhig.

Die regionalen Touristikbüros halten Broschüren über die Campingmöglichkeiten in der Umgebung bereit.

Auskunft auch bei den französischen Touristikbüros in Frankfurt (*Maison de la France*) und Rennes oder beim

Deutschen Campingclub
Mandlstr. 28
80802 München
Tel. 0 89/33 40 21

Diplomatische Vertretungen

Botschaft der Bundesrepublik Deutschland in Frankreich:
13, av. Franklin D. Roosevelt
75008 Paris
Tel. 53 83 45 00

Konsulat der Bundesrepublik Deutschland in der Bretagne:
9, square du Commandant L'Herminier
29200 Brest
Tel. 98 44 35 59

Botschaft der Republik Österreich:
6, rue Fabert
75007 Paris
Tel. 1/45 55 95 66

Botschaft der Schweiz:
142, rue de Grenelle
75007 Paris
Tel. 1/49 55 67 00

Eintrittspreise

Die Eintrittspreise für Museen und Sehenswürdigkeiten sind recht hoch. Bei staatlichen Einrichtungen muß man in der Regel 25 FF bezahlen, die privaten können wesentlich teurer sein. Jedes kleine Heimatmuseum kassiert fleißig, hier stimmt das Preis-Leistungs-Verhältnis oft überhaupt nicht. Kinder bekommen meistens einen Preisnachlaß bis 50 %. Studenten sollten sich einen internationalen Studentenausweis besorgen – bei staatlichen Einrichtungen gibt es manchmal eine Ermäßigung, bei privaten nie.

Essen und Trinken

Wer nicht gerne ißt, wird nur halb so viel Spaß am Bretagne-Urlaub haben. Gutes Essen gehört zu einem Bretagneaufenthalt einfach dazu, und es ist fast unmöglich, in der Bretagne schlecht zu essen. »Vivre comme un coq en pâte« (leben wie ein Hahn im Blätterteig) bedeutet hier, was bei uns »Essen wie Gott in Frankreich« heißt.

Restaurants aller Kategorien bieten ihre Dienste an. Speisekarten hängen in der Regel draußen zur Ansicht aus. Das *déjeuner* (Mittagessen) wird zwischen 12 und 14 Uhr eingenommen, das *dîner* (Abendessen) zwischen 19 und 21 Uhr. Beim Eintritt wird vom *chef de salle* ein Tisch zugewiesen – je nach Personenzahl. Man ißt entweder *à la carte*, das drei- bis sechsgängige Menü oder das preiswerte Tagesgericht (*plat du jour*). Zum Abschluß trinken die Franzosen einen kleinen *café* und eventuell einen *digestif* (Schnaps). Bezahlen mit Kreditkarte ist üblich, das Trinkgeld wird bar auf dem Tisch zurückgelassen.

Weltberühmte Klassiker: Crêpes au sucre

Die süßen *crêpes* aus einem hauchdünnen Teig aus Weizenmehl haben schon vor Jahrzehnten ihren kulinarischen Siegeszug um die Welt angetreten. In ihrem Heimatland gibt es sie buchstäblich an jeder Ecke. Auf ihren internationalen Durch-

bruch noch warten müssen die würzigen *galettes,* ebenfalls köstlich und dünn, aber aus dunklem Buchweizenmehl. Unzählige Crêperien bieten die lekkeren Pfannkuchen, die auf einer heißen Eisenplatte ausgerollt werden, in allen Variationen an. Am besten, man bestellt gleich das komplette Crêpes-Menu: eine Galette mit würziger Füllung (z. B. Schinken, Ei oder Käse), danach eine hauchzarte, gezuckerte Crêpe mit süßer Beilage (z. B. Zitronenschaum oder Eis). Dazu einen Cidre, den erfrischenden Apfelwein, aus der Tonschale.

Immer beliebter werden auch die traditionellen bäuerlichen Gerichte wie zum Beispiel der *kig ha fars,* ein Gemüsetopf mit Rind-, Schweinefleisch und Buchweizenteig. Oder *civet de lapin,* kräftig gewürztes Hasenklein mit Zwiebeln, Möhren und Trockenpflaumen. Eine besondere Delikatesse ist das *mouton de prés-salés,* das Fleisch von Lämmern, die auf den salzigen Wiesen an der Küste gegrast haben. Auch das preiswerte Volksgericht, die *andouille*, eine scharf geräucherte Wurst aus Kutteln, findet allmählich den Weg auf die Speisekarten der Restaurants.

Unübertroffen: Fruits de Mer

Der kulinarische Höhepunkt des Eßvergnügens sind Fische und Krustentiere. So üppig, frisch und vielfältig werden die *fruits de mer* in keinem anderen Land angeboten. Als Vorspeisenteller *l'assiette du pêcheur* mit einer kleineren Auswahl oder als reich dekorierte Meeresfrüchteplatte *plat de fruits de mer* fehlen sie auf keiner Speisekarte. Da türmen sich die die Muscheln, Austern, Krebse und Langustinen, gekrönt von einem halben Hummer, umrahmt von Seetang und Eis. Das Knacken der Hummerscheren übertönt in bretonischen Restaurants sogar noch die lebhaften Gespräche der schlemmenden Gäste. Keine Angst vor den verschiedenen Instrumenten, die neben dem Teller liegen – einfach ausprobieren oder beim Nachbarn abgucken. Achtung: Irgendwo, meist in der Zitrone, piekst eine Stecknadel. Sie gehört zum Besteck: Damit pult man die Bigorneaux-Schnecken aus ihren schwarzen Häuschen.

Am leckersten und teuersten sind die verschiedenen Hummer- und Langustenspezialitäten. Am bekanntesten ist der *homard à l'armoricaine*. Die (falsche) Bezeichnung »l'américaine« stammt, so heißt es, von einem ahnungslosen Pariser Koch, der den historischen Namen der Bretagne, Armorika, nicht kannte. Der armorikanische Hummer wird mit einer scharfen Tomatensauce mit Cayennepfeffer und Wein gereicht.

Muscadet zum Fisch, Cidre zur Crêpe

Vor dem Essen sollte man sich den Magen mit einer bretonischen Spezialität anwärmen: ent-weder mit dem *chouchen*, der nur leicht alkoholisch ist und an germanisches Met erinnern soll, oder dem ähnlich schmeckenden *hydromel* oder *nectar des dieux*. Beim Essen wird in der Regel Weißwein getrunken.

Die trockenen Weine der südlichen Bretagne passen ideal zu allen Fischgerichten und Meeresfrüchten. An erster Stelle der Beliebtheitsskala steht der *muscadet*, den man aber nur – so die Bretonen – als *muscadet sur lie* genießen sollte. Gut gekühlt prickelt er ganz leicht auf der Zunge. Nicht ganz billig, aber zu edlen Fischen und Schalentieren genau das richtige: Ein *sancerre* von der Loire. Aus der Gegend um Nantes stammt der herbe *gros plant*, der besonders gut zu Austern schmeckt. Nach dem Essen tut ein *fine bretonne de machecoul* (Muscadetschnaps) gut oder natürlich ein *calvados* oder *calva* (Apfelschnaps).

Speisen- und Getränkelexikon

Apricot: Aprikose
addition: Rechnung
agneau: Lamm
aiglefin: Schellfisch
aiguillette de canard: Entenbrustfilet
aïl (à l'aïl): Knoblauch (mit Knoblauch)
alouettes sans tête: Rinderrouladen
amandes: Mandeln
anchois: Sardelle (Anchovis)
andouille: Schweinswurst aus Kutteln

221

andouillette: Wurstspezialität aus sauberst gewaschenen Därmen
anguille: Aal
araignée: Seespinne
artichauts: Artischocken
asperge: Spargel
aubergine: Aubergine (diverse Füllungen möglich)
Baguette: langes Weißbrot
bar: Barsch
barbeau (barbillau): Barbe
bargue: Meerbutt
beignet: Krapfen
Bénédictine: Likör aus 27 verschiedenen Kräutern
betterave rouge: rote Bete
beurre: Butter
– *d'aïl:* Knoblauchbutter
bien cuit: durchgebraten
bien fait: ausgereifter Käse
bière blonde (noire): helles (dunkles) Bier
biftek: Beefsteak
blanquette: Ragout aus Kalb in weißer Sauce
bleu: blau – bei Fleisch soviel wie »englisch« gebraten
bœuf: Ochse oder Rind
boisson: Getränk
boudin: ähnlich einer Blutwurst
bouillabaisse: Fischsuppe
boulangerie: Bäckerei
bouteille: Flasche
braisé: geschmort
brème: Brasse
brioche: Hefegebäck (meist zum Frühstück)
brochet: Hecht
brochette: Spießchen
brut: trocken, herb (Cidre)
Cabillaud: Kabeljau
calmar: Tintenfisch
calvados: Apfelschnaps

camomille: Kamille
canard: Ente
– *sauvage:* Wildente
carafe: Karaffe
carbonade: Grillfleisch über Holzkohle
carotte: Mohrrübe
carré d'agneau: Lammrückensteak
carrelet: Scholle
carte: Speisekarte
– *des vins:* Weinkarte
– *du jour:* Tageskarte
cassoulet: Eintopf aus weißen Bohnen mit Gänsefleisch
cèpes: Steinpilze
cervelle: Hirn
chanterelles: Pfifferlinge
charbonnée: Rostbraten
charcuterie: Wurstaufschnitt, Wurstladen
chasseur: Jäger, auch für Jägersauce
châteaubriand: Grillsteak
chaud: heiß
chèvre: Ziege, Ziegenkäse
chevreuil: Reh
au choix: nach Wahl
choucroute: Sauerkraut
cidre: ähnlich einem Apfelwein
– *bouché:* ähnlich dem Champagner verkorkt
colin: Seehecht oder Schellfisch
concombre: Gurke
confiserie: Süßwaren
coq: Hahn
coquilles, coquillages: Muscheln
– *St-Jacques:* Jakobsmuscheln
cornichons: Gewürzgurken
côte: Rippenstück
– *d'agneau:* Lammkotelett
– *de veau:* Kalbskotelett
cotriade: Fischsuppe, ähnlich Bouillabaisse

coupe: Becher (für Eis oder Früchte)
courgettes: Zucchini
cousinette: grüne Kräutersuppe
crabe: Krabbe
crème: Sahne, süßer Likör
crêpe: Eierpfannkuchen
crevettes: Garnelen
croquant: knusprig
croustade: knusprige Pastete
crudités: Rohkostsalate
crustacés: Krustentiere
cuire: kochen
cuit: gekocht
cuvée: Verschnitt, Weinsorte
Dauphin: würziger Weichkäse
daurade, dorade: Goldbrasse
dégustation gratuite: kostenloser Probeausschank (Weinprobe)
demi: halb
– *sec:* halbtrocken
denté: Zahnbrasse
dessert: Nachspeise
digestif: Verdauungsschnaps
dinde: Pute
doux, douce: süß
dur: hart, zäh
Eau: Wasser
– *gazeuse:* Selterswasser
– *naturelle:* natürliches Mineralwasser (ohne Kohlensäure)
– *de vie:* Branntwein (klare Schnäpse)
échalote: Schalotte
écrevisses: Krebse
endives: Chicorée
entrecôte: Zwischenrippenstück
entrée: Vorspeise
épaule d'agneau: Lammschulter
épinards: Spinat
escalope: Schnitzel
Faisan: Fasan
farcies: gefüllt

Fare-Breton: Kuchenspezialität mit Pflaumen
faux-filet: Lendenstück vom Rind
fenouil: Fenchel
filet: Lendenbraten
flambé: flambiert
flan: Pudding
flet: Flunder
flétan: Heilbutt
flute: dickes Weißbrot
foie: Leber
– *gras:* Stopfleber
– *d'oie:* Gänseleber
au four: im Ofen gebacken
fourré: gefüllt
frais, fraîche: frisch
framboise: Himbeere
fricot: Ragout
frittons: in Fett gekochtes Fleisch
froid, froide: kalt
fromage: Käse
fruité: fruchtig
fruits: Früchte, Obst
fumé: geräuchert
Galettes: herzhafte Crêpes aus Buchweizenteig
gambas: Garnelen, Krabben
gâteau: Kuchen
– *breton:* ähnelt einem Buttersandkuchen
en gelée: gesülzt
girolles: Pfifferlinge
glace: Eis
glaçon: Eiswürfel
goulache: Gulasch
graisse d'oie: Gänseschmalz
gratin: Auflauf, Überbackenes
grenouille: Frosch
grillades: Gegrilltes
Hareng mariné: Bismarckhering
haricots verts: grüne Bohnen

E

223

herbes de Provence: Kräuter der Provence
homard: Hummer
hors-d'œuvre: Vorspeise
hors saison: außerhalb der Saison
huile: Öl
huîtres: Austern
Jambon: Schinken
jus: Saft
Kouign-Amann: bretonischer Butterkuchen
Lait: Milch
langouste: Languste
langoustine: kleiner Panzerkrebs
langue de bœuf: Ochsenzunge
lapin: Kaninchen
légumes: Gemüse
lentilles: Linsen
lieu: Seelachs
lièvre: Hase
longe: Lendenstück
lotte de mer: Seeteufel
loup de mer: Wolfsbarsch (Seewolf)
Macaronade: Makkaroni überbacken
macédoine de fruits: Obstsalat
macéré: eingelegt
mâche: Feldsalat
madeleines: muschelförmiges Sandgebäck
maigre: mager
maquereau: Makrele
marquise: Schorle
mêlé: gemischt
menthe: Pfefferminze
– *verte:* Pfefferminzlikör
miel: Honig
morue: Kabeljau/Dorsch
moules: Muscheln/Miesmuscheln
moulin à poivre: Pfeffermühle

moutarde: Senf (Mostrich)
mouton: Hammel, Schaf
Muscadet: Weißwein aus dem Gebiet Nantes
Noisette: Haselnuß
noix: Walnuß
nouilles: Nudeln
Œuf: Ei
oie: Gans
oignons: Zwiebeln
Pain: Brot
palourde: Venusmuschel
panaché: vermischt, vermengt; Bier mit Limonade
à la parisienne: auf Pariser Art
pâte: Teig
pâté: Pastete
pâtisserie: Konditorei
peau: Haut, Schale
pêche: Pfirsich
perche: Barsch
persil: Petersilie
petit déjeuner: Frühstück
– *gâteau:* Teegebäck
petite marmite: kleiner Suppentopf
petits-fours: Biskuittörtchen
petits pois: Erbsen
pigeon: Taube
plie: Scholle
poêle: in der Pfanne gebraten
à point: kroß gebraten (außen knusprig, innen rosa)
poire: Birne (auch Birnenschnaps)
poiré: Birnenmost
poireau: Lauch, Porree
poisson: Fisch (*poisson de rivière:* Flußfisch)
poitrine: Brust
poivrade: Pfeffersauce
pomme: Apfel
Pommeau: Apéritif aus Apfelsaft und Calvados

Pomelle: Apfellikör
pommes de terre: Kartoffeln
porc: Schwein
potage: Suppe
potée: Eintopf
poularde: Masthuhn (*poule:* Henne)
poule-au-pot: gefülltes Hähnchen im Topf
poulet: Brathähnchen
poulpe: Tintenfisch
praire: Venusmuschel
à la pression: Bier vom Faß
pruneau: Back- oder Dörrpflaume
pulpe: Mark, Fruchtfleisch
Quart: ein Viertel (Viertelpfund)
quenelles: Klößchen, Röllchen
queue: Schwanz
Radis: Rettich
raie: Rochen
raisins: Weintrauben
ratatouille: gemischtes Gemüse
rillettes d'oie: Gänsepastete
rognons: Nieren
rosbif: Roastbeef, Rostbraten
rôti: Braten, gebraten
rouille: scharfe rote Sauce
Sablé: Sandgebäck
saignant: »englisch« gebraten
salade: Salat
salé: gesalzen
sandre: Zander
sanglier: Wildschwein
sanguette: Blutwurst
sardines à l'huile: Ölsardinen
saucisson: Schnitt- oder Brühwurst
sauge: Salbei
saumon: Lachs
sauté: geschmort
seiche: Tintenfisch
sel: Salz

selle d'agneau: Lammrücken
semoule: Grieß
sirops: Sammelbegriff für alkoholfreie Getränke
sole: Seezunge
sorbet aux fruits: Früchtesorbet
soubise: Zwiebelpüree
soufflé: Omelette, Eierauflauf
soupe: Suppe (*souper:* Nachtessen)
– *de poisson:* Fischsuppe
steak au poivre: Pfeffersteak
sucre: Zucker (*sucré:* gesüßt)
Tanche: Schleie
tarte: Obstkuchen
– *tatin:* warmer Birnenkuchen
terrine maison: Topfpastete nach Art des Hauses
thé: Tee
thon: Thunfisch
thym: Thymian
tournedos: Lendenschnitte
tourteau: Taschenkrebs
train de côte: Rippenreihe
tranche: Schnitte, Scheibe
tripes: Kutteln, Innereien
truffes: Trüffel
truite: Forelle
turbot: Steinbutt
Vachard: Schnittkäse aus Kuhmilch
varech: Seetang
verdurette: Kräuteressig
veau: Kalb, Fleisch vom Kalb
vermicelles: Nudelsuppe
vermouth: Wermut
viande(s): Fleisch
vin de l'année: junger Wein (gleich nach der Lese)
– *blanc:* Weißwein
– *rouge:* Rotwein
– *fin:* Spitzenwein
– *mousseux:* Schaumwein

- *nouveau:* junger Wein, Federweißer
- *de pays:* Landwein
- *du pays:* Wein des jeweiligen Landstrichs
- *de table:* Tischwein
- *vieux:* (alter) Wein im besten Reifestadium

vinaigre: Essig
volaille: Geflügel
Yaourt: Joghurt
Zingara (à la): nach Zigeunerart

Fahrrad

Fahrradtouren in der Bretagne machen Spaß, wenn man ein gutes Rad mit mehreren Gängen hat und bei Gegenwind und Hügeln nicht gleich verzweifelt. Es gibt genug kleine Seitenstraßen ohne Verkehr, und in den *Gîtes d'Etape* können müde Radler preiswert ihr Haupt betten. Verleiher von Fahrrädern gibt es in jedem größeren Ort, die Preise schwanken zwischen 15 und 40 DM am Tag. Besser ist natürlich das eigene Rad. In der Bretagne fährt der Drahtesel im selben Zug mit – auf das Radsymbol im Fahrplan achten. Ausführliche Tourentips (auf französisch) z. B für eine Route rund um den *Golfe du Morbihan* oder in der *Haute Bretagne* (von Rennes bis St-Malo in 4–6 Tagen) schickt für 60 FF
ABRI
9, rue des Portes Mordelaises
35000 Rennes
Tel. 99 31 59 44, Fax 99 30 02 96

Feiertage

1. Januar (Neujahr), Ostermontag, 1. Mai (Tag der Arbeit), 8. Mai (Ende des Zweiten Weltkriegs), Pfingstmontag, Christi Himmelfahrt, 14. Juli (französischer Nationalfeiertag), 15. August (Mariä Himmelfahrt), 1. November (Allerheiligen), 11. November (Waffenstillstand 1918), 25. Dezember (Weihnachten)

Geld

Französische Francs (FF) sind in 100 centimes (c) unterteilt.
Es gibt Münzen im Wert von 5, 10 und 20 centimes, außerdem $\frac{1}{2}$, 1, 2, 5, 10 und 20 FF. Scheine haben einen Wert von 20, 50, 100, 200 und 500 FF. Es ist kein Problem, beinahe jederzeit an Geld zu kommen, wenn man Eurocheque-Karte mit Geheimzahl, Euroschecks, Kreditkarte und/oder Postsparbuch dabei hat.
Den schlechtesten Kurs gibt es beim Tausch von Bargeld, außerdem ist eine saftige Bearbeitungsgebühr von mindestens 25 FF fällig.
Der bequemste Weg ist der zum Geldautomaten mit EC-Karte plus Geheimzahl. Die Automaten findet man in allen größeren Orten. Mit der Kreditkarte (Eurocard, Visa, American Express, Diners) kann in fast jedem Hotel und Restaurant problemlos bezahlt werden. Auch Tankstellen, Geschäfte, die Zahlstellen der

Autobahnen und Supermärkte akzeptieren das Plastikgeld.
Der Wechselkurs des Franc liegt seit Jahren ziemlich konstant bei etwa 0,30 DM für 1 FF.

Gesundheit

Die Arztkosten müssen zunächst aus der eigenen Tasche bezahlt werden. Der einfachste Weg: Der Arzt bestätigt auf einem Formblatt *(assurance maladie)* seine Leistungen und den erhaltenen Betrag. Diese Rechnung reicht man zu Hause bei der Krankenkasse ein. Um einen möglichen Eigenanteil an den Kosten zu vermeiden, kann man eine (preiswerte) Reisekrankenversicherung abschließen.

Hotels und andere Unterkünfte

Hotels
Die Franzosen klassifizieren ihre Hotels nach Sternen. Von der Ein-Sterne-Pension bis zum Vier-Sterne-Luxushotel findet man alles. Im Gegensatz zu Deutschland bezahlt man in Frankreich immer den Zimmerpreis – egal ob eine oder zwei Personen dort übernachten. Ein Zustellbett ist gegen Aufschlag meist problemlos zu bekommen. Die Durchschnittspreise liegen niedriger als im deutschsprachigen Raum. Ein Doppelzimmer der einfachen Sorte mit Dusche und WC auf dem Flur gibt es schon für 160 FF. Standard in fast allen Hotels ist das *grand lit* – das große Doppelbett, in dem man,

je nach Güte der Matratze, gut oder häufig auch schlecht schläft. Wer ein Doppelzimmer mit zwei getrennten Betten sucht, muß nach einem *chambre à deux lits* fragen. Das Frühstück *(petit déjeuner)* ist nie im Preis inbegriffen. Einige Hotels haben sich zu Organisationen zusammengeschlossen, die ein bestimmtes Qualitätsniveau garantieren: Zum Beispiel *Relais & Châteaux:* Diese Kette bietet Luxushotels an, die in alten Schlössern oder Herrenhäusern eingerichtet wurden. Oder die *Logis de France*-Hotels: Häuser in schöner Umgebung, oft in stilvollen alten Gebäuden und in mittlerer Preisklasse. Einen Übersichtsplan mit allen Logis de France-Unterkünften in der Bretagne gibt es bei
Fédération Bretagne des Logis de France
B.P. 94
35413 St-Malo Cedex
Tel. 99 81 31 46

Auberges de Jeunesse
45 Jugendherbergen gibt es in der Bretagne. Aufnahmebedingung: Man braucht einen gültigen Jugendherbergsausweis. Frühstück und Kochmöglichkeiten sind üblich. In vielen Jugendherbergen kann man Sportgeräte wie Surfboards, Fahrräder und Boote ausleihen. Französische Jugendherbergen sind meist von 7–10 und von 17–22 Uhr geöffnet, im Sommer länger. Die Übernachtungspreise liegen zwischen 30 und 70 FF.

E
F
G
H

Aktuelle Adressenliste bei
FUAJ
27, rue Pajol
75018 Paris
Tel. 1/46 07 00 01,
Fax 46 07 93 10

Chambres d'Hôtes
Preiswerte Privatzimmer, meistens mit Frühstück. Adressen in den regionalen Touristikbüros. Ein Verzeichnis der Chambres d'Hôtes en Bretagne gibt es auch bei Gîtes de France (→ Ferienhäuser).

Ferme-Auberge
Ferien auf dem Bauernhof, eine Mahlzeit (Spezialität des Hauses) ist oft inklusive, erfreut sich steigender Beliebtheit.

Gîtes d'Etape
Einfache Unterkünfte mit Jugendherbergscharakter für Wanderer, Kajakfahrer, Radler. Meistens im Landesinneren an Rad- und Wanderrouten. Man darf höchstens zwei Nächte bleiben.

Ferienhäuser
Die beliebteste Form des Urlaubmachens in der Bretagne. Zahlreiche Agenturen bieten Häuser aller Preisklassen an. Dabei schwanken die Preise zwischen Haupt- und Nebensaison beträchtlich.
Kataloge gibt es im Reisebüro. Oft preisgünstiger als die deutschen Agenturen ist der französische Anbieter Gîtes de France. Für jedes Département gibt es einen Extrakatalog (auf franzö-

sisch) mit einem umfangreichen Häuserangebot. Gegen eine geringe Gebühr können die Kataloge angefordert werden bei
Maison des Gîtes de France
35, rue Godot-de-Mauroy
75439 Paris
Tel. 1/47 42 25 43

Abteien
Ein paar Tage raus aus dem Alltag, sich selbst ein Stück näher kommen, die Gedanken in neue Richtungen laufen lassen: Das Leben als Gast in einem Kloster bietet die Möglichkeit dazu. In der Bretagne gibt es einige historische Abteien, die zu komfortablen Hotels umgebaut wurden, und noch bewohnte Klöster, die auf Anfrage ihr Gästehaus zur Verfügung stellen.
L'Abbaye
22130 Plancoët
Tel. 96 84 05 01, Fax 96 84 32 88
Komfortabel und ruhig wohnt man in einer historischen Klosteranlage von 1843 im kleinen Städtchen Plancoët in der Nähe von Dinan. Wo früher Benediktinermönche lebten, werden heute Gäste aus aller Welt bewirtet – die weitläufige Hotelanlage mit über 100 Zimmern, Konferenzräumen, Swimmingpool und Tennisplatz wird gerne auch von Geschäftsleuten und Reisegruppen besucht.
Abbatiale Le Tronchet
Zwischen St-Malo und Mont St-Michel
Abbatiale Le Bono am Golf von Morbihan und **Abbatiale Bénodet** in der Nähe von Quimper

228

Die genauen Klimadaten von Brest:

	Durchschnittliche Temperaturen in °C		Sonnen-stunden pro Tag	Regentage	Wasser-temperatur in °C
	Tag	Nacht			
Januar	8,6	3,7	2,3	22	10
Februar	8,8	3,3	3,4	16	10
März	11,6	4,7	4,6	15	10
April	13,0	5,7	6,6	15	10
Mai	15,4	8,0	7,6	14	12
Juni	18,1	10,6	7,3	13	14
Juli	19,4	12,0	7,1	14	15
August	19,7	12,4	6,8	15	16
September	18,2	11,3	5,4	16	15
Oktober	15,2	8,7	4,0	19	14
November	11,5	6,3	2,4	20	13
Dezember	9,4	4,3	1,9	22	11

Quelle: Deutscher Wetterdienst Offenbach

Informationen bei
Hostelleries Abbatiales
35540 Le Tronchet
Tel. 99 58 93 21, Fax 99 58 11 08
Auf Luxus weitgehend verzichten müssen dagegen Besucher, die in einem richtigen Kloster einige Tage verbringen möchten. Gruppen, Jugendliche und Männer finden Aufnahme im

Benediktinerkloster St. Anna
In der Nähe von Carnac
Das von Mönchen geführte Gasthaus ist ganzjährig geöffnet und bietet Einblick und Teilnahme am Klosterleben.
Informationen bei
Abbaye Ste-Anne de Kergonan
56340 Plouharnel
Tel. 97 52 30 75

Klima

Das Wetter in der Bretagne – ein Thema, das von Tourismusmanagern möglichst vorsichtig behandelt wird. Das Klima ist mild und die Luft jodhaltig, also gesund. Aber es ist auch regenreich, oft stürmisch und im Sommer nicht gerade drückend heiß: Die Temperaturen übersteigen in den wärmsten Monaten Juli und August kaum die 20-Grad-Grenze. Der warme Golfstrom sorgt jedoch im Winter dafür, daß das Klima mild bleibt. Im Dezember und Januar werden Durchschnittswerte von fast neun Grad gemessen. Dieses typische Seeklima, warme Winter und relativ kühle Sommer, dazu eine hohe Luftfeuchtigkeit, sorgen dafür, daß sich auch exotische Pflanzen wie Palmen und Feigenbäume hier wohl fühlen und an geschützten Stellen prächtig gedeihen. Auch für die übrige Flora – Hortensien, Kamelien und Mimosen – gibt es ideale Wachstumsbedingungen. Schon ab Mitte Februar stehen die ersten Sträucher in voller Blüte.

Medien

Die einzige Zeitung, die in der Bretagne erscheint, ist die »Ouest-France«. Neben dieser Tageszeitung gibt der Verlag auch Bücher und Informationen zu einzelnen Regionen heraus. Deutschsprachige Zeitungen und Magazine gibt es in allen größeren Ortschaften.

Notruf

Polizei: Tel. 17
Feuerwehr: Tel. 18
Ambulanz: Tel. 15

Öffnungszeiten

Die Straßen leeren sich wie von Geisterhand: In der Mittagszeit zwischen 12 und 14 oder 14.30 Uhr spielt sich nichts ab in bretonischen Städten. Nur in den Touristenhochburgen haben Museen und Sehenswürdigkeiten (in der Hauptsaison) oft durchgehend geöffnet. Im Frühjahr und Herbst muß man sich auf Mittagspausen und frühere Schlußzeiten einrichten.

Die meisten Banken sind montags geschlossen. Auch die Geschäfte öffnen montags erst am Nachmittag, sind dafür aber samstags normal, d.h. bis 18.30 oder 19 Uhr geöffnet. Supermärkte sind von montags bis samstags durchgehend geöffnet, die großen schließen erst um 21 Uhr.

Pardons

Jede bretonische Gemeinde begeht jährlich ihr *pardon* zu Ehren eines lokalen Heiligen. Bei diesen jahrhundertealten Wallfahrten bitten die Gläubigen, wie der Name schon sagt, um Vergebung für ihre Sünden oder bitten um eine Gnade. Die wichtigsten *pardons*: 17. Mai: Pardon de St-Yves in Tréguier. 12. Juli: La Troménie in Locronan.

25. u. 26. Juli: Pardon de Ste-Anne in Ste-Anne d'Auray. 15. August: Pardon Notre-Dame-de-la-Clarté in Perros-Guirec. 3. Sonntag im August: Pardon de la Mer in Dinard. 3. Sonntag im August: Pardon de Notre-Dame-de-la-Tronchaye in Rochefort-en-Terre. Letzter Sonntag im August: Pardon de Ste-Anne in Ste-Anne-la-Palud. 6. September: Pardon de Notre-Dame in Le Folgoët.

Politik / Verwaltung

Die Bretagne ist seit Napoleons Zeiten in vier (früher fünf) Départements eingeteilt: Ille-et-Vilaine (Hauptstadt Rennes), Côtes d'Armor (Hauptstadt St-Brieuc), Finistère (Hauptstadt Quimper), Morbihan (Hauptstadt Vannes). Abgeordnete der Bretagne setzen sich seit 1986 im *Conseil Régional* (Regionalrat) für die Interessen ihres Landes ein.

Sport

Angeln und Fischen

Wer mit der Wurfangel von Land aus sein Glück versuchen will, braucht Geduld. Wegen jahrelanger Überfischung sind die Fischbestände in Küstennähe drastisch gesunken. Mehr Erfolg verspricht eine Hochseeangelfahrt, die in vielen Küstenorten angeboten wird. Aber auch hier muß man Glück haben, um einen Kabeljau, Seelachs, Hornhecht oder Wolfsbarsch zu erwi-

schen. Weitaus größere Chancen, einen Fisch an die Angel zu bekommen, hat man an den Gewässern im Binnenland. Voraussetzung für die Flußfischerei ist ein Angelschein. Dann steht der Jagd auf Lachse, Aale, Forellen und Hechte nichts im Weg.

Golf

Die Bretagne ist ein ideales Golfland. Die rund 30 Plätze liegen in landschaftlich besonders reizvollen Gebieten. Den ältesten und schönsten Golfplatz Frankreichs findet man in St-Briac an der Küste bei Dinard. Ausführliches Informationsmaterial über alle Plätze (»Golf in der Bretagne«) verschickt das **Comité Régional de Tourisme de Bretagne** 74 B, rue de Paris 35069 Rennes Cedex Tel. 99 36 15 15, Fax 99 28 44 40.

Reiten

hat Tradition in der Bretagne. Die *centres équestres* (Reitzentren) bieten im Sommer Tagesausritte und Lehrgänge für Urlauber an. Auch spezielle Reiterferien können gebucht werden. Tip: Ein Besuch beim zweitgrößten Pferdegestüt Frankreichs in Lamballe.

Wassersport

Die Bretagne ist ein Dorado des Wassersports. Zahllose *centres nautiques* reihen sich an der Küste aneinander. *Segeln* steht ganz oben auf der Beliebtheitsskala. Segelschulen

K
L
M
N
O
P
Q
R
S

bieten ein- und mehrwöchige Kurse in allen Schwierigkeitsgraden und für alle Altersgruppen an. In den zahlreichen *ports de plaisance* (Yachthäfen) haben Freizeitkapitäne keine Mühe, einen Liegeplatz zu finden.
Auch für *Surfer* sind die Wind- und Wasserbedingungen ideal. Surfbretter kann man ebenfalls in den *centres nautiques* ausleihen. Die besten Surfgebiete liegen im Süden bei La Baule und auf der Halbinsel Quiberon. Hier wird auch um den Weltcup gekämpft.
Taucher finden vor der bretonischen Küste ein interessantes (Schiffswracks!), aber auch anspruchsvolles Tauchrevier.

Stromanschluß

220 Volt Wechselstrom. Die Steckdosen haben eine andere Norm als in Deutschland. Die Lösung ist der flache Eurostekker, er paßt immer, oder ein Adapter bei Schukosteckern.

Telefonieren

Absolut kein Problem: Selbst auf der einsamsten Klippe steht eine Telefonzelle. Man braucht allerdings eine Telefonkarte. Münztelefone sind so gut wie ausgestorben. Die Télécarte (40 oder 120 Einheiten) gibt es bei der Post oder in Tabakläden. Telefonieren vom Hotelzimmer ist fast um die Hälfte teurer. Der günstige Nachttarif gilt von 21.30 bis 8 Uhr, samstags ab 14 Uhr.

Internationale Vorwahlnummern:
Von Frankreich nach Deutschland: 19 49, dann Stadtvorwahl ohne 0, dann Nummer des Teilnehmers.
Von Frankreich nach Österreich: 19 43
Von Frankreich in die Schweiz: 19 41
Von Deutschland, Österreich und der Schweiz nach Frankreich: 00 33, dann die achtstellige Nummer (Paris: 0 0331).
Vom 18. Oktober 1996 an gelten in Frankreich neue, zehnstellige Telefonnummern. Vor allen achtstelligen Nummern muß in der Bretagne dann 02 (01 für die Ile de France mit Paris) gewählt werden. Mit demselben Datum wird die Vorwahlnummer von Frankreich ins Ausland umgestellt: Die 19 wird durch 00 ersetzt.

Traditionen

Traditionelle Symbole
Seit Jahrhunderten ist das *Hermelin* das Wappentier der Bretagne. Die Herzöge des Landes führten es als ein Symbol für Stolz und Tapferkeit auf ihren Fahnen. Auch in der heutigen bretonischen Flagge – sie heißt *Gwen ha Du*, Weiß und Schwarz – ist das kleine Raubtier stilisiert zu sehen. Ein weiteres Symbol des Landes ist das *Triskell*, das man häufig auch als Autoaufkleber sieht: Drei aufgerollte Arme im Kreis stellen Wasser, Erde und Feuer dar. Dieses Symbol verwendeten schon die Kelten.

Trinkgeld

Im Restaurant ist der Service fast immer im Preis enthalten. Trotzdem gibt man ein Trinkgeld, wenn man mit der Bedienung zufrieden ist. Üblich sind 5 bis 10 %. Das Geld wird auf dem Tisch zurückgelassen. Taxifahrer erwarten ein Trinkgeld von ca. 10 %, und das Zimmermädchen freut sich ebenfalls über eine Aufmerksamkeit, wenn man längere Zeit im Hotel verbracht hat.

Zoll

Die Zollschranken innerhalb der EU wurden am 1. Januar 1993 weitgehend beseitigt. Der Tourist kann seitdem alle Waren, die er für den *persönlichen* Gebrauch gekauft hat, ohne Pro-

Soviel Strand und so große Steine wie hier an der rosa Granitküste in Trégastel – fast genug für einen Bretagneurlaub, wenn man abends noch eine Portion *fruits de mer* bekommt ...

bleme mitnehmen. Mengenmäßige Ein- und Ausfuhrbeschränkungen gibt es innerhalb der Europäischen Union nicht mehr (dies gilt nicht für Gewerbetreibende). Beim Kauf von Luxuswaren kann man einen Teil der französischen Mehrwertsteuer (T.V.A.) vom Zoll zurückbekommen. Über das Verfahren können die entsprechenden Geschäfte Auskunft geben.
Für die Einfuhr nach Österreich und die Schweiz gelten folgende Bestimmungen: Zollfrei sind 200 Zigaretten, 1 l Spirituosen oder 2 l Likör oder 2 l Wein, 50 g Parfüm oder $^{1}/_{4}$ l Eau de Toilette.

S
T
U
V
W
X
Y
Z

Register

Hier finden Sie die in diesem Band beschriebenen Sehenswürdigkeiten und
Ausflugsziele sowie wichtige Stichworte
und Persönlichkeiten. Die Worte à, aux,
de, des, du, et, la, le, les und von wurden bei der alphabetischen Ordnung
nicht berücksichtigt. Wird ein Begriff
mehrfach aufgeführt, verweist die **fett**
gedruckte Zahl auf die Hauptnennung.
Die Buchstaben-Zahlen-Kombinationen
verweisen auf die Planquadrate der
Karten in der vorderen und hinteren
Umschlagklappe. *Kursive* Zahlen bezie-
hen sich auf Abbildungen.

🅼 = Der gute Tip von MERIAN

Abbaye de Beauport, Paimpol 80, *81*
– de Landévennec 🅼 177, B3
– Ste-Anne de Kergonan **133**, 229, C5
Alignement de Carnac 26
– de Lagatjar 170
– de Kerlescan 130f., 132
– de Kermario 130f.
– de Kerzérho 133
– du Ménec 130f.
Anne de Bretagne *24*, **28f.**, 30, 108
Aquarium, Roscoff 90
Aquarium, Trégastel 98
Aquarium, Vannes 156f.
Aquarium und Exotarium, St-Malo 70
Argoat *14*, 25, 102
Auberge St-Sauveur, Rennes 🅼 **111f.**,
112, 113, b3
Audierne 161ff., *163*, A4
Auray **159f.**, *159*, 208, C5/D5
Austernprobe, Cancale 🅼 50

Baie des Trépassés 183f., A4
Batz-sur-Mer 139, 140
La Baule **125ff.**, *126*, 232, D6
Beg-Meil 117
Beinhaus, Pleyben 202
Belle-Ile-en-Mer 151f., C5/C6
Bénodet 124f., B4
Beslé 212
Betton 212
Beuzec 180
Bodilis 199, **203**

Bois d'Amour, Pont-Aven 120, **122**
Brasparts 204
Brest 31, **164ff.**, A3
Bretonische Sprache 33
Brignogan 48
Brocéliande 🅼 102, **104ff.**, *105*, 196ff.,
208
La Bruyère 212

Cairn de Barnenez 77f., B2
Calvaire de Guimiliau 161, **200f.**
– de Landerneau 202f.
– de Pleyben 202
– de Plougastel-Daoulas 184f., *185*
– de Plougonven 78, B2
– de St-Thégonnec *34*, 202
Camaret-sur-Mer *46*, *169*, 169f., A3
Camer 206
Camerun 206
Cancale 18, 37, 47, **50ff.**, *51*, E2
Canal d'Ile 212
Cap Erquy 62
– Fréhel 🅼 41, 47, **64f.**, 93, 207, 208,
210f., E2
– Sizun 41
Carantec 78, B2
Carnac 26, *27*, 32, 117, *128*, **129ff.**,
208, 219, C5
Cartier, Jacques 72
Ceinture Dorée 89, *89*
Chaos du Moulin, Huelgoat 204
La-Chapelle-des-Marais 206
Chapelle Notre-Dame-du-Kreisker,
– St-Fiacre, Le Faouët 123, *127*
– St-Jacques, Perros-Guirec 84
– St-Pol-de-Léon 87
Château de Bienassis 63, D2
– Bigouden, Pont l'Abbé 119
– La Bourbansais 57, E3
– de Brest 165f.
– de Combourg 57, E3
– de Comper, Brocéliande 197f.
– Costaérès 196
– de la Duchesse Anne, St-Malo 69f.
– de Fougères *103*, 103f.
– de Kérazan 119, B4
– de Kerjean 🅼 92f., *93*, B3
– et Musée Bigouden, Pont-l'Abbé 119
– et Musée, Dinan 55
– de la Roche Jagu 🅼 82, 207, C2
– des Rochers-Sévigné 116, F4

Die Autoren dieses Bandes

Thomas Schneider, 1951 in Meldorf/Holstein geboren, studierte Philosophie, Publizistik, Soziologie und Spanisch in Münster/Westfalen. Promovierte zum Doktor der Publizistik. Arbeitet als freier Journalist, Produzent, Regisseur und Drehbuchautor von Dokumentarfilmen (WDR) und Werbefilmen.

Ulla Schneider, geboren 1951 in Lüdenscheid, studierte in Münster Kunst und Deutsch. Sie arbeitete als Redakteurin, dann als Dozentin in der Erwachsenenbildung und als Kunsterzieherin. Freie journalistische Tätigkeit mit Schwerpunkt Kunst und Kultur.

Fotonachweis
Uwe Anhäuser S. 198
Friedrich Gier S. 7, 12, 14, 22/23, 26, 51, 54, 105, 141, 160, 179, 185, 216
Herbert Hartmann S. 27, 74, 77, 93, 123, 126, 127, 135, 137, 147, 163, 166, 169, 183, 194, 199
José F. Poblete S. 46, 210
Werner Richner S. 8/9
Dirk Schröder S. 15, 24, 34, 38, 64, 83, 86, 89, 103, 112, 140, 149, 155, 192/193, 207, 213, 214/215
Martin Thomas S. 13, 17, 35, 59, 69, 97, 115, 128, 142, 143, 144, 159, 162, 172, 173, 187, 233
Ernst Wrba S. 10, 44/45, 75, 81, 99

LAND UND LEUTE ERLEBEN. MIT MERIAN.

Wohin Sie auch reisen, MERIAN war schon da.
Das MERIAN-Heft Ihrer Lieblingsregion bekomme
Sie für DM 14,80 überall, wo es gute Bücher gibt.